독자의 1초를
아껴주는 정성을
만나보세요!

세상이 아무리 바쁘게 돌아가더라도 책까지 아무렇게나 빨리 만들 수는 없습니다.

인스턴트 식품 같은 책보다 오래 익힌 술이나 장맛이 밴 책을 만들고 싶습니다.

땀 흘리며 일하는 당신을 위해 한 권 한 권 마음을 다해 만들겠습니다.

마지막 페이지에서 만날 새로운 당신을 위해 더 나은 길을 준비하겠습니다.

囯囯 길벗 IT 도서 열람 서비스

도서 일부 또는 전체 콘텐츠를 확인하고 읽어볼 수 있습니다.
길벗만의 차별화된 독자 서비스를 만나보세요.

더북(TheBook) ▸ https://thebook.io

더북은 (주)도서출판 길벗에서 제공하는 IT 도서 열람 서비스입니다.

아는 만큼 보이는 IT 지식

Easy to Learn IT Knowledge and Development Terms

초판 발행 • 2024년 10월 24일

지은이 • 민완기
발행인 • 이종원
발행처 • (주)도서출판 길벗
출판사 등록일 • 1990년 12월 24일
주소 • 서울시 마포구 월드컵로 10길 56(서교동)
대표 전화 • 02)332-0931 | **팩스** • 02)323-0586
홈페이지 • www.gilbut.co.kr | **이메일** • gilbut@gilbut.co.kr

기획 및 책임 편집 • 변소현(sohyun@gilbut.co.kr) | **디자인** • 장기춘 | **제작** • 이준호, 손일순, 이진혁
마케팅 • 임태호, 전선하, 차명환, 박민영, 박성용 | **영업관리** • 김명자 | **독자지원** • 윤정아

교정교열 • 박민정 | **전산편집** • 이상화 | **출력 및 인쇄** • 정민 | **제본** • 경문제책

ISBN 979-11-407-1141-3 13000
(길벗 도서번호 080412)

정가 22,000원

독자의 1초를 아껴주는 정성 길벗출판사

㈜도서출판 길벗 | IT교육서, IT단행본, 경제경영서, 어학&실용서, 인문교양서, 자녀교육서
www.gilbut.co.kr
길벗스쿨 | 국어학습, 수학학습, 어린이교양, 주니어 어학학습, 학습단행본
www.gilbutschool.co.kr

페이스북 • www.facebook.com/gbitbook

웹과 앱 기초부터 개발자와의 원활한 소통까지
한 권으로 보는 IT 지식과 개발 용어

아는 만큼 보이는 IT 지식

민완기 지음

길벗

추천사

이 책은 비전공자가 일을 하다 접하게 되는 IT 기술의 개념을 명확히 이해할 수 있도록 돕습니다. 클라이언트-서버 구조, IP 주소와 도메인 주소 같은 인터넷 기초 용어와 각종 개발 용어를 일상적인 비유를 들어 쉽게 설명하고, 개발자와 원활히 소통하기 위해 알아야 할 개발 용어와 실무에서 활용할 수 있는 IT 지식을 깊이 있게 다룹니다. 이 책은 IT 분야의 기초를 다지고자 하는 모든 이에게 유익한 길잡이가 될 것입니다.

삼성전자 엔지니어 하지민

개발 세계의 다양한 분야와 그에 관한 지식을 이 책 한 권으로 정리할 수 있습니다. 웹과 앱 등 IT 관련 용어와 IT의 생리가 생소했던 독자도 '아, 이렇게 돌아가는구나!'라고 터득할 수 있고, 복잡하게 느껴지는 개념이 일상의 예시와 함께 설명돼 있어 쉽게 이해할 수 있습니다. IT를 처음 접하는 사람들에게 필독서로 추천하고 싶습니다.

오가닉비즈니스(주) 대표 현홍수

기술적 배경이 없는 사람도 이 책을 통해 IT의 본질을 자연스럽게 이해할 수 있습니다. 기초 개념부터 차근차근 설명하며, 이론에 그치지 않고 실무에 바로 적용할 수 있는 팁도 제공해 IT 업무를 처음 하는 사람이 빠르게 적응할 수 있도록 도와줍니다. 이 책은 후배나 팀원에게 IT 지식을 전수해야 하는 IT 전문가에게도 훌륭한 참고서가 될 것입니다.

리테일 IT 전문기업 황혜진

웹과 앱 개발에 관심이 있지만 어디서부터 시작해야 할지 모르는 이들을 위한 책입니다. IT 관련 기본 용어는 물론이고 비개발자와 개발자의 원활한 소통 방법까지 다루고 있어 실무에 바로 적용할 수 있는 지식을 얻게 됩니다. IT 용어가 외계어처럼 느껴졌던 독자라면 이 책을 통해 귀가 트이는 경험을 할수 있습니다.

㈜비앤케이 영상팀 정낙현

개발자와 소통을 잘하고자 하는 이들에게 필요한 책입니다. 프로젝트 진행중 발생하는 기술적 문제에 대해 정확한 질문과 피드백을 주고받을 수 있는 능력을 키워주고, 개발 프로세스와 네트워크 구조를 이해해 비개발자도 기술적 논의에 자신 있게 참여할 수 있도록 돕습니다.

위밋모빌리티 연구소장 장건웅

개발자와 소통할 때 한 번이라도 어려움을 겪어본 적이 있다면 어떻게 소통해야 하는지 이 책에서 힌트를 얻을 수 있습니다. 업무를 하다 맞닥뜨리는 문제의 원인과 갈등에 대해 저자의 노하우와 함께 구체적인 해결책까지 제시하기 때문에 개발자와 일하는 독자, 이제 막 개발을 공부하기 시작한 독자에게 유용합니다.

일루미나리안 프로덕트 디자이너 이중혁

회의 자리에서 개발자의 말을 알아듣는 척하며 조마조마했던 적이 있나요? IT 회사에 취업하고 싶은데 비전공자라 걱정했던 적은요?

전공자가 아니라면 IT 용어가 생소하게 느껴지는 것이 당연합니다. 인터넷에서 검색해봐도 어려운 말로 설명돼 있어 더 깊이 파고드는 것을 포기하게 됩니다. 또한 개발자에게 요청하고 싶어도 기획한 서비스가 구현 가능한지 판단이 서지 않아 자신 있게 말하지 못하는 경우도 있습니다.

필자도 그랬습니다. 시각 디자인을 전공했지만 개발자의 연봉이 높다는 말에 개발자로 전향했습니다. 주변에 컴공과 선배도, 개발자 사수도 없어 오랫동안 미지의 영역에서 홀로 싸웠습니다. 혼자 해내야 했기에 매일 벼랑 끝에 서 있는 심정이었습니다.

그래서 여러분의 기분이 어떤지 잘 압니다. 이제야 밝히지만, 필자도 신입 시절에 외주 업체에 개발 용역을 맡길 때 개발자의 이야기를 알아듣는 척한 적이 있습니다. 얕보이면 안 된다며 팀장 직함이 찍힌 명함을 받았기 때문입니다. 이는 비단 필자만 겪은 일이 아닐 것입니다.

이 책은 다음과 같은 독자를 위해 쓰였습니다.

- 개발자와 협업한 지 얼마 안 된 마케터, 기획자
- IT 회사에 취업하려고 준비 중인 문과생
- 외주 업체에 웹/앱 개발을 의뢰하려는 회사의 담당자
- 뒤늦게 개발자로 전향하려고 고려 중인 독자
- IT 서비스의 구조와 동작 원리를 알고 싶은 독자
- 자녀를 IT 계열 학과에 진학시키고 싶은 학부모

IT 지식이 부족한 경우 개발자와 잘 소통하려면 코딩을 배워야 한다는 생각에 초보자가 배우기에 좋다는 파이썬부터 공부하곤 합니다. 그런데 이는 집 공사를 인테리어 업자에게 맡기기 전에 자신이 직접 타일 시공을 배우는 것과 같습니다. 집을 어떻게 꾸미고 싶은지 인테리어 업자에게 잘 전달하고, 어떤 부분은 왜 고칠 수 없는지 이유를 알면 그만인데 말입니다.

이 책은 IT 관련 회사 혹은 IT 관련자와 일하는 사람이 알아두면 좋을 'IT 기초 지식' 및 '개발자와 소통하는 법'을 다룹니다. 인터넷의 동작 원리부터 웹, 앱, 데이터베이스의 기본 개념을 설명하고 프로그래밍 언어의 종류, 알아두면 좋은 개발 용어, 개발자와의 소통 방법을 알아봅니다.

일반적으로 IT 서적에는 전문 용어가 많이 포함돼 있어 입문자 입장에서는 어렵게 느껴질 수 있습니다. 저 역시 비전공자여서 그 심정을 충분히 이해합니다. 그래서 이 책에서는 누구나 쉽게 이해할 수 있도록 쉬운 표현과 비유, 삽화를 넣어 설명하고, 전문 용어는 한 줄로 정리하는 코너를 마련해 개념을 명확히 짚고 넘어갑니다. 또한 각 장의 마지막에 퀴즈를 실어 배운 내용을 점검할 수 있습니다. 이 책을 통해 일상생활과 업무에 도움이 되는 IT 지식을 갖춰 성과를 향상하기 바랍니다.

민완기

베타 리더의 한마디

복잡한 IT 개념을 쉽게 설명해줘 부담 없이 읽을 수 있었고, IT 지식을 이해하는 데 도움이 됐습니다. 이론을 실무와 연관 지어 설명하기 때문에 IT 기술이 실무에 어떻게 적용되는지 감을 잡을 수 있습니다. 평소 IT에 대해 막연한 두려움이 있었지만 이 책을 읽고 나서 IT에 대해 더 알고 싶어졌습니다.

정석진

비전공자 입장에서 웹과 앱, 라이브러리와 프레임워크 등 평소에 궁금하면서도 헷갈렸던 주제를 정확히 이해할 수 있게 됐습니다. 전체적으로 쉬우면서도 내용에 깊이가 있어 유익합니다. 개발자와의 소통을 다룬 부분에서는 개발자와 비개발자의 소통이 왜 어려운지, 개발자에게 요청하려면 어떻게 해야 하는지를 구체적인 예시를 통해 이해할 수 있었습니다.

김수정

그동안 불명확하게 사용하던 IT 개념을 이 책으로 정리할 수 있었습니다. 왜 그렇게 해야만 하는지에 대한 이유도 명확히 설명돼 있어 좋았습니다. 개발의 전체적인 구조를 파악하는 데 도움이 됐고, 개발자와 비개발자의 관점에서 모두 설명돼 있어 양측의 입장을 다각도로 이해할 수 있었습니다.

이유진

이 책은 '개발자는 무슨 일을 할까?'라는 궁금증에 대한 답변을 담고 있습니다. 다양한 개발 직무를 주요 프로그래밍 언어와 함께 소개하고 IT의 기초 개념을 쉽게 설명합니다. 생생한 사례를 통해 개발자가 하는 일을 보다 쉽게 이해할 수 있었고, 개발자들이 쓰는 용어와 표현에 담긴 속사정을 알게 됨으로써 개발 세계에 한 걸음 더 다가갈 수 있었습니다.

임승민

IT 기초 지식부터 현업에서 알아야 세세한 내용까지 잘 정리돼 있어 기획자, 디자이너, 웹 퍼블리셔, 개발자 등 모든 IT 직군에게 도움이 될 것입니다. 개발은 여러 직군이 모여 협업하는 일이라 커뮤니케이션이 매우 중요하고, 각각의 업무 특성상 다른 직군이 하는 말을 100% 이해하기가 쉽지 않은데, 이 책은 그러한 어려움을 해결해줍니다. 어릴 적 백과사전을 수시로 꺼내 보던 것처럼 앞으로 계속 꺼내 볼 것 같습니다.

유나연

이 책은 각 장을 시작할 때 학습할 내용을 키워드로 미리 소개하고 마지막에서는 한 줄로 다시 요약해 학습 효과를 높입니다. 개발자와 협업하는 비개발자에게 실질적인 도움을 줄 뿐만 아니라, 개발자 입장에서는 비개발 직군과 소통할 때 유의할 점을 간접적으로 알게 됩니다. IT 기획자, 마케터는 물론이고 비전공자나 개발에 관심이 있는 학생도 실무에 대한 이해를 높이는 데 도움이 될 것입니다.

이지은

이 책을 읽고 나서 뜻도 모른 채 익숙하기만 했던 IT 용어의 의미를 정확히 알게 됐습니다. 주요 개발 언어가 어떤 배경에서 생겨났는지, 어떤 특징이 있는지, 동향이 어떤지에 대한 설명 덕분에 앞으로 어떤 프로그래밍 언어를 공부해야 할지 계획하는 데 큰 도움을 받았습니다. 소통은 상호 이해를 위한 노력을 전제로 합니다. 개발자와 협업하는 독자에게 이 책은 그러한 노력을 위한 가장 효율적인 도구가 될 것입니다.

김진욱

현재 클라우드 서비스 개발 과정을 수료 중인 저에게 매우 유익한 책이었습니다. SQL과 NoSQL의 이론적인 내용이 잘 정리돼 있어 각 데이터베이스의 유형과 활용 방법을 명확히 이해할 수 있었고, 서드파티 API와 맞춤형 API에 대해 잘 설명돼 있어 개발에 어떻게 활용되는지 알 수 있었습니다. 취업 준비생으로서 실무 역량을 강화하는 데 많은 도움을 얻었습니다.

이성희

처음에는 단순히 IT 입문자용 도서로 알고 읽기 시작했습니다. 적절한 비유와 예시를 들면서 설명해줘 이해하기 쉽다고 느끼다가, 읽으면 읽을수록 제가 가지고 있던 지식이 책의 내용과 시너지를 이루며 더 선명하게 흡수되는 느낌을 받았습니다. 책 제목처럼 아는 만큼 보이고 재미있는 주제라는 생각이 듭니다.

김동현

이 책은 비개발자의 눈높이에 맞춰 IT 지식을 쉽게 설명해줘 개발자인 저도 많은 팁을 얻었습니다. 알맞은 비유를 들어 개발 용어를 소개하고, 특정 상황에서 비개발자와 개발자가 어떻게 소통해야 하는지 예시를 들어 설명한 점이 특히 인상 깊었습니다. 협업을 잘하고 싶은 개발자와 비개발자 모두에게 도움이 되는 책입니다.

김효진

이 책의 구성

이 책은 IT 업계에서 일하는 비전공자를 위해 업무에 필요한 IT 지식 및 개발자와 소통하는 법을 알려줍니다. IT 회사에서 일하는 마케터, 기획자뿐만 아니라 IT 회사에 취업하려고 준비 중인 문과생, 외주 개발사와 소통하는 회사 대표, 개발에 관심을 가진 학생, IT 지식이 부족하다고 느끼는 독자에게 도움이 됩니다.

이 책은 총 2개 파트, 8개 장으로 구성돼 있습니다. 파트 1에서는 웹과 앱을 중심으로 IT 기초 지식을 쌓고, 파트 2에서는 개발자와 소통하는 데 필요한 개발 용어 및 개발자와의 소통 방법을 배웁니다. 책을 읽고 나면 IT 서비스의 전반적인 동작과 개발자가 하는 일을 이해할 수 있습니다.

·1· 이것만 알면 된다! IT 기초 지식

- 인터넷의 동작 원리
- 인터넷에서 데이터를 안전하게 지키는 법
- 웹과 앱 이해하기
- 데이터베이스 이해하기

·2· 개발자와 소통하기

- 개발 분야별 프로그래밍 언어
- 알아두면 좋은 개발 용어
- 안 된다고 하는 개발자의 속사정
- 개발자와 잘 소통하는 법

_이 책의 그림에 사용된 'Bazzi' 폰트는 무료로 제공되는 넥슨 배찌체로, 해당 폰트의 저작권은 ㈜넥슨 코리아에 있습니다.

목차

PART 2 **개발자와 소통하기**   • • •

6장 · 알아두면 좋은 개발 용어

7장 · 안 된다고 하는 개발자의 속사정

이것만
알면 된다!
IT 기초 지식

인터넷의
동작 원리

인터넷은 어떤 구조로 동작하고, 개발자는 인터넷에서 돌아가는 서비스를 어떻게 만들까요?
오류가 날 때 웹 페이지에 뜨는 404, 500과 같은 숫자는 무엇을 의미할까요? 이 장에서는
인터넷이 어떤 구조로 동작하는지, 개발자가 인터넷에서 어떤 일을 하는지 알아봅니다.

이 장을 읽고 나면 다음 키워드를 이해할 수 있습니다.

클라이언트 / 서버 / 프론트엔드 개발 / 백엔드 개발 / IP 주소 / 도메인 주소 / TCP/IP /
HTTP / 웹 소켓 / HTTP 상태 코드

클라이언트-서버 구조

일상생활에서 매일 보는 유튜브, 카카오톡, 네이버 웹툰 같은 서비스를 이용하려면 보고, 듣고, 만질 수 있는 컴퓨터나 스마트폰이 있어야 합니다. 이러한 장치를 통틀어 '클라이언트'라고 합니다.

그런데 클라이언트만 있다고 해서 원하는 콘텐츠를 즐길 수 있는 것은 아닙니다. 클라이언트를 통해 이용하는 콘텐츠는 대부분 '서버'에서 가져와야 합니다. 그렇다면 클라이언트와 서버가 무엇이고 어떤 구조로 동작하는지 알아봅시다.

1.1.1 클라이언트와 서버의 개념

클라이언트(client)는 사용자가 원하는 작업을 하기 위해 직접 손으로 조작하는 컴퓨터 장치 또는 응용 프로그램을 말합니다.

- **컴퓨터 장치:** 데스크톱, 노트북, 스마트폰 등의 전자 기기를 말합니다.
- **응용 프로그램:** 특정 작업을 하기 위해 사용하는 프로그램을 말합니다. 인터넷에 접속할 때 사용하는 **웹 브라우저**(web browser)와 카카오톡, 인스타그램, 유튜브 등의 **애플리케이션**(application)이 있습니다.

그림 1-1 클라이언트의 종류

컴퓨터 장치

응용 프로그램

웹 브라우저   애플리케이션

클라이언트의 종류가 많아서 헷갈린다면 '클라이언트는 손님이다'라고 생각하세요. 컴퓨터 장치나 응용 프로그램은 모두 사용자가 뭔가를 요청하기 위해 이용하기 때문에 클라이언트를 손님처럼 생각하면 쉽게 이해할 수 있습니다. 다시 말해 클라이언트는 서비스를 이용하는 데 필요한 데이터를 서버에 요청하고, 서버로부터 응답받은 데이터를 화면에 표시합니다.

서버(server)는 클라이언트의 요청을 받아 처리한 후 응답하는 컴퓨터 장치 또는 그러한 역할을 하는 응용 프로그램을 말합니다. 예를 들어 스마트폰으로 유튜브 앱에 로그인하면 자신의 취향에 맞는 동영상 목록이 뜹니다. 이는 서버에 로그인하면서 "나는 누구인데 내 취향에 맞는 동영상 목록을 보여줘"라고 요청했기 때문입니다.

그림 1-2 클라이언트-서버 간 통신

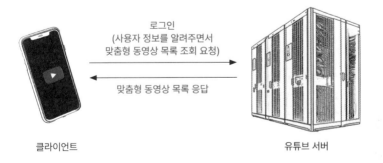

로그인
(사용자 정보를 알려주면서
맞춤형 동영상 목록 조회 요청)

맞춤형 동영상 목록 응답

클라이언트   유튜브 서버

이렇게 클라이언트와 서버가 서로 통신하는 구조를 **클라이언트-서버 구조**라고 합니다. 클라이언트와 서버는 네트워크에 연결돼 서로 데이터를 주고받습니다. 여기서 **네트워크**(network)는 각종 컴퓨터 장치가 두 대 이상 그물망처럼 연결돼 서로 통신할 수 있도록 만든 체계를 말합니다.

그림 1-3 네트워크

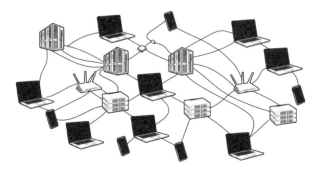

1.1.2 서버에서 데이터를 받아오는 이유

그런데 클라이언트는 왜 서버에서 데이터를 받아올까요? 클라이언트가 자체적으로 데이터를 가지고 있다면 서버의 응답을 기다릴 필요 없이 사용자가 요청한 데이터를 바로 보여줄 수 있지 않을까요?

클라이언트가 서버에서 데이터를 받아오는 것은 저장 장치의 용량 문제와 보안 문제 때문입니다. 개인이 사용하는 클라이언트에 모든 데이터와 이를 처리하기 위한 프로그램을 저장하기에는 용량의 한계가 있습니다. 유튜브 동영상처럼 방대한 데이터와 프로그램을 컴퓨터나 스마트폰에 다 저장할 수는 없습니다. 그래서 서버에 프로그램과 데이터를 저장해두고 필요할 때 데이터를 요청해 사용합니다.

또한 민감한 개인 정보를 클라이언트에 가지고 있으면 문제가 됩니다. 만약 기기를 잃어버리거나 보안을 소홀히 하면 개인 정보가 유출될 수도 있습니다. 따라서 서버에 데이터를 저장하고 있다가 데이터 전송 시 각종 암호화 기술이 적용된 보안 네트워크를 통해 데이터를 받아와 사용하는 것입니다.

1.1.3 서버의 역할

서버의 역할을 이해하기 위해 유튜브에 접속해 동영상을 보는 과정을 예로 살펴보겠습니다.

❶ 크롬 브라우저를 실행합니다.

❷ 유튜브에 접속합니다.

❸ 마음에 드는 섬네일을 클릭합니다.

❹ [재생] 버튼을 눌러 동영상을 시청합니다.

❶번은 유튜브 동영상을 보기 위해 클라이언트(크롬 브라우저)를 준비하는 것입니다.

❷번은 클라이언트가 서버에 접속하는 과정으로, 클라이언트는 서버에 "나는 누구인데 내 취향에 맞는 동영상 목록을 보여줘"라고 **조회 요청**을 합니다. 요청을 받은 서버는 사용자의 취향에 맞는 동영상으로 응답하고, 클라이언트는 이를 받아 화면에 표시합니다.

❸번에서 흥미를 끄는 동영상 섬네일을 클릭하는 것도 마찬가지로 "해당 동영상의 제목, 설명글, 댓글 목록 등 상세 정보를 보여줘"라고 서버에 조회 요청을 하는 것입니다.

그리고 ❹번에서 [재생] 버튼을 누르는 것은 동영상을 끊김 없이 보기 위해 조회 요청을 하는 것입니다. 즉 스트리밍(streaming)으로 동영상을 보여달라고 요청하는 것입니다. 스트리밍이란 큰 데이터를 잘게 쪼개 연속으로 보냄으로써 동영상을 실시간으로 끊김 없이 볼 수 있게 하는 데이터 전송 방식을 말합니다.

이처럼 클라이언트가 서버에 원하는 데이터를 보여달라고 조회 요청을 하면 서버는 그에 따라 데이터로 응답합니다.

한편 클라이언트가 서버에 보내는 요청에는 조회 요청뿐만 아니라 저장 요청, 수정 요청, 삭제 요청도 있습니다. 예를 들어 유튜브 동영상을 보다가 화면을 이탈하거나 [정지] 버튼을 누르면 서버에 동영상의 마지막 시청 시점을 저장하라는 **저장 요청**이 전송됩니다. 그래서 다음에 동영상을 재생할 때 어디까지 봤는지 알 수 있습니다. 저장 요청은 어떤 채널의 [구독] 버튼을 누르거나, 댓글을 작성한 후 [저장] 버튼을 누를 때도 발생합니다.

수정 요청은 댓글을 수정할 때를 생각하면 쉽게 이해할 수 있습니다. 댓글을 수정하고 [수정] 버튼을 누르면 서버에 수정 요청이 전송되고 댓글이 수정됩니다. 또한 마음에 들지 않는 채널의 구독을 취소할 때는 서버에 **삭제 요청**을 보냅니다.

이처럼 서버는 클라이언트의 요청에 따라 데이터 **저장**(Create), **조회**(Read), **수정**(Update), **삭제**(Delete) 작업을 수행하며, 이를 약자로 **CRUD**라고 합니다.

한 줄 정리

- **클라이언트:** 서버에 데이터를 요청하고 제공받는 컴퓨터 장치 또는 응용 프로그램을 말합니다.
- **서버:** 클라이언트의 요청을 받아 처리한 후 응답하는 컴퓨터 장치 또는 응용 프로그램을 말합니다.
- **서버에서 데이터를 받아오는 이유:** 클라이언트에 모든 데이터와 프로그램을 저장하기에는 용량의 한계가 있고, 보안상 데이터를 안전하게 지키기 위해서입니다.
- **서버의 역할:** 클라이언트의 요청에 따라 데이터 저장, 조회, 수정, 삭제 작업을 수행합니다.

프론트엔드 개발과 백엔드 개발

클라이언트와 서버는 역할이 다르기 때문에 한 개발자가 둘 다 배워 개발하기보다 따로 개발해야 생산성을 높일 수 있습니다. 그래서 웹 개발은 클라이언트를 개발하는 프론트엔드 개발과 서버를 개발하는 백엔드 개발로 나뉩니다.

1.2.1 프론트엔드 개발의 개념

프론트엔드 개발(front-end development)이란 눈으로 볼 수 있고 손으로 조작할 수 있는 화면을 개발하는 것을 말합니다. 쉽게 말해 웹 사이트와 모바일 앱 화면을 개발하는 것입니다. 이는 눈에 보이는 영역인 앞단(front-end)을 개발한다는 의미에서 프론트엔드 개발이라고 불리게 됐습니다.

자동차의 핸들처럼 어떤 기능을 쉽게 이용할 수 있도록 도와주는 장치를 보통 **인터페이스**(interface)라고 합니다. 인터페이스는 각기 다른 장치가 소통할 수 있도록 도와주는 매개체 역할을 합니다. 웹 개발에서 화면에 보이는 그래픽 요소, 즉 화면을 구성하는 각종 입력창, 버튼, 체크박스, 스크롤바처럼 사람과 컴퓨터가 소통하게 해주는 인터페이스를 **사용자 인터페이스**(UI, User Interface)라고 합니다.

프론트엔드 개발자는 디자이너로부터 각종 인터페이스가 배치된 웹/앱 디자인 시안을 전달받아 개발 가능 여부를 논의합니다. 그리고 실제로 각 인터페이스가 화면에 나타나게 만든 후 그 기능을 구현합니다(서버와 통신해 데이터를 받아오고 화면에 보여주는 것까지 모두 구현합니다).

그럼 프론트엔드 개발자는 사용자 인터페이스를 개발하기 위해 어떤 프로그래밍 언어를 사용할까요? 일반적으로 HTML, CSS, 자바스크립트를 사용합니다. 이 세 가지 언어에 대해서는 **5.2 프론트엔드 개발 언어: HTML, CSS, 자바스크립트**에서 자세히 알아보겠습니다.

재미있는 사실은, 이 세 가지 언어만 알면 **웹 퍼블리셔**(web publisher)라는 직업을 가질 수 있다는 것입니다. 자신이 몸담고 있는 회사에 웹 퍼블리셔가 있다면 지금부터 설명할 내용이 업무 요청에 도움이 될 것입니다. 웹 퍼블리셔의 역할이 무엇이고, 프론트엔드 개발자와 어떤 차이가 있는지 알아보겠습니다.

웹 퍼블리셔의 역할

웹 퍼블리셔는 프론트엔드 개발자가 하는 업무의 일부를 수행합니다. 자동차 제작에 비유하자면 내비게이션 시스템, 자동 주차 기능, 엔진 등 복잡한 시스템 장치를 다루는 것이 아니라 자동차의 형태, 색상, 질감을 결정하고 운전석, 시트, 대시보드 등 외관과 내장을 아름답고 편리하게 만드는 일을 한다고 볼 수 있습니다.

웹 사이트를 개발할 때는 HTML 5라는 웹 표준을 따라야 합니다. 또한 지능정보화 기본법에 따라 의무적으로 웹 접근성(web accessibility)을 준수해야 합니다. 웹 퍼블리셔는 이러한 규격에 맞게 웹 화면을 만듭니다. 예컨대 다음과 같은 기능을 구현함으로써 장애인이나 노인도 차별 없이 웹 사이트의 정보를 제공받을 수 있게 합니다.

• **스크린 리더 기능**: 시각장애인 또는 저시력자를 위해 텍스트를 음성으로 읽어주는 기능입니다.

- **화면 확대 기능:** 시각장애인 또는 저시력자를 위해 작은 글씨를 크게 보여주는 기능입니다.
- **음성 인식 기능:** 키보드를 사용할 수 없는 사람을 위해 음성으로 검색하는 것을 돕는 기능입니다.
- **키보드 오버레이 기능:** 어떤 키가 입력되고 있는지 화면에 보여주는 기능입니다.

웹 퍼블리셔는 이 밖에도 색맹을 위해 화면에 데이터를 표시할 때 색상만으로 데이터를 구분하면 안 된다거나, 콘텐츠를 쉽게 식별할 수 있도록 텍스트 및 이미지와 배경 간 명도가 4.5:1 이상이어야 한다는 지침을 준수합니다.

웹 퍼블리셔가 수행하는 웹 퍼블리싱은 프론트엔드 개발자가 사용자 인터페이스를 개발하는 것보다 상대적으로 난이도는 낮지만 업무량이 많습니다. 웹 퍼블리셔와 프론트엔드 개발자의 업무는 다음과 같이 요약할 수 있습니다.

● **웹 퍼블리셔의 업무**

- HTML 5 웹 표준과 장애인 및 노인도 이용할 수 있도록 웹 접근성을 준수해 웹 화면을 만듭니다.
- 클라이언트(사용하는 컴퓨터 장치 또는 웹 브라우저)마다 동일한 디자인으로 보이도록 웹 화면을 만듭니다.

● **프론트엔드 개발자의 업무**

- 웹 퍼블리셔의 업무를 똑같이 수행합니다.
- 웹 사이트 기획에 따라 서버와 통신하는 기능을 구현합니다.

실무에서는 웹 퍼블리셔가 디자인 시안을 받아 웹 표준과 접근성에 부합하게 정리한 후 최종 디자인 시안을 확정하고, 이를 토대로 HTML, CSS, 자바스크립트로 웹 페이지의 뼈대를 만듭니다. 그러면 그 뼈대 위에 프론트엔드 개발자가 기능을 개발하는 방식으로 일합니다. 웹 퍼블리셔는 서버와 소통하는 코드를 작성하지 않는데, 이는 웹 퍼블리셔와 프론트엔드 개발자의 뚜렷한 차이라고 할 수 있습니다.

자금이 부족한 스타트업에서는 웹 퍼블리셔 없이 프론트엔드 개발자만 채용하는 경우가 많습니다. 프론트엔드 개발에 웹 퍼블리싱이 포함되기 때문입니다.

1.2.2 백엔드 개발의 개념

백엔드 개발(back-end development)이란 서버가 클라이언트의 요청을 받아 처리하는 프로그램을 개발하는 것을 말합니다. 사용자의 눈에 보이지 않는 영역인 뒷단(back-end)을 개발한다는 의미에서 백엔드 개발이라고 불리게 됐습니다.

서버가 무슨 일을 하는지 레스토랑에 비유해 살펴보겠습니다.

❶ 손님이 메뉴판을 보고 웨이터에게 음식을 주문합니다.

❷ 주문을 받은 웨이터는 주방장에게 주문서를 전달합니다.

❸ 주방장이 음식을 만들어 웨이터에게 건넵니다.

❹ 웨이터는 손님에게 음식을 서빙(serving)하고, 손님은 음식을 맛있게 먹습니다.

이를 클라이언트-서버 구조에서 이뤄지는 웹 서비스의 동작으로 나타내면 다음과 같습니다.

❶ 클라이언트(손님)가 사용자 인터페이스(메뉴판)를 통해 웹 서버(웨이터)에 데이터(음식)를 요청합니다.

❷ 웹 서버(웨이터)는 웹 애플리케이션 서버(주방장)에 클라이언트의 요청 사항(주문서)을 전달합니다.

❸ 웹 애플리케이션 서버(주방장)는 요청받은 데이터(음식)를 처리한 후 결과를 웹 서버(웨이터)에 전달합니다. 이때 데이터의 저장과 처리는 데이터베이스(냉장고)가 담당합니다.

❹ 웹 서버(웨이터)는 클라이언트(손님)에게 결과를 전달하고, 클라이언트는 이를 화면에 표시합니다.

그림 1-4 **웹 서비스의 동작**

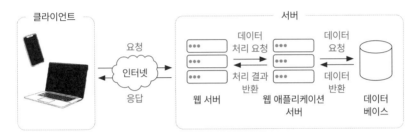

그림 1-4에서 **웹 서버**(web server)는 클라이언트의 요청을 받아 비교적 간단히 처리할 수 있는 응답은 바로 하고, 처리하기 어려운 요청은 **웹 애플리케이션 서버**(web application server)로 보냅니다. 웹 애플리케이션 서버는 웹 서버로부터 받은 복잡한 요청을 처리한 후 이를 웹 서버에 반환합니다.

백엔드 개발자는 웹 서비스가 잘 돌아가도록 웹 서버와 웹 애플리케이션 서버를 개발하는 사람입니다. 웨이터와 주방장이 손님의 주문을 잘 처리하도록 관리하고 교육하는 매니저와 같은 존재라고 볼 수 있죠. 따라서 백엔드 개발자는 네트워크, 데이터베이스, 인프라에 대한 지식을 갖추고 있어야 합니다.

• **네트워크 지식:** 네트워크에 연결된 클라이언트와 서버 간에 어떤 방식(프로토콜)으로 소통하는지 알고, 이를 구현합니다.

- **데이터베이스 지식:** 클라이언트가 요청한 데이터를 처리하기 위해 데이터베이스를 구축하고 데이터를 저장·관리합니다.
- **인프라 지식:** 서버를 운영하는 데 필요한 하드웨어와 소프트웨어를 관리합니다. 예를 들어 클라이언트의 요청이 서버가 감당하기 어려울 정도로 증가하면 서버 장비를 증설하는 등 인프라를 관리합니다.

백엔드 개발자는 'A라는 상황에서는 B를 하라'고 서버에 하나씩 정해줍니다. 상황과 요청에 맞는 임무를 수행하도록 꼼꼼히 지시를 내리지 않으면 서버가 엉뚱하게 처리하거나 같은 작업을 반복할 수도 있습니다. 매니저가 매뉴얼을 세심하게 정해주지 않아 웨이터와 주방장이 갈팡질팡하면 그만큼 시간과 비용이 낭비되는 것과 마찬가지입니다.

한편 직원들의 동선을 효율적으로 짜고 업무를 최적화하면 100명이 할 일을 50명이 할 수도 있습니다. 즉 백엔드 개발자가 어떻게 하느냐에 따라 서버 비용(회사의 지출)이 줄어들 수도 있고, 낭비될 수도 있습니다. 그래서 백엔드 개발자는 프론트엔드 개발자에 비해 성과를 측정하기가 쉽습니다.

1.2.3 개발 범위 정리

지금까지 프론트엔드 개발과 백엔드 개발에 대해 살펴봤습니다. 프론트엔드 개발자는 웹 사이트나 모바일 앱 화면의 사용자 인터페이스를 통해 서버에 데이터를 요청하는 **프레젠테이션 로직**(presentation logic)을 개발합니다. 그리고 백엔드 개발자는 클라이언트의 요청을 받아 처리하는 서버의 **비즈니스 로직**(business logic)을 개발합니다.

그림 1-5를 토대로 자신이 회사에서 개발자에게 요청하려는 업무가 프론트엔드 개발에 관한 것인지, 백엔드 개발에 관한 것인지 구분할 수 있을 것입니다.

그림 1-5 **프론트엔드 개발과 백엔드 개발의 범위**

프론트엔드 개발	백엔드 개발
	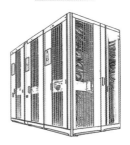
프레젠테이션 로직 개발	비즈니스 로직 개발
웹 페이지와 모바일 앱 화면 등 눈에 보이는 인터페이스 개발	서비스 핵심 기능 및 규칙 개발, 데이터베이스 접근 및 처리

프론트엔드 개발과 백엔드 개발을 둘 다 할 수 있는 개발자를 **풀스택**(full-stack) 개발자라고 합니다. 이들 중에는 기술적 탐구심이 있어 자의적으로 풀스택 개발자가 된 경우도 있고, 인력이 부족한 스타트업에서 프론트엔드 개발과 백엔드 개발 업무를 모두 할 줄 아는 사람이 필요해 타의적으로 풀스택 개발자가 된 경우도 있습니다.

한 줄 정리

- **프론트엔드 개발:** 웹 사이트나 모바일 앱 화면의 사용자 인터페이스를 통해 서버에 데이터를 요청하는 프레젠테이션 로직을 개발합니다.
- **웹 퍼블리싱:** 디자인 시안을 받아 웹 표준과 접근성에 부합하게 정리한 후 최종 디자인 시안을 확정하고, 이를 토대로 HTML, CSS, 자바스크립트로 웹 페이지를 만드는 작업입니다. 웹 퍼블리싱은 프론트엔드 개발에 포함됩니다.
- **백엔드 개발:** 클라이언트의 요청을 받아 처리하는 서버의 비즈니스 로직을 개발합니다.

IP 주소와 도메인 주소

IP 주소를 추적한다는 말을 들어본 적이 있을 것입니다. 그런데 영화에서처럼 정말 IP 주소만 있으면 해당 컴퓨터가 있는 장소를 알아낼 수 있을까요? 이러한 IP 주소에 대해 자세히 알아봅시다.

1.3.1 IP 주소의 개념

IP 주소(Internet Protocol address)란 인터넷에 연결된 데스크톱, 노트북, 스마트폰과 같은 클라이언트부터 각종 서버까지 모든 장치를 식별할 수 있도록 부여된 고유한 주소를 말합니다. 예를 들어 웹 브라우저의 주소창에 '142.250.207.100'을 입력하면 주소가 'google.com'으로 바뀌고 구글에 접속됩니다. 여기서 google.com은 외우기 쉬운 별명일 뿐이며, 142.250.207.100이 바로 IP 주소입니다. IP 주소는 절대 겹치지 않는 일종의 인터넷 신분증과 같습니다.

0.0.0.0~255.255.255.255처럼 IP 주소는 0부터 255까지 임의의 숫자가 네 번 연이어져 구성되며, 개수는 총 42억 9,496만 7,296개입니다. 이러한 IP 주소 체계를 IP version 4, 줄여서 **IPv4**라고 부릅니다.

하지만 IPv4에서 제공하는 약 43억 개의 IP 주소는 전 세계의 모든 나라가 나눠 쓰기에 부족했습니다. 이에 1995년부터 **IPv6**(IP version 6)이라는 새로운 형태의 주소를 만들어 IPv4와 함께 사용하기 시작했습니다. IPv6은 사실상 무한대(340,282,366,920,938,463,463,374,607,431,768,211,456개)에 가까운 IP 주소를 부여할 수 있습니다.

그림 1-6 절대 겹치지 않는 IP 주소

1.3.2 고정 IP 주소와 유동 IP 주소

IP 주소는 한 번 부여되면 주소 값이 바뀌지 않는 고정 IP 주소와 주소 값을 바꿔 쓸 수 있는 유동 IP 주소로 구분됩니다.

고정 IP 주소

한 번 정하면 반납하기 전까지 바꿀 수 없는 IP 주소를 **고정 IP 주소**라고 합니다. 예를 들어 쇼핑몰에서 구입한 제품을 받았는데 주문한 것과 다른 제품이 와서 반품했다고 합시다. 그런데 그 사이에 판매자의 주소가 갑자기 바뀌었다면 매우 곤란할 것입니다. 이와 같이 고정 IP 주소는 주소가 갑자기 바뀌면 곤란한 일이 생길 수 있는 경우에 대비해 한 번 정해진 주소를 그대로 사용합니다.

기업은 이사할 때처럼 전입 신고를 하고 고정 IP 주소를 부여받습니다. 그리고 부여받은 IP 주소를 반납하겠다는 전출 신고를 하기 전까지는 같은 IP 주소를 계속 사용할 수 있습니다.

고정 IP 주소를 사용하는 가장 큰 이유는 '보안' 때문입니다. 고정 IP 주소를 가진 기기는 신원이 검증된 기기만 허용되는 곳에 접속할 수 있습니다. 만약 아무나 은행 서버에 접속해 고객의 통장 잔고를 볼 수 있다면 범죄에 무방비로 노출될 것입니다. 그래서 민감한 개인 정보를 다루는 서버에는 신원이 확실한 사업자의 고정 IP 주소만 접속하도록 허가합니다.

그림 1-7 허가된 고정 IP 주소만 접속 허용

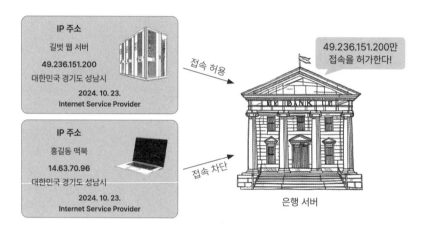

고정 IP 주소는 한국인터넷진흥원(KISA)을 통해 ISP라는 곳에서 발급받습니다. **ISP**는 'Internet Service Provider(인터넷 서비스 제공자)'의 약자로, 인터넷을 이용할 수 있도록 네트워크 연결 서비스를 제공하는 기관을 말합니다. 이는 보통 '인터넷 회사'라고 부르며, 우리나라의 대표적인 ISP로는 KT, SK 텔레콤, LG U+를 꼽을 수 있습니다.

유동 IP 주소

실시간으로 생산되는 컴퓨터 장치를 IPv4의 43억 개 주소로 연결하기에는 주소가 턱없이 부족합니다. 그래서 나라마다, ISP마다 고정 IP 주소를 미리 마련해놓고 인터넷 연결이 필요한 장치에 주소를 잠깐 대여했다가 반납받는 **유동 IP 주소**를 운영하기 시작했습니다.

이렇게 자동으로 IP 주소를 대여하는 역할은 DHCP 서버가 합니다. DHCP 는 'Dynamic Host Configuration Protocol'의 약자로, 네트워크의 컴퓨터 장치에 IP 주소를 할당하기 위한 표준화된 규칙을 말합니다.

유동 IP 주소를 사용할 때 IP 주소가 바뀌는 경우는 두 가지입니다.

첫째, DHCP를 갱신하는 경우입니다. 유동 IP 주소를 사용하면 기기마다 IP 주소를 언제까지 임대할지 시작 날짜와 만료 날짜가 설정돼 있습니다. 갱신 주기마다 클라이언트의 IP 주소도 바뀝니다. 만약 노트북의 DHCP 갱신 주기가 1시간으로 설정돼 있다면 1시간 뒤에 노트북의 IP 주소가 바뀌며, 이때 잠깐 인터넷이 끊어지거나 느려집니다.

둘째, 비행기 모드로 데이터를 끄거나 아예 기기를 종료하는 경우입니다. 이때는 사용하던 IP 주소를 반납하며, 네트워크 연결을 재개하면 DHCP로부터 새로운 IP 주소를 부여받습니다.

1.3.3 도메인 주소의 개념

미국의 심리학자인 조지 아미티지 밀러(George Armitage Miller)는 1956년에 〈매직 넘버 7±2〉라는 논문을 발표했습니다. 내용인즉, 인간이 짧은 시간 동안 기억할 수 있는 정보의 용량은 5~9개 정도라고 합니다. 그래서 주민등록번호 뒷자리가 7자리이고, 옛날 전화번호도 7자리인 경우가 많습니다.

그러나 IPv4 주소는 최대 12자리 숫자로 구성돼 있어 한 번에 외우기 어렵습니다. "유튜브에 접속하고 싶으면 IP 주소 12자리 숫자를 대세요"라고 한다면 어떻게 될까요?

게다가 인터넷이 사용되기 시작한 초기에는 네트워크가 확장되는(IP 주소가 늘어나는) 속도가 너무 빨랐습니다. 그래서 1981년에 IP 주소 대신 이름으로 구분하자는 의견이 나왔고, 그로 인해 **도메인 주소**(domain address)를 이용하는 시스템이 탄생했습니다.

도메인 주소는 google.com처럼 인간이 기억하기 쉽게 문자열로 만든 주소입니다. 웹 브라우저의 주소창에 'google.com'을 입력하면 도메인 주소를 관리하는 **DNS**(Domain Name System)가 해당 도메인 주소에 매칭되는 IP 주소로 변환함으로써 구글 웹 사이트에 접속할 수 있습니다. DNS 덕분에 12자리 숫자를 외우지 않아도 원하는 웹 사이트에 접속할 수 있는 것입니다.

그림 1-8 **DNS의 역할**

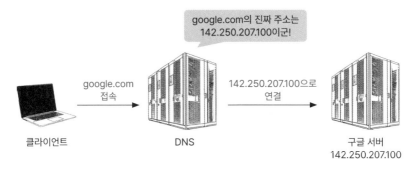

도메인 주소 앞에는 www와 같은 접두사가 붙기도 합니다[www는 월드 와이드 웹(World Wide Web)을 의미합니다]. 접두사가 없는 google.com은 **메인 도메인**, www.google.com처럼 접두사가 붙은 도메인 주소는 **서브 도메인**이라고 합니다.

일반적으로 메인 도메인과 www 서브 도메인은 동일한 IP 주소로 연결됩니다. 관습적으로 개발자가 그렇게 설정하기 때문입니다. 만약 개발자가 www 서브 도메인을 등록하지 않았다면 www 서브 도메인 주소로 접속할 수 없습니다.

· **IP 주소:** 인터넷에 연결된 모든 장치를 식별할 수 있도록 부여된 고유한 주소를 말합니다.

· **IPv4와 IPv6:** IP 주소 체계에는 0부터 255까지 임의의 숫자가 네 번 연이어진 IPv4와, IPv4의 주소 고갈 문제를 해결하기 위해 고안된 새로운 주소 체계인 IPv6이 있습니다.

· **고정 IP 주소:** 해당 기기의 신원을 쉽게 확인하기 위해 유료로 대여해 반납하기 전까지 바뀌지 않는 IP 주소입니다.

· **유동 IP 주소:** 한정된 IPv4의 IP 주소를 효율적으로 부여하고 관리하기 위해 네트워크에 연결된 기기에만 일시적으로 부여하는 IP 주소입니다.

· **도메인 주소:** 기억하기 어려운 IP 주소를 인간이 기억하기 쉽게 문자열 형태로 만든 주소를 말합니다.

· **DNS:** IP 주소와 도메인 주소를 일대일로 매칭하는 시스템으로, 도메인 주소를 요청받으면 매칭된 IP 주소를 알려줍니다.

1.4 인터넷 통신 과정

유튜브에서 동영상을 본 뒤 댓글을 쓰는 경우, 내 컴퓨터에서 입력한 댓글이 어떻게 유튜브 서버로 전송될까요? 이처럼 인터넷상에서 데이터가 전달되는 과정을 알아봅시다.

1.4.1 TCP/IP 모델

인터넷에 연결된 모든 컴퓨터 장치, 즉 클라이언트와 서버는 **TCP/IP 모델** (Transmission Control Protocol/Internet Protocol model)을 통해 통신합니다. TCP/IP 모델은 인터넷 통신 과정을 4계층으로 나눠 정리한 통신 규칙입니다.

통신 규칙을 4계층으로 나눈 것은, 계층마다 어떻게 데이터를 보낼지 사전에 약속함으로써 통신 중 어디서 문제가 발생했는지 쉽게 알 수 있도록 하기 위함입니다. 이렇게 하면 통신 과정에서 데이터가 유실되지 않고, 인터넷에 연결된 컴퓨터 장치의 기종이 달라도 문제 없이 통신할 수 있습니다.

계층마다 어떤 방식으로 통신할지 약속한 것을 **프로토콜**(protocol)이라고 하며, 각 계층에서는 여러 프로토콜이 동작합니다. TCP/IP 모델 4계층과 각 계층의 주요 프로토콜은 **그림 1-9**와 같습니다.

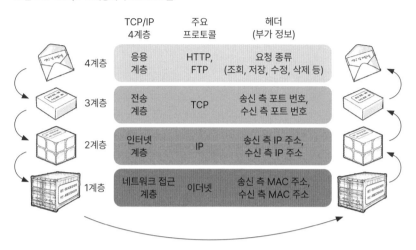

그림 1-9 **TCP/IP 4계층과 주요 프로토콜**

TCP/IP 4계층		주요 프로토콜	헤더 (부가 정보)
4계층	응용 계층	HTTP, FTP	요청 종류 (조회, 저장, 수정, 삭제 등)
3계층	전송 계층	TCP	송신 측 포트 번호, 수신 측 포트 번호
2계층	인터넷 계층	IP	송신 측 IP 주소, 수신 측 IP 주소
1계층	네트워크 접근 계층	이더넷	송신 측 MAC 주소, 수신 측 MAC 주소

그림에서 보듯이 데이터를 보내는 송신 측과 받는 수신 측은 모두 TCP/IP 모델로 동작합니다. 송신 측의 4계층에서 데이터를 보내면 3, 2, 1계층에서 받아 인터넷을 통해 수신 측으로 보내고, 수신 측은 1계층에서 데이터를 받아 2, 3, 4계층으로 올립니다.

이 과정은 택배를 보내는 것과 유사합니다. 택배를 보낼 때는 내용물을 봉투(또는 포장 용기)에 담은 후 다시 상자에 넣습니다. 그리고 상자에 보내는 사람과 받는 사람의 주소를 쓴 후 발송합니다. 이 상자는 트럭 또는 컨테이너에 실려 받는 사람의 주소로 배송되고, 택배를 받은 사람은 상자와 봉투를 차례대로 뜯어 내용물을 확인합니다.

송신 측의 TCP/IP 모델에서 데이터 포맷이 바뀌는 과정은 **그림 1-10**과 같습니다. 전송할 댓글 데이터(영상이 참 재미있어요)를 아래 계층으로 보낼 때 각 계층은 자신의 계층에서 처리할 각종 부가 정보를 데이터에 붙여 내려보냅니다.

그림 1-10 **TCP/IP 각 계층의 데이터 포맷**

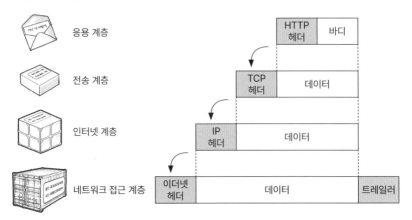

- **응용 계층:** 전송할 데이터 본문(body/payload, 바디 또는 페이로드라고 함)을 준비하고, 응용 계층에서 처리할 부가 정보(header, 헤더라고 함)를 붙인 후 전송 계층으로 보냅니다.

- **전송 계층:** 응용 계층의 데이터를 받아 전송 계층에서 처리할 부가 정보를 붙인 후 인터넷 계층으로 보냅니다.

- **인터넷 계층:** 전송 계층의 데이터를 받아 인터넷 계층에서 처리할 부가 정보를 붙인 후 네트워크 접근 계층으로 보냅니다.

- **네트워크 접근 계층:** 인터넷 계층의 데이터를 받아 네트워크 접근 계층에서 처리할 부가 정보를 붙인 후 인터넷 통신망으로 보냅니다. 네트워크 접근 계층에서는 부가 정보를 데이터 앞뒤에 붙이는데, 그중 뒤에 붙는 트레일러(trailer)는 데이터가 손상 없이 잘 전달됐는지 확인하는 용도의 꼬리표입니다.

마찬가지로 수신 측에서는 거꾸로 1계층부터 4계층까지 올라가며 각 계층에서 붙인 부가 정보를 떼어내고 마침내 4계층에서 데이터 본문을 확인합니다.

1.4.2 HTTP 통신

HTTP(HyperText Transfer Protocol)는 인터넷에서 데이터를 주고받을 때 사용하는 프로토콜로, TCP/IP 모델의 4계층인 응용 계층에서 동작합니다(**그림 1-9** 참조). HTTP를 통해 보낸 데이터는 TCP/IP 모델의 3, 2, 1계층을 거쳐 인터넷 통신망으로 전송되는데, 이를 **HTTP 통신**이라고 합니다.

HTTP 통신을 할 때 클라이언트가 서버로 보내는 데이터를 **HTTP 패킷** (HTTP packet)이라고 합니다. HTTP 패킷은 보내는 데이터 본문인 바디와 데이터 앞에 붙이는 부가 정보인 헤더로 구성됩니다.

그림 1-11 **HTTP 패킷의 구조**

HTTP 헤더에는 클라이언트가 서버에 어떤 요청을 하는지가 네 가지 메서드(method, 요청 방식)로 정의돼 있습니다. 이는 앞서 **1.1.3 서버의 역할**에서 살펴봤듯이 서버에 데이터 CRUD(저장, 조회, 수정, 삭제) 요청을 할 때 사용됩니다.

● **HTTP 메서드의 종류**
  - **POST:** 데이터 저장 요청
  - **GET:** 데이터 조회 요청

- **PUT**(전체 수정) 또는 **PATCH**(일부 수정): 데이터 수정 요청

- **DELETE:** 데이터 삭제 요청

HTTP 헤더에는 HTTP 메서드 외에도 요청 URL(요청을 받아 처리할 서버의 주소), Authorization(클라이언트의 로그인 정보), User Agent(클라이언트의 기기, 운영체제, 웹 브라우저 정보)가 포함되고, 바디에는 전송할 댓글 내용이 포함됩니다. "포스트(POST)로 보냈어요", "겟(GET)으로 보냈어요"라는 개발자의 말은 바로 HTTP 메서드를 뜻합니다.

1.4.3 웹 소켓

HTTP 통신은 클라이언트가 먼저 요청해야만 서버의 응답을 받을 수 있습니다. 클라이언트의 요청이 없으면 서버는 응답할 수 없는데, 이를 단방향 통신이라고 합니다.

그러나 **웹 소켓**(web socket)을 이용하면 클라이언트의 요청 없이도 서버가 일방적으로 데이터를 보낼 수 있습니다. 반대로 클라이언트도 연결이 유지되는 동안 서버의 응답을 기대하지 않고 데이터를 일방적으로 보낼 수 있는데, 이를 양방향 통신이라고 합니다.

웹 소켓은 HTTP 통신의 한계를 보완하기 위해 등장한 기술로, 클라이언트와 서버 간의 양방향 통신을 가능하게 합니다. 다만 이 기술을 사용하더라도 클라이언트와 서버를 처음 연결할 때는 HTTP를 사용하며, 두 기기가 일단 연결되면 그 이후부터는 더 이상 HTTP를 사용하지 않고 웹 소켓 기술로 통신합니다.

웹 소켓 기술은 실시간으로 메시지를 주고받는 채팅 애플리케이션에 주로 사용됩니다. 또한 이메일 알림, 댓글 알림 서비스처럼 클라이언트에게 실시간으로 서버의 변화된 상황을 알려줘야 할 때도 유용합니다.

그림 1-12 **HTTP 통신과 웹 소켓을 이용한 통신**

(a) HTTP 통신

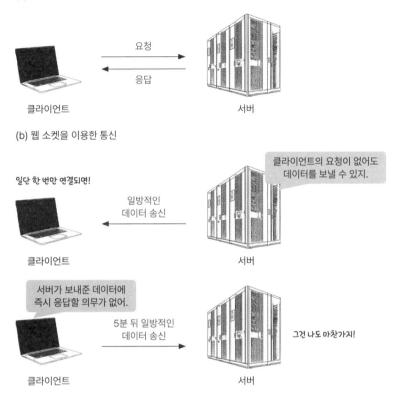

(b) 웹 소켓을 이용한 통신

1.4.4 라우팅

TCP/IP 모델에서 데이터를 전송할 때는 한 번에 목적지에 도착하지 않고, 보내는 곳으로부터 가까운 통신 기기를 거쳐 최종 목적지로 전송됩니다. 미국에 편지를 보낸다고 상상해보세요. 집에서 가까운 우체통에 편지를 넣으면 집배원이 편지를 걷어 가고, 우체국에서 비행기나 배에 편지를 실어 미국으로 보냅니다. 그리고 미국에 도착한 편지는 다시 현지 우체국을 거쳐 받는 이에게 전달됩니다.

이처럼 인터넷 통신망으로 보낸 데이터는 일단 가까운 통신 기기를 경유해 최종 목적지에 도착합니다. 이렇게 데이터가 전달될 목적지를 지정하고 그 사이에 있는 통신 기기 중 최적의 경로를 정해 전달하는 기술을 **라우팅** (routing)이라고 하며, 공유기처럼 생긴 **라우터**(router)가 이를 수행합니다.

라우터는 수많은 데이터의 중간 경유지가 돼 그중에서 자신의 IP 주소로 온 데이터만 골라서 수신하고, 아닌 것은 가까운 라우터로 전달합니다. 내 스마트폰에서 친구의 스마트폰으로 SNS 메시지가 전달될 수 있는 것은 기지국 (무선 통신 설비)에서 라우팅을 수행하기 때문입니다.

그림 1-13 라우팅을 통해 최종 목적지에 도착

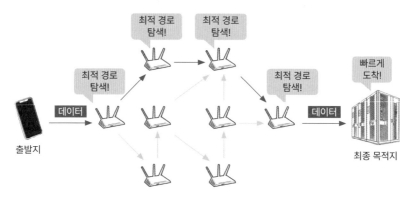

한 줄 정리

· **TCP/IP 모델:** 인터넷 통신 과정을 4계층으로 나눠 정리한 통신 규칙입니다.

· **HTTP 통신:** HTTP를 이용해 인터넷에서 데이터를 주고받는 것을 말합니다.

· **웹 소켓:** 클라이언트와 서버가 일단 한 번 연결되면 이후 별도의 요청 없이 서로 데이터를 주고받을 수 있는 기술입니다.

· **라우팅:** 출발지에서 최종 목적지로 가는 최적의 경로를 정해 데이터를 전달하는 기술입니다.

인터넷 오류
메시지 보는 법

인터넷을 이용하다 보면 '페이지를 찾을 수 없음'이라는 메시지와 함께 404
라는 숫자가 나타나곤 합니다. 이 상황은 책의 목차를 보고 페이지를 펼쳤는
데 해당 페이지가 찢겨져 있는 것과 같습니다. 말 그대로 페이지가 없는 것
입니다.

그림 1-14 404 오류 메시지 화면

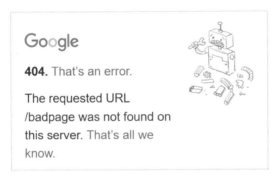

404와 같이 HTTP 요청에 대한 응답으로 현재 상황을 표현한 코드를 **HTTP
상태 코드**(HTTP status code)라고 합니다. HTTP 상태 코드는 HTTP 통신 규
칙대로 데이터를 주고받는 과정에서 통신 결과가 어떻게 됐는지 상태를 요
약해 알려줍니다.

1.5.1 주요 HTTP 상태 코드

HTTP 상태 코드는 1××번대부터 5××번대까지 다섯 그룹으로 나뉩니다.

- **1××(정보):** 클라이언트의 요청이 수신돼 처리 중임을 나타냅니다.

- **2××(성공):** 클라이언트의 요청이 정상적으로 처리됐음을 나타냅니다.

- **3××(리다이렉션 메시지):** 클라이언트의 요청을 완료하려면 추가 행동이 필요함을 나타냅니다.

- **4××(클라이언트 요청 오류):** 클라이언트의 요청이 잘못돼 서버가 요청을 수행할 수 없음을 나타냅니다.

- **5××(서버 응답 오류):** 서버 내부에 오류가 발생해 클라이언트의 요청을 적절히 수행하지 못했음을 나타냅니다.

자신이 다니는 회사에서 개발한 웹 사이트의 기능을 테스트한다고 가정해봅시다. 여러 버튼과 링크 등을 누르며 테스트하는 과정에서 서버로부터 응답이 없을 때는 HTTP 상태 코드를 보고 백엔드 개발자와 소통할 수 있습니다.

HTTP 상태 코드는 크롬 웹 브라우저에서 F12 (맥OS는 command + option + I)를 누르면 뜨는 개발자 도구의 **Network** 탭에서 확인할 수 있습니다.

그림 1-15 상태 코드 확인법

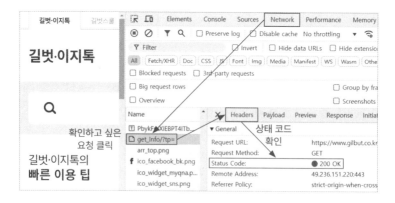

1.5.2 HTTP 상태 코드별 개발자와의 소통법

실무에서 주로 겪는 상태 코드별로 개발자와 소통하는 방법을 알아봅시다. 상태 코드 옆의 영문자는 상태를 요약한 **상태 텍스트**(status text)인데, 이를 쉽게 이해할 수 있도록 번역을 표기했습니다.

상태 코드 중 2××번대와 3××번대는 아무런 문제가 없는 상황이므로 별다른 피드백이 필요 없습니다. 그러나 4××번대와 5××번대는 오류가 발생한 것이므로 어떤 상황인지 파악하고 개발자와 소통해야 합니다.

2××~3××번대 상태 코드

- **200(OK, 처리 완료)**

  클라이언트의 요청이 성공적으로 처리됐다는 의미입니다. 200 상태 코드를 받았다면 아무 문제가 없는 상태입니다.

- **301(Moved Permanently, 영구 이전됨), 302(Moved Temporarily, 임시 이전됨)**

  클라이언트가 A라는 도메인 주소로 요청을 보냈는데 A 주소가 B 주소로 바뀌었다고 알려주는 것입니다. 이는 오랜만에 친구 집에 놀러 가 벨을 눌렀는데 응답이 없어 친구에게 전화해보니 다른 곳에 있다며 새 주소를 알려주는 것과 같습니다. 301 상태 코드는 아예 이사를 간 것이고, 302 상태 코드는 다른 곳에 며칠 머무르는 것입니다. 301 또는 302 상태 코드를 받았다면 다음부터는 A 주소로 요청해도 B 주소의 응답이 돌아옵니다.

4××번대 상태 코드

4××번대는 클라이언트가 데이터를 빠트렸거나, 클라이언트에게 권한이 없는 요청을 했거나, 클라이언트가 요청을 너무 자주 보내는 등 클라이언트에게 귀책 사유가 있습니다.

- **400(Bad Request, 잘못된 요청)**

클라이언트가 HTTP 요청을 보낼 때 함께 줘야 할 정보가 있는데 그것을 주지 않았다는 뜻입니다. 예를 들면 로그인할 때 비밀번호를 입력하지 않거나, 게시글을 쓸 때 제목을 입력하지 않은 경우입니다. 이는 마라탕을 주문할 때 아무 재료 없이 그릇에 국물만 담아 끓여달라고 하는 것과 같습니다.

400 상태 코드를 받았을 때는 개발자에게 이렇게 말할 수 있습니다. "저는 입력창에 ○○○이라고 썼는데 400 오류가 나네요. 혹시 ○○○이라고 써서 제출하면 안 되는 건가요? 만약 그렇다면 유효성 검사에서 잘못된 데이터를 못 잡아주는 것 같으니 확인해주세요."

여기서 **유효성 검사**란 데이터가 서버로 전달되기 전에 개발자가 의도한 데이터 형식이 맞는지 검증하는 작업을 말합니다. 예를 들면 전화번호는 반드시 숫자로 입력해야 하고, 이메일 주소는 작성 형식에 맞게 정확히 입력해야 하는 경우입니다. 만약 데이터 형식에 맞지 않는 데이터가 전송되면 서버가 인식하지 못해 400 오류가 발생할 수 있습니다.

- **401(Unauthorized, 승인되지 않음)**

로그인(인증)이 필요한 요청인데 클라이언트가 로그인을 하지 않고 서버에 요청했다는 뜻입니다. 이는 회사 엘리베이터를 이용하려면 사원증을 찍어야 하는데 찍지 않은 것과 같습니다.

401 상태 코드를 받았을 때는 개발자에게 이렇게 말할 수 있습니다. "401이 나오네요. 이 기능은 로그인을 해야만 요청할 수 있는 건가요? 권한을 확인해주세요." 또는 "분명히 로그인을 했는데 401이 나오네요. 로그인 기능을 확인해주세요."

- **403(Forbidden, 금지됨)**

클라이언트가 요청할 수 있는 권한이 없다는 뜻입니다. 이는 회사 건물

출입 명단에 등록돼 있지 않거나, 사원증을 찍어도 열리지 않는 문이 있는 것과 같습니다.

이때는 기능의 정상 동작 여부를 테스트하는 경우와 권한이 없는 계정으로 접속 차단 여부를 테스트하는 경우에 따라 개발자에게 다음과 같이 말할 수 있습니다.

- **기능의 정상 동작 여부를 테스트하는 경우**: "403이 나오네요. 테스트할 수 있는 계정이나 권한을 부탁드려요."
- **권한이 없는 계정으로 접속 차단 여부를 테스트하는 경우**: "403이 나오네요. 접속 차단이 잘됩니다."

● 404(Not Found, 찾을 수 없음)

클라이언트가 요청한 웹 페이지를 서버가 찾을 수 없다는 뜻입니다. 어떤 이유로 웹 페이지가 삭제됐거나, 처음부터 존재하지 않는 웹 페이지로 요청을 보낸 경우에 404 상태 코드가 나타납니다.

404 상태 코드가 유명한 것은 검색엔진 때문입니다. 구글이나 네이버와 같은 검색엔진은 새로 발행된 웹 페이지가 있는지 수시로 수집하고, 이렇게 수집한 웹 페이지를 검색 결과로 보여줍니다. 그런데 수집한 후에 웹 페이지가 삭제되면 검색엔진은 이를 즉시 인지하지 못하고 같은 페이지를 계속 검색 결과에 표시합니다. 이 사실을 모르는 클라이언트는 검색 결과의 페이지를 클릭해 서버에 해당 게시물을 보여달라고 조회 요청을 하고, 서버는 삭제된 페이지를 찾을 수 없어 404 상태 코드로 응답합니다.

404 상태 코드를 받았을 때는 개발자에게 이렇게 말할 수 있습니다. "404가 나와요. 웹 페이지 주소(URL)가 잘못된 것 같아요." 또는 "테스트 웹 페이지 주소(URL)를 잘못 주신 것 같아요."

● 414(Request-URI Too Long, 요청 URI가 너무 긺)

웹 브라우저의 주소창에 입력된 URI가 서버에서 처리할 수 있는 글자 수를 초과했다는 뜻입니다. **URI**(Uniform Resource Identifier, 통합 자원 식별자)는 인터넷에 있는 자원을 나타내는 주소로, 특정 웹 사이트에 접속할 때 주소창에 입력하는 **URL**(Uniform Resource Locator)과는 다른 개념입니다. 비유하자면 URL은 집 주소이고, URI는 집 주소와 함께 집 안의 특정 방을 가리킵니다.

예를 들어 https://gilbut.co.kr/book/view는 길벗 웹 사이트에서 책 목록을 볼 수 있는 주소인 URL입니다. 그리고 https://gilbut.co.kr/book/view?bookcode=BN!2345는 URL을 포함하면서 특정 책을 가리키는 식별자인 URI입니다. 즉 URI는 URL을 포함하는 상위 개념입니다.

그림 1-16 **URL과 URI**

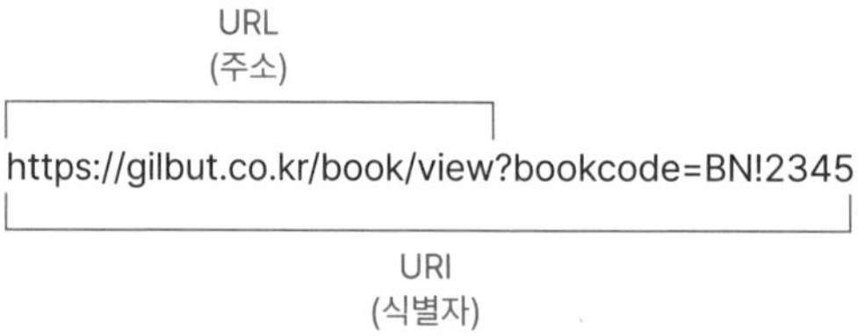

```
                    URL
                   (주소)
     ┌───────────────────────────────┐
     https://gilbut.co.kr/book/view?bookcode=BN!2345
     └──────────────────────────────────────────────┘
                       URI
                     (식별자)
```

HTTP 통신에서 클라이언트가 서버로 조회 요청을 할 때 URI 뒤에 검색 조건이 추가돼 URI의 길이가 늘어나는 경우가 있습니다. 예를 들어 네이버 검색 페이지(https://search.naver.com/search.naver)에서 '길벗'을 검색하면 URI가 'https://search.naver.com/search.naver?query=길벗'인 검색 결과 페이지가 뜹니다. 원래 URI 뒤에 '?query=길벗'이 추가된 것입니다.

그런데 검색 조건이 많아지면 어떨까요? URI도 길어집니다. 이처럼 너무 많은 조건으로 검색하려 할 때 414 상태 코드를 볼 수 있습니다.

414 상태 코드를 받았을 때는 개발자에게 이렇게 말할 수 있습니다.

"URI가 너무 길대요."

● 429(Too Many Requests, 요청이 너무 많음)

단기간에 서버에 너무 자주 요청했을 때 응답받는 상태 코드입니다. 쉽게 이해할 수 있도록 비유를 들어보겠습니다.

편의점에서 한 아르바이트생이 일을 하고 있는데 손님이 들어와 생수를 한 병 결제합니다. 그런데 이 손님이 나가지 않고 다시 생수를 한 병 가져와 결제합니다. 그리고 또다시 생수를 한 병 가져와 결제합니다. 이때 아르바이트생의 마음은 어떨까요?

비정상적인 행동을 하는 이 손님이 아르바이트생에게 무슨 짓을 할지 전혀 예상되지 않습니다. 게다가 이 손님은 다른 손님이 계산할 기회를 빼앗고 있습니다. 이와 같은 상황에서 서버는 너무 많은 요청을 하는 클라이언트에게 잠시 후 다시 시도해달라는 의미에서 429 상태 코드를 보냅니다.

429 상태 코드는 단기간에 서버에 자주 요청했을 때 발생하므로, 429 상태 코드를 받았을 때는 개발자에게 이렇게 말할 수 있습니다. "제가 너무 많이 요청했는지 429가 나오네요. 조금 이따가 다시 테스트해볼게요."

만약 요청을 많이 하지 않았는데도 429 상태 코드를 받았을 때는 이렇게 말하면 됩니다. "한 번밖에 요청하지 않았는데 429가 나왔어요. 요청 로직을 확인해주세요."

5××번대 상태 코드

5××번대 코드는 모두 서버 내부에 오류가 발생해 클라이언트의 요청을 적절히 처리하지 못할 때 발생합니다. 따라서 어떤 5××번대 상태 코드를 받든 이렇게 말하면 됩니다. "서버가 죽은 것 같아요."

5××번대 상태 코드의 종류와 각각의 의미는 다음과 같습니다.

● **500(Internal Server Error, 내부 서버 오류)**

서버에 오류가 발생했을 때 받게 되는 상태 코드입니다. 서버에 오류가 발생하는 원인은 크게 두 가지입니다.

첫째, 개발자가 코드를 잘못 작성한 경우입니다. 개발자는 원하는 결과를 얻기 위해 서버에 수차례 명령을 내립니다. 이때 명령을 빠트리거나 잘못 작성하면 서버가 어떻게 해야 할지 몰라 500 상태 코드를 반환합니다.

둘째, 기획자와 개발자가 예상하지 못한 데이터가 서버에 전달됐고, 서버는 이러한 예외 상황 처리에 대해 명령받은 것이 없어서 어떻게 해야 할지 모르는 경우입니다.

이는 둘 다 개발자가 해결해야 할 문제입니다. 하지만 개발자가 일을 제대로 못해서 이러한 일이 발생하는 것은 아닙니다. 개발자는 기획서대로 만들지만 아무도 개발 과정에서 예외를 알아채지 못해 발생하는 문제일 뿐입니다.

회사는 이에 대비해 **QA**(Quality Assurance)라는 포지션을 채용하기도 합니다. QA의 과업 중에는 테스트를 반복하면서 오류를 찾아내 개발자에게 알려주는 일이 포함됩니다.

● **502(Bad Gateway, 불량 게이트웨이)**

서버가 아무런 요청도 처리할 수 없는 경우입니다. 개발자가 "서버가 죽었다", "서버가 다운됐다", "서버가 내려가 있다"라고 말한다면 이러한 상황을 의미할 것입니다.

서버는 클라이언트의 요청이 많을 경우에 대비해 여분의 서버를 마련합니다. 음식점도 본관에 손님이 가득 차면 별관으로 손님을 안내합니다. 그런데 손님을 별관으로 안내하고 보니 이미 만석이거나 시설이 망가져서 영업을 할 수 없는 경우도 있습니다.

이처럼 502 상태 코드는 게이트웨이가 잘못된 서버 또는 요청을 처리할 수 없는 서버로 클라이언트의 요청을 배정했을 때 발생합니다. 여기서 게이트웨이는 네트워크 경계에서 서로 다른 통신망끼리 통신할 있도록 연결해주는 컴퓨터 장치나 소프트웨어를 말합니다.

● 503(Service Unavailable, 서비스를 이용할 수 없음)

502 상태 코드와 마찬가지로 서버가 아무런 요청도 처리할 수 없는 경우입니다. 서버가 너무 많은 요청을 처리하느라 응답할 수 없는 상황이거나 과부하로 서버가 다운됐을 때 이 상태 코드로 응답합니다.

사용자 경험을 중요하게 여기는 회사는 과부하로 서버가 다운되지 않도록 대기실을 만들어 '접속 대기 시간은 n분입니다', 'n시 n분까지 서버 점검 중입니다'와 같은 문구로 안내하기도 합니다.

● 504(Gateway Time-out, 게이트웨이 시간 초과)

서버가 1분 안에 응답을 주기로 했는데 그렇지 않을 때 504 상태 코드를 볼 수 있습니다. 오류 발생 원인은 502, 503 상태 코드와 비슷합니다.

이는 손님이 음식점에 찾아왔는데 너무 바쁜 나머지 1분 동안 방치하는 것과 같습니다. 인내심이 있는 손님이라면 기다리겠지만 불쾌하다고 느낄 것입니다. 그래서 안내원(게이트웨이)은 1분 안에 식당 직원(서버)이 손님(클라이언트)을 응대하지 않으면 "지금 식당이 너무 바쁜가 봐요"라고 말하는데, 이 말은 504 상태 코드가 의미하는 바와 같습니다.

- **HTTP 상태 코드:** HTTP 통신 규칙대로 데이터를 주고받는 과정에서 통신 결과가 어떻게 됐는지 상태를 요약해 알려주는 코드입니다. 1××번대부터 5××번대까지 다섯 개 그룹으로 나뉩니다.

- **실무에서 주로 겪는 HTTP 상태 코드:** 200(OK, 처리 완료), 301(Moved Permanently, 영구 이전됨), 302(Moved Temporarily, 임시 이전됨), 400(Bad Request, 잘못된 요청), 401(Unauthorized, 승인되지 않음), 403(Forbidden, 금지됨), 404(Not Found, 찾을 수 없음), 414(Request-URI Too Long, 요청 URI가 너무 깊), 429(Too Many Requests, 요청이 너무 많음), 500(Internal Server Error, 내부 서버 오류), 502(Bad Gateway, 불량 게이트웨이), 503(Service Unavailable, 서비스를 이용할 수 없음), 504(Gateway Time-out, 게이트웨이 시간 초과)가 있습니다.

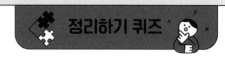

1. 다음 각각의 설명이 맞으면 ○, 틀리면 ×로 표시하세요.

① 클라이언트는 사용자가 원하는 작업을 하기 위해 직접 손으로 조작하는 컴퓨터 장치 또는 응용 프로그램을 말한다. ……………………… (   )

② 데이터를 클라이언트가 아니라 서버에 저장하는 것은, 개인 기기에 방대한 데이터를 저장하기에는 한계가 있고 보안 측면에서도 서버에 보관하는 것이 더 안전하기 때문이다. ……………………………… (   )

③ 백엔드 개발자는 프레젠테이션 로직을 개발하는 사람이다. ……… (   )

④ 서버나 클라이언트가 사용하는 IP 주소는 항상 고정돼 있다. …… (   )

⑤ 서버에 요청하지 않고도 데이터를 실시간으로 전달받고 싶으면 웹 소켓 통신을 이용하면 된다. …………………………………………… (   )

⑥ TCP/IP 모델로 데이터를 주고받을 때는 최종 목적지에 직통으로 데이터를 보낸다. ……………………………………………………… (   )

2. 다음 각각의 상황에 맞는 HTTP 상태 코드를 쓰세요.

① 요청한 웹 페이지를 찾을 수 없을 때 ……………………………… (   )

② 서버에 너무 많이 요청했을 때 …………………………………… (   )

③ 서버 내부에 오류가 발생했을 때 ………………………………… (   )

④ 로그인이 필요한 요청인데 로그인을 하지 않았을 때 …………… (   )

▶ 정답 288쪽

인터넷에서
데이터를 안전하게
지키는 법

회사에는 외부에서 보면 안 되는 개인 정보, 기밀 문서, 업무 자료가 많습니다. 그래서 방화벽을 세워 외부에서 침입할 수 없게 하고, 내부에서만 데이터를 주고받을 수 있는 네트워크를 사용합니다. 또한 인터넷으로 데이터를 주고받을 때는 암호화 기술을 접목해 데이터가 유출되지 않게 합니다. 이 장에서는 인터넷에서 데이터를 안전하게 지킬 수 있는 방화벽과 암호화 기술에 대해 알아봅니다.

이 장을 읽고 나면 다음 키워드를 이해할 수 있습니다.

방화벽 / 내부망 / DMZ / 암호화 / HTTPS / VPN

방화벽을 세우는 이유

2.1.1 방화벽의 개념

컴퓨터를 사용하다가 '방화벽을 설정하라'는 문구를 본 적이 있나요? **방화벽**(firewall)이란 건물에 불이 났을 때 불길이 번지지 않도록 세우는 벽을 말합니다. 이와 마찬가지로 네트워크에서의 방화벽은 원치 않는 트래픽(네트워크를 경유하는 데이터의 양)을 차단하고, 사전에 정의된 트래픽만 허용하는 기술입니다.

규모가 큰 조직에서는 방화벽을 만들어 내부 직원들이 미리 정해둔 도메인 주소로만 통신할 수 있게 합니다. 또한 외부에서 원치 않는 접속을 시도하면 방화벽을 통해 차단합니다.

트래픽을 통과시킬지 차단할지 정의한 내용을 **방화벽 정책**이라고 합니다. 이는 회사에 있는 보안 검색대와 같습니다. 출입하는 사람의 신원(IP 주소), 소지품(데이터), 목적지(IP 주소)를 확인해 사전에 허가된 목적지이고 소지품도 문제가 없다면 통과시킵니다. 만약 대외비 서류를 갖고 있는 내부 직원의 목적지가 경쟁사라면 나가지 못하게 막습니다. 반대로 수상한 사람이 회사 내부로 들어오려고 할 때는 들어오지 못하게 막습니다.

만약 회사에서만 특정 웹 사이트가 열리지 않는다면 방화벽 정책에 따라 거부됐기 때문입니다. 보안이 중요한 군대, 은행, 기업에서는 일부 웹 사이트에 접속하지 못하도록 방화벽을 구축해 운영합니다.

2.1.2 방화벽의 형태

네트워크 방화벽은 소프트웨어와 하드웨어 형태로 구축할 수 있습니다. 물론 하드웨어에는 보안 소프트웨어가 탑재돼 있습니다. 둘 다 트래픽을 필터링하고 접근을 제어하는 처리를 수행하지만 성능과 방식에 차이가 있습니다.

- **소프트웨어 방화벽**

  서버나 운영체제에 설치되며 해당 장치에 대한 네트워크 보안 기능을 수행합니다. 쉽게 말해 방화벽 프로그램입니다. 프로그램이기 때문에 여러 환경에 설치할 수 있고 업데이트도 쉽지만 설치된 기기의 성능에 많이 좌우됩니다.

- **하드웨어 방화벽**

  네트워크 경계에 설치돼 전체 네트워크를 관리하는 컴퓨터 장비입니다. 침입 방지 등 보안에 최적화된 전문 장비가 통신 과정 중간에 자리 잡은 것입니다. 클라이언트와 물리적으로 독립돼 있어 대량의 트래픽 처리가 가능합니다.

2.1.3 내부망과 프록시 서버

회사에는 개인 정보와 기밀 문서 등의 중요한 자료가 많기 때문에 방화벽을 세워 외부에서 침입할 수 없게 합니다. 또한 내부에서만 데이터를 주고받을 수 있는 네트워크를 만들어 사용하는데, 이를 **내부망**(사내망, 인트라넷)이라고 합니다.

내부망의 반대는 외부망입니다. 외부망은 방화벽 밖에 있는 네트워크인 인터넷을 말합니다.

내부망 앞에 세워진 방화벽은 외부인이 접근할 수 없게 막는 역할을 합니다. 반대로 내부에서 기밀 정보가 유출되는 것도 막습니다. 그러므로 내부망에서 방화벽 외부와 통신해야 할 때는 방화벽이 사전에 검증한 목적지로만 나갈 수 있도록 허용하거나 프록시라는 대리 서버를 이용합니다.

프록시 서버(proxy server)는 내부망에 있는 클라이언트의 요청을 받아 외부와 통신할 수 있게 합니다. 그래서 프록시 서버는 내부망에서 나가는 데이터에 기밀 정보가 있는지, 목적지가 경쟁사인지 등을 검사합니다. 프록시 서버를 이용하면 내부 직원이 업무 시간에 어떤 웹 사이트를 방문하는지, 어떤 온라인 활동을 하는지 모니터링할 수 있습니다.

그림 2-1 **프록시 서버의 역할**

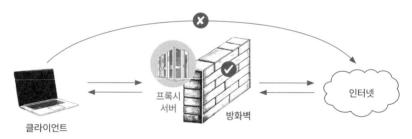

프록시 서버는 내부망의 보안과 관리에 강력한 도구가 됩니다. 하지만 사용자의 프라이버시와 편의를 해칠 우려가 있으므로 이를 고려한 정책을 마련하는 것이 중요합니다.

2.1.4 DMZ

방화벽이 있다고 해서 완벽한 보안이 보장되는 것은 아닙니다. 안심하기에는 2% 부족합니다. 방화벽이 한 번만 뚫리면 외부에서 침투할 수 있기 때문입니다. 그래서 이를 보완하기 위해 방화벽을 하나 더 세우기도 하는데, 내부망 앞에 방화벽을 두 개 세우면 방화벽과 방화벽 사이는 **DMZ** (DeMilitarized Zone)가 됩니다.

DMZ는 남한과 북한의 휴전선(군사 분계선)으로부터 각각 2km, 총 4km 길이의 비무장 지대를 말합니다. 이곳은 아무나 들어갈 수 없는 통제 지역인 동시에 양쪽에 인접한 지역입니다.

네트워크에서의 DMZ도 이와 비슷합니다. 내부망(인트라넷)과 외부망(인터넷) 사이에서 양쪽의 통신을 방화벽 정책에 따라 허용하거나 거부합니다. 네트워크에 DMZ를 만드는 것은, 아무도 방화벽을 넘지 못하도록 막기보다는 외부에서 내부망으로 접근할 수 없도록 보안을 강화하려는 목적이 큽니다.

그림 2-2 두 개의 방화벽 사이에 있는 DMZ

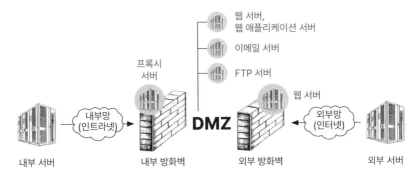

방화벽을 두 개 세우면 내부망에서는 프록시 서버를 통해 DMZ로, 외부망에서는 웹 서버를 통해 DMZ로 통신할 수 있습니다. 외부 방화벽 앞에 있는 웹 서버는 외부 방화벽을 드나들 수 있도록 출입 명단에 등록돼 있습니다. 그래서 외부로부터 오는 모든 접속은 웹 서버를 통해서만 DMZ에 들어갈 수 있습니다. 즉 DMZ로 분리된 내부망과 외부망은 구조상 완전히 단절된 상태가 됩니다.

하지만 이렇게 되면 업무에 차질이 생깁니다. 회사 컴퓨터로는 내부망밖에 접근하지 못하는데 어떻게 외부로 이메일을 보낼까요? 반대로 외부망에서 내부망의 데이터가 필요한 경우도 있을 것입니다.

그래서 방화벽 사이에 있는 DMZ에는 내부망과 외부망이 통신할 수 있도록 역할을 나눈 서버를 둡니다. 이러한 서버의 예로는 웹 서버와 웹 애플리케이션 서버, 이메일 서버, FTP 서버가 있습니다.

- **웹 서버와 웹 애플리케이션 서버:** 외부망에서 내부망에 있는 내부 서버로 요청을 보내면 DMZ에 있는 웹 서버 또는 웹 애플리케이션 서버로 요청이 전송됩니다. 요청을 받은 웹 서버 또는 웹 애플리케이션 서버는 내부 서버와 통신해 요청을 처리합니다. 그 반대도 마찬가지입니다.

- **이메일 서버:** 내부망에서 이메일을 보내면 DMZ에 있는 이메일 서버가 대신 외부망으로 이메일을 전송합니다. 내부망에서 이메일을 수신할 때도 외부망에서 바로 받는 것이 아니라 DMZ에 있는 이메일 서버를 통해 이메일을 받아옵니다.

- **FTP 서버:** FTP 서버는 네트워크에 연결된 컴퓨터끼리 파일을 업로드하거나 다운로드할 때 사용됩니다. 사내에서 작업한 서류를 외부에서 다운로드해야 할 때 내부망에서 DMZ에 있는 FTP 서버로 파일을 업로드하면 외부에서 내려받을 수 있습니다. 반대로 외부망에서 DMZ에 있는 FTP 서버로 파일을 업로드하면 내부망에서 내려받을 수 있습니다.

한 줄 정리

- **방화벽:** 회사의 보안을 위해 미리 정해둔 정책에 따라 네트워크 접속을 허용하거나 거부하는 기술입니다.
- **내부망:** 방화벽 정책에 따라 방화벽 안에서만 통신할 수 있게 만든 네트워크로, 사내망 또는 인트라넷이라고도 합니다.
- **DMZ:** 내부망의 보안을 지키면서 외부망과 통신할 수 있도록 방화벽을 두 개 세워 만든, 내부망과 외부망 사이의 네트워크 영역입니다.

암호화 기술

2.2

내 신분증과 신용 점수가 인터넷에 공개돼 있거나 누군가가 내 계좌의 비밀 번호를 훔쳐볼 수 있다면 어떻게 될까요? 통장에 있는 돈이 한순간에 사라지고 타인이 몰래 내 명의로 신용 대출을 받는 일이 벌어질 것입니다.

내 연락처와 취향에 관한 정보가 고스란히 저장돼 있는 플랫폼이 해킹되면 스팸 전화에 시달릴 수도 있습니다. 이에 은행과 기업은 이러한 피해를 예방하기 위해 네트워크 통신에 암호화 기술을 접목합니다.

2.2.1 암호화의 개념

암호화(encryption)란 외부자가 원본 데이터를 알아볼 수 없도록 무작위 코드로 바꾸는 기술입니다. '길벗'이라는 단어를 암호화하면 '6ri467KX'처럼 알 수 없는 단어가 됩니다.

암호화의 반대말은 **복호화**(decryption)입니다. 이는 암호문을 원본 데이터로 복원하는 것으로, '6ri467KX'를 복호화하면 '길벗'이라는 단어를 확인할 수 있습니다.

암호화와 복호화는 데이터를 자물쇠로 잠그고(암호화) 여는(복호화) 과정과 같습니다. 이때 키를 사용하는데, 암호화할 때와 복호화할 때 같은 키를 사용하는 방식을 **대칭키 암호화**(symmetric key encryption), 다른 키를 사용하는 방식을 **비대칭키 암호화**(asymmetric key encryption)라고 합니다.

비대칭키 암호화에서 사용하는 키는 암호화할 때 사용하는 '공개키'와 복호화할 때 사용하는 '개인키'의 쌍으로 구성됩니다. 개인키는 공개키로 암호화된 데이터를 복호화할 수 있는 유일한 키입니다.

그림 2-3 **암호화 방식**

(a) 대칭키 암호화

(b) 비대칭키 암호화

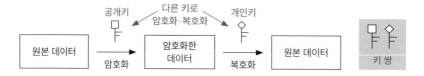

2.2.2 암호화 알고리즘

암호화와 복호화는 뒤섞인 큐브를 푸는 것에 비유할 수 있습니다. 20×20 조각의 뒤섞인 큐브를 친구에게 선물 받았다고 합시다. 큐브의 조각마다 글자가 쓰여 있고, 큐브를 풀어야만 문장을 확인할 수 있습니다.

20×20 조각의 큐브를 처음 보자마자 풀기는 어렵습니다. 그런데 친구가 큐브를 어떤 순서로 섞었는지 알려준다면, 그 역순으로 큐브를 풀어 문장을 확인할 수 있습니다.

이처럼 원본 데이터를 암호화할 때 어떤 순서로 어떻게 처리했는지 그 절차와 방법을 정리한 것을 **암호화 알고리즘**(encryption algorithm)이라고 합니다.

큐브의 경우 첫 번째 단계에는 오른쪽으로 비틀고 두 번째 단계에는 위쪽으로 비트는 것과 같은 정보가 알고리즘입니다. 만약 첫 번째 단계에서 위쪽으로 비틀고 두 번째 단계에서 오른쪽으로 비튼다면 암호화하는 방식이 다르므로 '암호화 알고리즘이 다르다'라고 합니다.

2.2.3 일방향 암호화와 양방향 암호화

2020년 12월 개정된 개인 정보의 암호화 조치 안내서에 따르면 인터넷 통신망에서 비밀번호를 송수신할 때는 일방향 암호화를 해야 하고, 그 밖의 데이터를 송수신할 때는 양방향 암호화를 해야 합니다.

- **일방향 암호화:** 한 번 암호화하면 데이터를 다시 복원할 수 없는 암호화 방식입니다. 암호화만 가능하다고 해서 일방향이라고 합니다.
- **양방향 암호화:** 암호화한 데이터를 특정 방식에 따라 원본으로 복원할 수 있는 암호화 방식입니다. 암호화된 코드를 다시 원본으로 복호화할 수 있어 양방향이라고 합니다.

큐브를 역순으로 비틀면 조각에 쓰인 문장을 읽을 수 있듯이 양방향 암호화의 경우 원본 데이터를 얻을 수 있습니다. 클라이언트로부터 요청을 받은 서버가 요청을 처리하려면 클라이언트가 보낸 원본 데이터를 알아야 하기 때문에 양방향 암호화를 사용합니다.

예컨대 해외여행을 가기 위해 항공편을 예약한다고 합시다. 이때 영문 이름, 여권 번호, 연락처 등을 기재하는데, 이는 개인 정보라 노출되면 안 되기 때문에 클라이언트에서 암호화해 전송합니다. 그리고 예약을 처리하는 여행사 서버는 전송받은 데이터를 복호화해 원본 데이터를 확인할 수 있습니다.

그림 2-4 양방향 암호화의 예

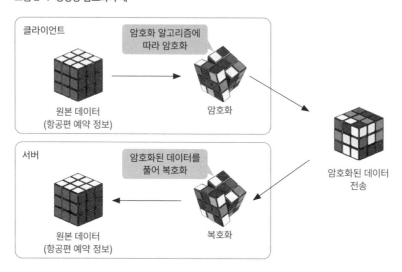

하지만 비밀번호의 원본 데이터는 확인이 불가해야 합니다. 동일한 비밀번호를 여러 사이트에서 사용하는 경우가 있기 때문입니다. 해커가 비밀번호를 알아내기라도 하면 가입된 모든 사이트의 계정 정보를 탈취할 수도 있습니다. 그래서 비밀번호에는 역순으로 되돌릴 수 없는 일방향 암호화가 적용됩니다.

그림 2-5 일방향 암호화의 예

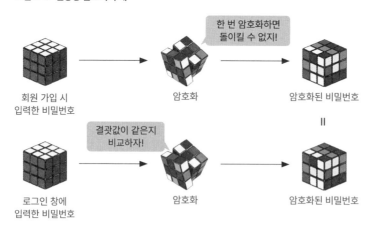

그렇다면 비밀번호는 어떻게 복호화할 수 있을까요? 일방향 암호화는 복호화한 값이 진짜 비밀번호와 일치하는지 대조하지 않습니다. 대신 로그인 창에 입력한 비밀번호를 동일한 방식으로 암호화했을 때 회원 정보에 저장된 암호화한 비밀번호 값과 같은지 확인합니다.

2.2.4 암호화를 적용한 네트워크 기술

암호화했다고 해서 도청이 불가능한 것은 아닙니다. 암호화의 목적은 전달되는 데이터를 해커가 중간에서 훔쳐보더라도 원본 데이터를 알아볼 수 없게 하는 데 있습니다. 그래서 은행과 기업은 암호화 기술을 적용한 HTTPS와 VPN 기술을 이용해 데이터를 안전하게 전송합니다.

HTTPS

인터넷 통신에서 데이터를 주고받을 때는 HTTP 프로토콜을 사용합니다. 예를 들어 http://gilbut.co.kr에 접속하면 HTTP 통신 규칙에 따라 클라이언트가 필요한 데이터를 서버에 요청해 웹 페이지를 응답받을 수 있습니다.

그런데 웹 사이트 주소가 http://로 시작되는 곳에 접속하면 주소창 오른쪽에 '보안 연결이 사용되지 않았다'는 주의 메시지가 나타납니다.

그림 2-6 http://로 시작되는 웹 사이트에 접속하면 나타나는 메시지

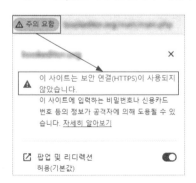

이는 암호화하지 않은 사용자 개인 정보가 고스란히 인터넷에 노출될 수 있다는 의미입니다. 즉 http로 시작되는 웹 사이트에서 주민등록번호, 신용카드번호, 비밀번호 등을 제출하면 통신 과정에서 탈취당할 우려가 있습니다.

반면에 https://로 시작되는 웹 사이트에 접속하면 주소창 오른쪽에 두 개의 케이블 모양 아이콘이 있습니다(마이크로소프트 엣지는 자물쇠 모양 아이콘입니다). 이 아이콘을 누르면 인증서가 유효하며 안전하게 데이터가 전송된다는 메시지가 나타납니다.

그림 2-7 https://로 시작되는 웹 사이트에 접속하면 나타나는 메시지

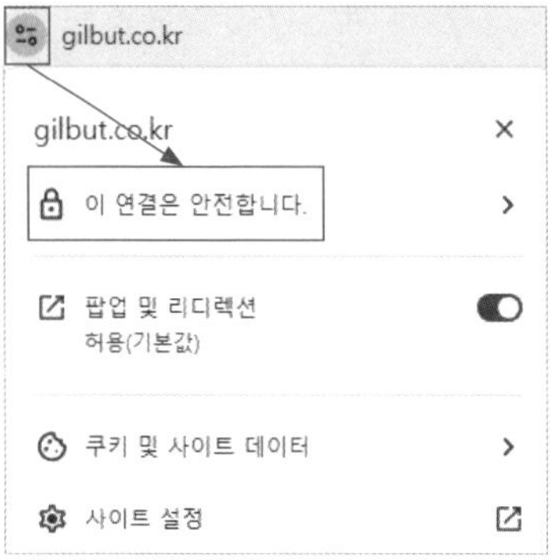

HTTPS(HyperText Transfer Protocol Secure)는 웹 사이트를 이용할 때 보안 규약이 강화된 HTTP로 통신하는 방식을 말합니다. 이러한 HTTPS로 데이터를 주고받기 위해서는 SSL 인증서가 필요합니다. **SSL**(Secure Sockets Layer) **인증서**는 신뢰해도 되는 웹 사이트인지 알려주는 일종의 증빙 서류라고 할 수 있습니다. SSL 인증서에는 발급 대상, 발급 기관, 공개키가 적혀 있습니다.

● **발급 대상**

신뢰할 수 있는 웹 사이트의 도메인 주소를 발급 대상으로 특정합니다. 그런데 naver.com이라는 도메인 주소를 발급 대상으로 특정하는 경우,

접두사 www가 붙은 www.naver.com은 보안 통신을 이용할 수 없습니다. www.naver.com은 서브 도메인이기 때문에 메인 도메인(naver.com)과 서브 도메인(www.naver.com)을 별개로 보는 것입니다. 이는 '길동'과 '홍길동'을 다른 사람으로 보고 관리하는 것과 같습니다.

물론 '모든'을 의미하는 기호 *를 사용해 *.naver.com으로 인증서를 발급하면 어떤 서브 도메인이든 보안 통신을 이용할 수 있습니다. 하지만 이 방법은 두 개의 도메인 주소에 대해 인증서를 하나만 발급받는 것이기 때문에 키가 노출되면 서브 도메인이 위험에 처할 수 있습니다.

- **발급 기관**

  인증서를 발급한 기관을 말합니다. 웹 브라우저는 기본적으로 신뢰할 수 있는 인증서 발급 기관(CA, Certificate Authority)의 목록을 가지고 있는데, 이 목록에 포함된 발급 기관에서 발급한 인증서라면 신뢰합니다.

- **공개키**

  비대칭키 암호화 방식에서 원본 데이터를 암호화할 때 사용하는 키입니다. 인증서에 적힌 공개키와 서버가 가진 개인키는 양방향 암호화에 사용됩니다. 클라이언트는 공개키로 원본 데이터를 암호화하고, 서버는 숨겨둔 개인키로 이 데이터를 복호화합니다. 따라서 HTTPS 방식으로 통신하면 사용자의 개인 정보를 안전하게 전송할 수 있습니다.

HTTPS로 보안이 강화된 도메인 주소에서는 보안이 보장되지 않는 HTTP 서버로 요청하거나 응답할 수 없습니다. 인터넷을 이용할 때는 해당 사이트가 HTTPS로 시작하는지 확인하는 것이 좋습니다.

VPN

HTTPS 방식으로 통신한다고 해도 통신 대상끼리 직접 케이블로 연결되지 않는 이상 인터넷에서는 전송되는 데이터를 훔쳐볼 수 있습니다. 클라이언트가 보내는 데이터는 한 번에 서버로 전달되지 않습니다. 앞에서 TCP/IP 모델로 통신할 때 라우팅을 한다고 설명했습니다. 클라이언트가 보내는 데이터는 가까이 있는 라우터를 여러 번 경유한 후 목적지 서버에 도착하는데, 이 과정에서 도청이 가능합니다.

그렇다고 데이터를 안전하게 주고받기 위해 모든 클라이언트와 서버를 일대일로 케이블로 연결할 수는 없는 노릇입니다. 서울에 있는 은행에서 미국 LA에 있는 은행으로 송금한다고 가정해봅시다. 서울에서 LA까지는 직선 거리로 10,736km 떨어져 있는데, 두 곳을 케이블로 연결하려면 어마어마한 비용이 들 것입니다.

그래서 인터넷상에 전용선으로 연결된 가상 사설망인 **VPN**(Virtual Private Network)을 만듭니다. 전용선이라는 말 때문에 실제로 통신 대상끼리 물리적인 회선으로 연결되는 것처럼 느껴지지만 그렇지 않습니다.

여기서 전용선이란 통신사에서 부여하는 고정된 네트워크 경로로, 다른 사람과 회선을 공유하지 않아 대역폭과 성능이 일관되게 유지됩니다. 가상 사설망을 구축한다는 것은 이 전용선으로 통신할 때 지금까지 다뤘던 암호화 기술을 몇 번 더 적용하고, 허가된 IP 주소끼리 합의된 양방향 암호화 방식에 따라 통신하자고 합의하는 것과 같습니다.

그림 2-8 VPN 전용선으로 통신하는 모습

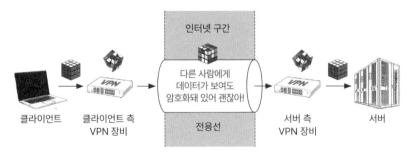

가상 사설망을 만들려면 서랍 한 칸 크기의 공유기처럼 생긴 VPN 장비를 데이터를 주고받는 쪽 모두에 설치해야 합니다. 양방향 암호화를 해야 하기 때문입니다. 그리고 양쪽은 동일한 브랜드의 VPN 장비를 사용해야 합니다. 브랜드가 다르면 이기종 간 연동 레퍼런스 자료가 없을 수도 있고, 운영 중 문제가 생겼을 때 책임 소지가 불분명해 제조사의 기술 지원을 못 받기 때문입니다.

VPN으로 연결된 클라이언트에서 정말 안전하게 데이터를 주고받고자 한다면 클라이언트에서 한 번, HTTPS에서 한 번, VPN 장비에서 한 번, 이렇게 적어도 세 번에 걸쳐 암호화할 수 있습니다. 이 정도면 누군가가 훔쳐보더라도 원본 데이터를 알아내기가 어렵습니다.

이처럼 다른 사람에게 데이터가 드러나더라도 암호화돼 있어 원본 데이터를 볼 수 없는 상태로 통신하는 구조를 만드는 것을 '터널을 맺는다'고 합니다. 위험에 노출될 수 있는 민감한 개인 정보를 다루는 기업이나 은행 서버에 접속하려면 VPN을 이용해 전용선으로만 통신하는 것이 원칙입니다.

한 줄 정리

- **암호화:** 원본 데이터를 알아볼 수 없도록 무작위 코드로 바꾸는 기술입니다.
- **복호화:** 암호화의 반대말로, 암호문을 원본 데이터로 복원하는 기술입니다.
- **일방향 암호화:** 한 번 암호화하면 데이터를 다시 복원할 수 없는 암호화 방식입니다. 암호화만 가능하다고 해서 일방향이라고 합니다.
- **양방향 암호화:** 암호화한 데이터를 특정 방식에 따라 원본으로 복원할 수 있는 암호화 방식입니다. 암호화된 코드를 다시 원본으로 복호화할 수 있어 양방향이라고 합니다.
- **HTTPS:** 웹 사이트를 이용할 때 보안 규약이 강화된 HTTP로 통신하는 방식을 말합니다.
- **SSL 인증서:** 신뢰해도 되는 웹 사이트인지 알려주는 일종의 증빙 서류입니다. SSL 인증서에는 발급 대상, 발급 기관, 공개키가 적혀 있습니다.
- **VPN:** 허가된 IP 주소끼리 합의된 양방향 암호화 방식에 따라 통신하기로 약속한 인터넷 상의 가상 사설망을 말합니다.

1. **방화벽 안에서 내부 조직원들만 사용할 수 있는 네트워크는?**

   ① 내부망   ② 외부망   ③ DMZ   ④ VPN

2. **사용자 계정의 비밀번호를 암호화하는 방식으로 옳은 것은?**

   ① 일방향 암호화   ② 양방향 암호화

   ③ 대칭 암호화   ④ 비대칭 암호화

3. **HTTPS 보안이 되지 않은 웹 사이트를 이용하면 어떻게 되는가?**

   ① 갑자기 웹 사이트가 멈춘다.

   ② 로그인 정보가 통신 중에 그대로 노출된다.

   ③ 요청한 페이지를 찾을 수 없다고 나온다.

   ④ 다시 접속하라는 안내 메시지가 뜬다.

4. **다음 빈칸에 알맞은 말을 넣으세요.**

   ① 보안을 위해 외부에서 내부망으로 직접 접속하는 것을 막고자 두 개의 방화벽을 세우는데, 이러한 두 방화벽 사이의 구간을 _____ (이)라고 한다.

   ② 민감한 정보를 다루는 기업이나 은행 서버와 통신할 때는 송수신 측 모두 _____ 장비를 설치해 가상의 전용선을 연결함으로써 데이터를 암호화해 안전하게 전송한다.

▶ 정답 288쪽

MEMO

웹과 앱
이해하기

우리가 자주 보는 유튜브, 웹툰 등은 인터넷을 기반으로 동작하는 서비스입니다. 이러한 서비스는 웹에 접속해 바로 사용할 수도 있고, 앱을 설치해 앱을 통해 사용할 수도 있습니다. 사실 사용자 입장에서는 서비스를 이용할 때 웹과 앱을 따로 구분할 필요가 없습니다. 하지만 IT 분야에 종사하면서 개발자와 소통하는 실무자라면 웹과 앱을 구분하고 각각의 특징을 알아야 합니다. 이 장에서는 웹과 앱의 개념을 이해하고 웹 서비스와 앱 서비스의 종류를 알아봅니다.

이 장을 읽고 나면 다음 키워드를 이해할 수 있습니다.

웹 / 반응형 웹 / 웹 앱 / 앱 / 네이티브 앱 / 하이브리드 앱

웹의 개념과 발전 과정

3.1.1 웹의 개념

보통 인터넷과 웹을 동일시하는 경향이 있는데 둘은 엄연히 다릅니다.

- **인터넷:** TCP/IP 모델을 기반으로 전 세계의 컴퓨터가 연결된 네트워크입니다.

- **웹:** 월드 와이드 웹을 줄여서 부르는 말로, 인터넷에 연결된 사용자끼리 서로 정보를 주고받을 수 있는 공간입니다.

비유하자면 인터넷은 수많은 컴퓨터가 그물망처럼 이어진 고속도로와 같고, 웹은 고속도로를 통해 갈 수 있는 목적지와 같습니다. 고속도로를 통행할 때 지켜야 할 교통 규칙이 HTTP라면, 검증된 차량만 통과하도록 보안 규정을 강화한 교통 규칙은 HTTPS라고 볼 수 있습니다.

웹 브라우저의 주소창에 'https://www.google.com'을 입력하면 HTTPS 규칙이 적용된 인터넷이라는 고속도로를 통해 구글 웹 서버에 구글 메인 페이지를 보여달라는 요청이 전송됩니다. 요청을 받은 구글 웹 서버는 해당 파일을 찾아 응답하고, 사용자 화면에 구글 메인 페이지가 나타납니다.

일반적으로 웹이라고 하면 웹 페이지나 웹 사이트를 지칭하는 경우가 많습니다. 하지만 웹 페이지와 웹 사이트는 다른 개념입니다. 동일한 도메인 주소(예: www.google.com)에 포함된 개개의 페이지가 **웹 페이지**이고, 이러한 웹 페이지들의 묶음이 **웹 사이트**입니다.

서버가 클라이언트의 요청에 응답할 때는 웹 사이트를 구성하는 모든 웹 페이지로 응답하지 않습니다. 클라이언트가 아직 다른 웹 페이지를 볼 마음이 없으니 불필요한 데이터까지 굳이 보낼 필요가 없기 때문입니다. 따라서 클라이언트가 하나의 요청을 보냈을 때 서버는 하나의 웹 페이지로 응답합니다.

3.1.2 웹의 발전 과정

웹에서 상품을 홍보하고 블로그와 커뮤니티 게시판에서 데이터를 주고받기 시작한 것은 인터넷이 등장하고도 시간이 꽤 흐른 후의 일입니다. 시대의 흐름에 따라 웹이 어떻게 발전해왔는지 살펴봅시다.

웹 1.0(1990년대 초~2000년대 초)

초기 인터넷은 1969년에 TCP/IP 모델로 처음 네트워크 통신에 성공하며 만들어졌습니다. 그러나 이 시기에는 일반인이 사용하기 쉬운 인터넷 접속 프로그램이 없어 일반인은 인터넷을 사용할 수 없었습니다. 대학과 연구 센터의 컴퓨터를 연결해 관련 학생과 연구원들만 인터넷을 이용할 수 있었습니다.

웹 1.0 시대는 일반인도 손쉽게 인터넷에 접속할 수 있는 웹 브라우저가 개발되면서 시작됐습니다. 최초의 웹 브라우저는 1990년에 탄생했습니다. 웹의 아버지라 불리는 영국의 컴퓨터 과학자 팀 버너스리(Tim Berners-Lee)가 자신이 만든 웹 브라우저를 WorldWideWeb이라고 이름 지어 세상에 공개한 것이 시초입니다(현재의 World Wide Web은 추상적인 의미의 WWW 시스템, 즉 웹을 의미하고, WorldWideWeb은 팀 버너스리가 만든 최초의 웹 브라우저를 의미합니다).

인터넷 익스플로러(Internet Explorer)는 1995년에 마이크로소프트가 개발한 웹 브라우저입니다. 마이크로소프트는 인터넷 익스플로러를 자사의 윈도우 운영체제에 포함해 보급했습니다. 그래서 1999년 이후에는 세계에서 가장 많이 쓰이는 웹 브라우저가 됐습니다. 하지만 인터넷 익스플로러는 윈도우 운영체제에 끼워 팔아 웹 브라우저 시장을 반독점했다는 이유로 경쟁사들로부터 소송을 당하기도 했습니다.

이렇게 웹 1.0 시대는 전 세계 웹 브라우저 시장의 점유율을 더 많이 차지하려는 '브라우저 전쟁'의 시기였습니다. 이러한 상황 속에서 구글, 야후 등 검색 포털 사이트가 등장했고 아마존과 이베이도 이 무렵에 탄생했습니다.

웹 1.0 시대에는 콘텐츠 생산자와 소비자가 구분돼 있었습니다. 이때는 언론사가 뉴스를 게시하면 소비자는 그저 검색하고 읽을 수만 있었습니다. 또한 회사가 상품을 올려두면 소비자는 구매만 할 수 있었습니다. 이처럼 웹 1.0 시대에는 읽기(read)만 가능해 서비스가 한 방향으로만 흘렀습니다.

하지만 사람들은 수동적으로 정보를 받아들이기보다는 서로 공유하며 교류하길 원했습니다. 이에 웹 2.0 시대가 도래했습니다.

웹 2.0(2000년대 중반~현재)

우리는 지금 웹 2.0 시대에 살고 있습니다. 웹 2.0 시대의 가장 큰 특징은 소비자가 콘텐츠를 쓰기(write) 시작했다는 것입니다. 웹 1.0 시대에는 사람들이 TV를 보듯 웹 페이지에서 원하는 콘텐츠를 찾아서 보기만 했습니다. 하지만 웹 2.0 시대에는 소비자의 행동이 달라졌습니다.

이를 여실히 보여주는 대표적인 웹 서비스는 페이스북과 유튜브입니다. 페이스북의 창업자 마크 저커버그(Mark Zuckerberg)는 하버드대학교 동문들과 함께 여러 웹 사이트 프로젝트를 진행했습니다. 페이스북의 기원으로 불리는 페이스매시(Facemash)도 이때 진행한 프로젝트입니다.

페이스매시는 요즘 데이팅 앱처럼 두 학생의 사진을 비교해 외모를 평가하는 서비스를 제공했습니다. 그런데 학생들의 동의 없이 사진을 수집해 논란을 일으켜 폐쇄됐습니다.

이 과정에서 저커버그는 사람들에게 친구의 사진과 정보를 보고 싶어 하는 심리가 있다는 것을 알게 됐습니다. 그래서 문제의 소지가 없도록 한 가지 기능을 추가했습니다. 사람들이 직접 자신의 정보를 업로드하게 했는데, 이로써 소비자가 생산자로 바뀌기 시작했습니다. 이때부터 사람들은 자신의 연애 상태나 관심사 등에 관해 저장하고, 하고 싶은 말을 웹에 '공유'하게 됐습니다.

유튜브도 페이스북과 마찬가지로 대중의 정보 공유 욕구에서 비롯됐습니다. 2004년에 슈퍼볼의 하프타임 공연 도중에 재닛 잭슨(Janet Jackson)의 신체 일부가 노출되는 사건이 있었습니다. 많은 사람이 그 장면을 보고 싶어 했지만 웹 어디에도 이를 공유한 사람이 없었습니다.

자베드 카림(Jawed Karim), 스티브 첸(Steve Chen), 채드 헐리(Chad Hurley)는 수요는 있지만 공급이 없다는 것에 착안해, 사람들이 공유하고 싶은 동영상을 업로드할 수 있는 유튜브를 공동 창업했습니다. 2005년에 탄생한 유튜브는 이듬해에 구글에 인수됐습니다.

페이스북과 유튜브의 탄생 배경은 조금 다르지만, 결과적으로 대중이 '쓰기' 기능을 사용하게 됐다는 점이 같습니다. 웹 2.0 시대에는 콘텐츠 생산량이 점점 늘어났고, 검색만 하면 웬만한 정보를 찾을 수 있게 됐습니다.

그런데 대중의 정보 공유 욕구를 충족한 웹 2.0 시대에도 문제가 있었습니다. 웹 2.0 시대에는 생산자와 소비자의 데이터가 모두 페이스북, 유튜브 같은 플랫폼에 종속됩니다. 사용자가 올린 동영상이 유튜브 서버에 저장되고, 유튜브는 해당 데이터를 기반으로 광고 수익을 얻습니다. 플랫폼은 사용자의 데이터를 이용해 돈을 벌지만, 정작 사용자는 수익을 아예 못 받거나 배분받아야 합니다.

개인 정보가 플랫폼에 집중되는 문제도 있습니다. 그래서 플랫폼 하나만 해킹하면 수천만 명의 개인 정보를 얻게 됩니다. 우리나라의 몇몇 플랫폼에서도 몇만 명의 개인 정보가 유출되는 사고가 있었습니다. 이렇게 유출된 개인 정보는 금융 범죄에 악용될 수 있습니다.

또한 웹에 있는 정보는 무단으로 사용되기 쉽습니다. 텍스트를 복사·붙여넣기할 수도 있고, 스마트폰으로 사진을 찍을 수도 있고, 이미지를 다운로드해 그대로 재사용할 수도 있습니다. 드라마나 영화를 무단으로 자신의 콘텐츠에 사용하는 사람도 많습니다. 저작권이 있어도 플랫폼이 저작권자의 콘텐츠를 지켜주지 않고 어떠한 제재도 하지 않는다면 사람들이 무단으로 사용하지 않기만 바라야 하는 상황입니다.

웹 3.0(현재~)

웹 3.0의 가장 큰 특징은 인공지능과 블록체인 기술을 기반으로 소비자에게 맞춤형 정보를 제공하고, 기존에 플랫폼에 종속됐던 데이터의 소유권을 개인화하는 것입니다. 웹 3.0은 웹의 아버지인 팀 버너스리가 제안했던 **시맨틱 웹**(semantic web)과 관련이 깊습니다. 시맨틱 웹은 사람이 이해하는 정보를 컴퓨터도 이해해 챗GPT처럼 필요한 정보를 알아서 수집·정제하는 웹을 뜻합니다. 웹 페이지의 메타 데이터(예: meta:keyword, meta:description 등)와 HTML 태그(예: ⟨h1⟩, ⟨h2⟩, ⟨p⟩ 등)를 이용해 컴퓨터가 스스로 웹 페이지의 의미와 관련성을 이해하고 가공해 새로운 정보를 제공할 수 있도록 분류한 지능형 웹입니다.

웹 3.0 시대의 목표는 블록체인 기술을 이용해 '탈중앙화'를 이루는 것입니다. 탈중앙화는 비트코인처럼 자산이나 콘텐츠 소유권을 한 플랫폼이 아니라 개인이 갖도록 여러 사람이 보증하는 것을 말합니다.

또한 웹 3.0 시대에는 인공지능 분야가 눈부신 발전을 이루고 있습니다. 말만 하면 원하는 이미지와 동영상을 몇 초 만에 만들어주고, 인공지능 비서 앱은 전화 통화 중에 한국어로 말해도 즉시 영어로 통역해줍니다.

이러한 웹 3.0 시대가 가속화되면 앞으로 많은 직업이 사라지고 삶의 패러다임이 크게 바뀔 것입니다.

웹 변천사 정리

지금까지 웹의 변천사를 살펴봤는데, 시대별 특징은 다음과 같이 요약할 수 있습니다.

- **웹 1.0:** 읽기만 가능한 시대
- **웹 2.0:** 읽기, 쓰기가 가능한 시대
- **웹 3.0:** 읽기, 쓰기가 가능할 뿐만 아니라 데이터의 소유권이 보장되는 시대

웹은 정보를 공유하는 공간이며, 웹 뒤에 붙는 1.0, 2.0, 3.0과 같은 숫자는 사용자의 행동 패턴이 어떻게 바뀌느냐에 따라 달라집니다. 그러나 웹이 발전해도 프론트엔드 개발자와 백엔드 개발자가 하는 업무는 변하지 않습니다. 시대가 요구하는 바에 따라 기능이 추가될 뿐입니다.

3.1.3 반응형 웹

어디서든 인터넷에 접속하려는 인간의 욕망은 커져만 갔습니다. 사람들은 필요할 때 원하는 정보를 즉시 얻을 수 있고, 관심사가 같은 이들과 24시간 교류하길 바랐습니다. 이러한 욕망을 충족하기 위해 휴대 가능한 컴퓨터 기기인 노트북, 스마트폰, 태블릿이 등장했습니다.

그러나 휴대용 기기는 데스크톱보다 화면이 작기 때문에 기존의 웹 페이지를 제대로 이용할 수 없었습니다. 그래서 **반응형 웹**(responsive web)을 고안하게 됐는데, 이는 대상 기기 웹 브라우저의 가로 크기에 따라 디자인 레이아웃이 바뀌는 웹 페이지를 말합니다.

그림 3-1 화면의 가로 크기에 따라 디자인 레이아웃이 바뀌는 반응형 웹

1.2.1 프론트엔드 개발의 개념에서 설명했듯이 웹 페이지를 개발할 때는 HTML, CSS, 자바스크립트를 사용합니다. HTML로 웹 페이지의 전체 레이아웃을 잡고 내용을 넣은 후, CSS로 웹 페이지의 배경색, 글자 크기나 색상 등을 꾸미고, 사용자가 동적인 행동을 할 수 있도록 자바스크립트로 구현합니다.

여기서 CSS는 쉽게 말해 웹 페이지에 디자인을 입히는 역할을 합니다. CSS는 클라이언트 화면의 가로 크기에 따라 다르게 디자인을 입힐 수 있는 기능을 제공하는데, 반응형 웹은 이러한 CSS의 기능을 이용해 하나의 웹 페이지가 기기에 따라 맞춤형 레이아웃으로 보이게 합니다.

반응형 웹은 HTML 코드를 많이 변경하지 않고 CSS 코드만 추가로 작업하면 되기 때문에 별도의 앱을 개발하는 것에 비해 공수가 덜 듭니다. 사내 인력이 부족하거나 프로젝트를 빨리 마무리해야 하는 경우 반응형 웹을 채택하면 여러 기기에서 웹 브라우저를 통해 동일한 서비스를 이용할 수 있습니다.

반응형 웹 개발의 어려움

한편 개발자들은 반응형 웹을 개발하는 것이 힘들다고 하소연하곤 합니다. 클라이언트가 다양하기 때문입니다. 전 세계의 모바일 기기 생산업체들이 내놓는 기기의 종류를 합치면 100개가 넘을 것입니다. 이러한 모바일 기기는 대개 화면 크기가 제각각인데 각 기기의 맞춤형 레이아웃을 만들 수는 없습니다.

이에 실무에서는 기기 화면의 가로 크기를 네 개의 분기점으로 나눕니다. 그리고 각 분기점에 맞춰 작업한 뒤 최종 클라이언트의 환경에 맞게 추가 작업을 합니다.

표 3-1 화면의 가로 크기에 따른 분기점과 기기의 종류

분기점	기기
480px 이하	스마트폰
481~767px	가로로 눕힌 스마트폰+태블릿
768~1023px	태블릿+가로로 눕힌 태블릿
1024px 이상	가로로 눕힌 태블릿+PC

그러나 너무 많은 기기에 맞춰 작업하다 보면 오히려 예상치 못한 버그가 생겨날 수 있습니다. 건물도 무분별하게 증축하면 붕괴 위험이 있듯이, 다양한 기기에 대응하기 위해 반응형 웹 코딩을 하다 보면 코드가 복잡해지고 버그를 유발하게 됩니다. 프로젝트의 규모가 커질수록 이러한 일이 흔히 발생합니다. 따라서 반응형 웹을 구현할 때는 코드가 복잡해질 수 있음을 이해하고 체계적인 코드 작성과 철저한 테스트로 문제를 최소화하는 것이 중요합니다.

> **한 줄 정리** ☰
>
> - **웹:** 인터넷을 통해 HTTP와 HTTPS라는 통신 방식으로 정보를 주고받는 가상의 공간입니다.
> - **웹 1.0:** 생산자가 만든 콘텐츠를 소비자가 읽기만 하던 시대를 말합니다.
> - **웹 2.0:** 소비자가 글을 쓰기 시작하면서 정보를 공유하게 된 시대를 말합니다.
> - **웹 3.0:** 플랫폼 종속에서 벗어나 콘텐츠 생산자가 소유권을 갖고 인공지능이 정보를 정제해서 알려주는 시대를 말합니다.
> - **반응형 웹:** 웹 브라우저의 가로 크기에 따라 디자인 레이아웃이 자동으로 바뀌는 웹 페이지입니다.

앱의 개념과 종류

3.2.1 앱의 개념

애플리케이션(application)을 줄인 말인 앱(app)은 스마트폰에서 실행되는 프로그램만을 가리키는 것이 아닙니다. 스마트폰뿐만 아니라 데스크톱, 노트북, 태블릿 등에서 아이콘을 클릭해 실행하는 모든 프로그램을 앱이라고 합니다. 다만 이 책에서는 데스크톱이나 노트북에 설치해 사용하는 일반 앱(예: 엑셀, MS 워드, 포토샵 등)을 제외하고 인터넷에 연결해 클라이언트-서버 구조로 동작하는 앱에 한정해 설명하겠습니다.

앱은 웹 개발 언어(HTML, CSS, 자바스크립트)로 만들어 웹 브라우저를 통해 실행하는 웹 앱과, 안드로이드나 iOS처럼 특정 모바일 기기에 맞게 만들어 실행하는 모바일 앱으로 구분됩니다. 웹 앱과 모바일 앱의 특징과 종류를 자세히 알아봅시다.

3.2.2 웹 앱

웹 앱(web app)은 웹 브라우저를 통해 이용하는 앱을 말합니다. '웹'과 '앱'이라는 말 때문에 헷갈릴 수도 있지만, 웹 앱은 안드로이드 앱, iOS 앱처럼 특정 기기에 맞는 맞춤 앱을 개발하는 것이 아니라, 웹 개발 언어(HTML, CSS, 자바스크립트)로 웹 페이지를 개발한 후 웹 브라우저 같은 실행 프로그램으로 접속하게 만든 것입니다. 웹 앱의 내용물은 웹 페이지이므로 URL 을 입력하면 접속할 수 있습니다.

웹 앱의 종류

웹 앱은 크게 세 가지로 나뉩니다. 하나는 데스크톱용 웹 앱이고 나머지 두 가지는 모바일용 웹 앱입니다.

● 데스크톱용 웹 앱

데스크톱에서 이용하는 일반적인 웹 페이지 형태 그대로 앱을 이용하는 것입니다. 웹 브라우저에서 주소창만 없어진 모양새라, 웹 앱의 사용자 인터페이스가 잘 만들어져 있으면 웹 페이지인지 그냥 앱인지 알아채기 가 어렵습니다.

그런데 이를 구별하는 방법은 의외로 간단합니다. 개발자 도구를 여는 단 축키(윈도우는 F12 , 맥OS는 command + option + I)를 눌러보면 됩니다. 실행한 앱의 실체가 웹 앱이면 웹 페이지에서 실행되고 있다는 것이니 개 발자 도구가 열리고, 그냥 앱이면 아무것도 열리지 않습니다.

데스크톱용 웹 앱은 윈도우에서는 아무 제약 없이 설치할 수 있고, 맥OS 에서는 앱 개발자를 신뢰한다고 동의하면 설치할 수 있습니다.

그림 3-2 데스크톱용 웹 앱에서 개발자 도구를 연 모습[출처: X(구 트위터)]

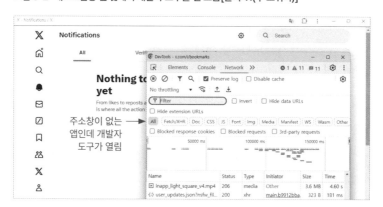

● 모바일용 웹 앱 1

첫 번째 모바일용 웹 앱은 데스크톱으로 보면 화면 중앙에 메인 콘텐츠가 있고 양 옆에 배너 또는 회사 정보가 있습니다. 이 경우는 모바일을 위한 웹 앱이지만 데스크톱에서 접속하는 것도 염두에 두고 만듭니다.

그림 3-3 화면 중앙에 메인 콘텐츠가 있는 웹 앱

▲ 웹 화면

모바일 화면 ▶

● 모바일용 웹 앱 2

두 번째 모바일용 웹 앱은 도메인 주소 앞이나 뒤에 m을 붙여 m.naver.com 또는 gilbut.co.kr/m처럼 모바일 전용 웹 페이지를 서비스하는 것입니다. 이 경우는 데스크톱에서 접속하는 것을 고려하지 않고 모바일 기기에 최적화된 웹 페이지를 만듭니다.

인터넷 검색을 하다가 m이 붙은 모바일 전용 웹 페이지를 본 적이 있을 것입니다. 이러한 웹 페이지의 하단에는 모바일 버전 보기, PC 버전 보기 링크가 있으니 원하는 화면을 선택해서 보면 됩니다.

그림 3-4 도메인 주소에 m이 붙은 웹 앱(출처: gilbut.co.kr)

▲ 웹 화면(데스크톱 환경이 고려되지 않음)

▲ 모바일 화면(모바일 환경
에 최적화)

그림 3-5 웹 앱 화면 하단에 있는 PC 버전 보기 링크

PWA

웹 사이트는 앱 스토어에 등록할 수 없습니다. 그래서 컴퓨터에 설치 가능
한 앱의 형태로 웹 사이트에 접속할 수 있게 만든 것을 **PWA**(Progressive Web
Apps, 프로그레시브 웹 앱)라고 합니다. PWA는 웹 앱의 발전된 형태입니다.

실무에서는 웹 앱과 PWA를 혼용하기도 합니다. 하지만 둘은 차이가 있습니다. 웹 앱은 웹 브라우저에서 실행되는 앱을 의미하는 더 광범위한 개념이고, PWA는 웹 앱을 사용자가 쓰기에 편하도록 앱으로 설치해 사용할 수 있게 만든 것입니다. **그림 3-2**의 X(구 트위터) 화면은 PWA의 예입니다.

PWA의 특징은 다음과 같습니다.

- 데스크톱이나 모바일 기기에 설치해 사용할 수 있습니다.

- 주소창이 없고 독립적인 창에서 동작합니다.

- 인터넷에 연결되지 않은 상태에서도 일부 기능이 동작하도록 만들 수 있습니다.

- 푸시 알림 기능을 제공합니다. 푸시 알림은 사용자의 재방문을 유도할 수 있는 강력한 마케팅 무기입니다.

- 앱처럼 아이콘을 만들 수 있고, 실행 시 스플래시 화면(앱을 실행했을 때맨 처음 만나는 화면)을 보여줄 수 있습니다.

PWA의 대표적인 예로는 X(구 트위터), 에어비앤비, 스타벅스, 핀터레스트가 있습니다. 빅 테크 기업에서는 인터넷 환경이 좋지 않거나 모바일 기기의 성능이 낮은 사용자를 위한 경량화 버전으로 PWA 서비스를 제공합니다.

3.2.3 모바일 앱

모바일 앱(mobile app)은 스마트폰이나 태블릿 등 휴대용 기기에 설치해 사용하는 앱을 말합니다.

모바일 앱의 장단점

모바일 앱의 장점은 크게 네 가지를 꼽을 수 있습니다.

- **다양한 서비스 제공**

  모바일 기기는 휴대하기 편하고, 모바일 앱을 이용해 블루투스, 카메라, GPS 등 하드웨어 장치를 제어할 수 있습니다. 따라서 웹보다 더 다양한 서비스를 이용할 수 있습니다.

- **좋은 사용자 경험 제공**

  모바일 앱은 빠르고 좋은 사용자 경험을 제공합니다. 모바일 앱을 사용하면 도메인 주소를 입력하지 않아도 됩니다. 유튜브를 보기 위해 웹 브라우저를 실행하고 도메인 주소를 입력할 필요가 없습니다. 유튜브 앱을 실행하는 데 1초면 충분합니다.

- **고객 이탈 최소화**

  기업은 사용자가 앱을 사용하는 동안 다른 서비스로 이탈하지 않기를 바랍니다. 그러나 웹 사이트에서는 웹툰을 보다가도 영화 예매 사이트 링크를 누르거나 주소창에 다른 사이트 주소를 입력해 쉽게 이동할 수 있습니다.

  고객 이탈은 기업의 매출 감소로 이어집니다. 따라서 기업은 웹 사이트보다 이탈의 여지가 적은 모바일 앱을 통해 무료 서비스를 제공하거나 웹 사이트에는 없는 편의 기능을 제공하는 등 모바일 앱 활성화에 힘을 쏟습니다.

- **수익 극대화**

  모바일 앱은 결제가 용이하기 때문에 수익을 극대화하는 데 기여합니다. 모바일 앱에는 다양한 간편 결제 기능이 연동돼 있습니다. 스캔만 하면 미리 등록해둔 카드로 결제되는 QR 코드 결제가 그러한 예입니다. 게다가 결제 시간에 제한이 없어 24시간 내내 결제가 가능합니다.

그림 3-6 모바일 앱의 장점

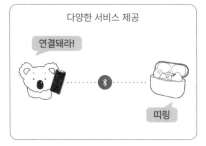

다양한 서비스 제공

연결돼라!

띠링

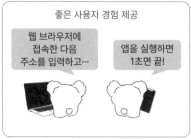

좋은 사용자 경험 제공

웹 브라우저에 접속한 다음 주소를 입력하고…

앱을 실행하면 1초면 끝!

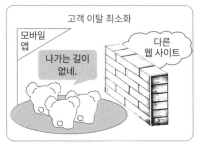

고객 이탈 최소화

모바일 앱

나가는 길이 없네.

다른 웹 사이트

수익 극대화

결제가 너무 쉬워서 멈출 수가 없어!

20,000₩ 20,000₩ 20,000₩ 20,000₩

반면 모바일 앱은 크게 두 가지 단점이 있습니다.

● 설치하기까지의 진입 장벽

웹 사이트에서는 링크를 클릭만 하면 웹 페이지로 들어오도록 유도할 수 있습니다. 게시글의 다음 내용을 궁금하게 만들거나 클릭을 해달라는 행동 유도 버튼을 배치하는 식으로 사용자를 유도합니다. 사용자는 이러한 링크나 버튼을 클릭하면 해당 웹 페이지에 즉시 들어갈 수 있습니다.

하지만 앱은 서비스를 이용하거나 내용을 확인하려면 공식 앱 스토어에서 내려받아야 합니다. 그런데 자신의 기기에 프로그램을 설치하는 것에 대해 거부감을 가진 사람이 많습니다. 바이러스가 있을지도 모르고, 이름이 생소한 앱의 경우 개인 정보를 빼 갈지도 모른다고 생각하기 때문입니다.

웹 사이트는 사용자의 유입이 쉬운 반면 모바일 앱은 사용자가 설치를 결정해야 하는 만큼 진입 장벽이 있습니다. 그래서 앱 다운로드 수에 따라 과금이 되는 광고(CPI, Cost Per Install)는 일반적인 클릭 수에 따라 과금이 되는 광고(CPC, Cost Per Click)보다 단가가 몇십 배 비싼 편입니다.

● **비싼 제작 비용**

웹 사이트와 모바일 앱의 제작 비용을 따져보면 모바일 앱 쪽이 더 비쌀수 있습니다. 모바일 운영체제에 따라 사용하는 프로그래밍 언어가 다르기 때문입니다. 즉 안드로이드 앱 개발자와 iOS 앱 개발자를 따로 고용해서 개발해야 합니다.

예전에는 자본이 부족한 스타트업이 동시에 두 개의 앱을 개발하기가 힘들어 한 서비스가 안드로이드 앱만 있거나 iOS 앱만 있는 경우가 많았습니다. 이러한 문제는 하이브리드 앱이 탄생하면서 해결됐습니다. 이어서 모바일 앱의 종류를 소개하면서 하이브리드 앱에 대해 설명하겠습니다.

그림 3-7 **모바일 앱의 단점**

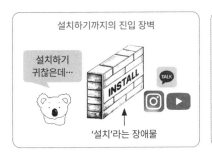

모바일 앱의 종류

모바일 앱에는 웹 앱, 네이티브 앱, 하이브리드 앱이 있습니다. 앞서 살펴본 웹 앱도 모바일에서 실행 가능하니 모바일 앱이라고 할 수 있습니다. 여기서는 웹 앱을 제외하고 네이티브 앱과 하이브리드 앱에 대해 알아봅시다.

● 네이티브 앱

일반적으로 어떤 프로그램이 구동되는 환경을 **플랫폼**(platform)이라고 합니다. 안드로이드, iOS와 같은 모바일 운영체제가 구동되는 환경도 플랫폼입니다.

쉽게 말해 플랫폼은 나라와 같습니다. 한 나라에서는 한 가지 언어만 사용해야 소통에 어려움이 없듯이 한 플랫폼에서 사용하는 언어를 네이티브 언어(native language, 모국어)라고 합니다.

모바일 플랫폼은 크게 안드로이드와 iOS로 나뉘고 각각의 네이티브 언어를 사용해 앱을 개발하는데, 이렇게 개발한 앱을 **네이티브 앱**(native app)이라고 합니다. 안드로이드 앱을 개발하는 데 사용되는 네이티브 언어는 자바(Java), 코틀린(Kotlin)이며, iOS 앱을 개발하는 데 사용되는 네이티브 언어는 스위프트(Swift)입니다. 각 언어에 대해서는 **5.4 모바일 앱 개발 언어: 자바, 코틀린, 스위프트**에서 자세히 설명하겠습니다.

그림 3-8 네이티브 앱 개발

(a) 안드로이드 앱 개발

안드로이드 앱   안드로이드 앱   구글 플레이 스토어
개발자   개발   배포

(b) iOS 앱 개발

iOS 앱   iOS 앱   애플 앱 스토어
개발자   개발   배포

● 하이브리드 앱

하이브리드 앱(hybrid app)은 하나의 프로그래밍 언어로 안드로이드와

iOS에서 모두 돌아가게 만든 앱을 말합니다. 이러한 경우를 **크로스 플랫폼 개발**(cross platform development)이라고 하는데, 이는 다른 컴퓨터나 운영체제 등 플랫폼을 교차해도 정상적으로 동작하는 앱을 개발한다는 뜻입니다.

그림 3-9 하이브리드 앱 개발

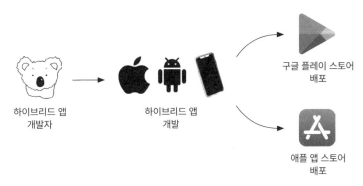

하이브리드 앱
개발자

하이브리드 앱
개발

구글 플레이 스토어
배포

애플 앱 스토어
배포

많은 스타트업이 서비스를 개발할 때 처음에는 크로스 플랫폼 개발을 고려합니다. 안드로이드 개발자와 iOS 개발자가 각각 필요한 상황에서 하이브리드 앱 개발자 한 명만 구하면 되기 때문입니다. 이는 경제적인 측면에서 합리적이라 하이브리드 앱 개발이 당연하다고 생각할 수 있습니다. 하지만 여기에도 단점이 있습니다.

하이브리드 앱을 개발하면 개발 시간과 비용을 단축할 수 있을 것 같지만 호환성을 맞추는 작업이 필요합니다. 하이브리드 앱은 한 가지 프로그래밍 언어의 코드로 작성되기 때문에 안드로이드에서는 동작하지만 iOS에서는 동작하지 않는 일이 발생할 수도 있습니다. 그럴 때마다 개발자는 '만약 iOS에서 동작하지 않는다면⋯'과 같은 예외 처리를 적어놓아야 합니다. 이는 타국 문화를 몰라서 직역하는 바람에 정확한 의미가 전달되지 않는 것과 같습니다. 따라서 네이티브 앱 개발과 하이브리드 앱 개발의 장단점을 따져보고 자신이 처한 상황에 적합한 개발 방식을 결정하는 것이 좋습니다.

- **웹 앱:** 웹 브라우저를 통해 이용하는 앱으로, 데스크톱용 웹 앱과 모바일용 웹 앱이 있습니다.
- **PWA:** 웹 앱의 한 유형으로, 컴퓨터에 설치할 수 있는 앱의 형태로 웹 사이트에 접속할 수 있게 만든 것입니다.
- **모바일 앱:** 스마트폰이나 태블릿 등 휴대용 기기에 설치해 사용하는 앱을 말합니다.
- **네이티브 앱:** 안드로이드, iOS의 각 네이티브 언어를 사용해 플랫폼에 맞게 개발한 앱을 말합니다.
- **하이브리드 앱:** 각 플랫폼의 고유한 네이티브 언어가 아니라 하나의 프로그래밍 언어로 개발해 여러 플랫폼에서 실행할 수 있게 만든 앱을 말합니다.

1. 다음 각각의 설명이 맞으면 ○, 틀리면 ×로 표시하세요.

① 웹 페이지와 웹 사이트는 같은 의미이다. ······························ (　)

② 도메인 주소에 m이 붙은 웹 사이트는 모바일 전용이다. ··········· (　)

③ 컴퓨터에 설치할 수 있는 앱의 형태로 웹 사이트에 접속할 수 있게 만든 웹 앱을 PWA라고 한다. ·································· (　)

④ 앱이란 스마트폰에서만 사용하는 프로그램을 의미한다. ··········· (　)

2. 웹 소비자의 행동 패턴 중 '쓰기'가 특징인 웹 시대는?

① 웹 1.0　　　② 웹 2.0　　　③ 웹 3.0　　　④ 없음

3. 대상 기기 웹 브라우저의 가로 크기에 따라 디자인 레이아웃이 바뀌는 웹 페이지를 무엇이라고 하는가?

① PWA　　　② 웹 앱　　　③ 반응형 웹　　　④ 하이브리드 앱

4. 모바일 앱의 장점을 모두 고르세요.

① 고객이 다른 서비스로 이탈하는 확률을 줄일 수 있다.

② 결제가 쉬워 수익을 극대화할 수 있다.

③ 웹 서비스에 비해 고객 유치가 쉽다.

④ 웹 서비스에 비해 제작 비용이 낮다.

▶ 정답 288쪽

데이터베이스
이해하기

웹과 앱에서 처리하는 다양한 데이터는 데이터베이스에서 저장·관리합니다. 이 장에서는 데이터베이스의 기본 개념을 이해하고, 데이터를 다루는 데 필요한 프로그래밍 언어인 SQL과 데이터베이스 관리 시스템(RDBMS와 NoSQL)에 대해 알아봅니다. 데이터베이스의 데이터가 어떻게 구조화되고 저장되는지, 또한 필요시 어떻게 불러와 사용하는지 살펴봅니다.

이 장을 읽고 나면 다음 키워드를 이해할 수 있습니다.

데이터베이스 / SQL / RDBMS / NoSQL

데이터베이스

4.1.1 데이터베이스의 개념

문서 파일, PPT 파일, 인스타그램의 사진, 유튜브의 동영상과 같은 데이터는 PC나 서버의 저장 장치에 저장됩니다. 저장 장치는 기기의 유형이나 규모에 따라 디스크(disk), 드라이브(drive), 스토리지(storage) 등으로 다양하게 불립니다.

저장 장치에 데이터를 효율적으로 저장하고 관리하려면 데이터의 저장 방식을 고려해야 합니다. 데이터의 저장 방식이 왜 중요한지 알아보기 위해 월별 쇼핑 목록을 관리하는 상황을 예로 들어보겠습니다.

다음과 같이 월별 쇼핑 목록을 메모장으로 저장해 관리한다고 합시다. 월별로 메모장 파일을 만들고 쇼핑 목록을 한 줄씩 저장합니다.

그림 4-1 월별 데이터가 저장된 메모장 파일

2024년 11월 5일 화요일, 무선 마우스, 35,000원
2024년 11월 8일 금요일, 울 목도리, 50,000원
2024년 11월 11일 월요일, 빼빼로 세트, 20,000원

2024년 11월 쇼핑 목록.txt

2024년 12월 21일 토요일, IT 지식 책, 24,000원
2024년 12월 23일 월요일, 니트 후드티, 69,000원
2024년 12월 24일 화요일, 크리스마스 케이크, 34,000원

2024년 12월 쇼핑 목록.txt

이 경우에 2024년 12월 23일의 쇼핑 목록을 확인하려면 12월 쇼핑 목록 파일을 열어봐야 합니다. 한 사람의 데이터만 조회하므로 시간을 조금 들여 확인하면 됩니다.

하지만 은행이나 기업은 상황이 다릅니다. 예를 들어 본인 인증을 하려면 수많은 개인 정보 중에서 특정인의 이름과 주민등록번호만 골라 확인해야 하는데, 그때마다 매번 메모장 파일을 하나씩 열어볼 수는 없습니다. 저장할 데이터가 많은 기업에서 이러한 방식으로 데이터를 저장한다면 사실상 서비스가 불가능합니다.

또한 메모장에 데이터를 저장하면 사용자의 기호에 따라 데이터의 순서를 바꾸거나 특수문자를 사용함으로써 가독성과 통일성이 떨어질 수도 있습니다.

그림 4-2 사용자의 기호에 따라 데이터를 저장한 경우

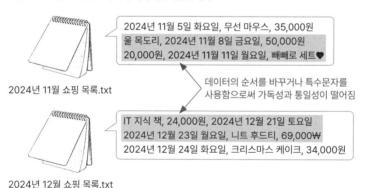

이 경우에 **그림 4-3**과 같이 첫 번째 항목에 번호를 매기고 두 번째 항목을 날짜, 세 번째 항목을 구매 물품, 네 번째 항목을 금액으로 정하고 데이터를 저장하기로 약속하면 이후 관리하기가 용이합니다. 이렇게 데이터의 항목을 분류해 저장하면 데이터가 구조화됐다고 볼 수 있습니다.

그림 4-3 구조화해 저장한 데이터

번호	날짜	구매 물품	금액
1	2024년 11월 5일 화요일	무선 마우스	35,000
2	2024년 11월 8일 금요일	울 목도리	50,000
3	2024년 11월 11일 월요일	빼빼로 세트	20,000
4	2024년 12월 21일 토요일	IT 지식 책	24,000
5	2024년 12월 23일 월요일	니트 후드티	69,000
6	2024년 12월 24일 화요일	크리스마스 케이크	34,000

이제야 보기 좋네!

데이터베이스(DB, DataBase)는 이처럼 구조화된 대용량의 데이터를 저장하는 곳입니다. 데이터베이스라는 말의 어감 때문에 데이터센터 건물을 상상하는 사람도 있을지 모르지만, 데이터베이스는 데이터의 집합체일 뿐이며 데이터베이스라는 장치가 별개로 있는 것은 아닙니다. 데이터베이스는 개념적인 용어이며, 실제 데이터베이스의 데이터는 컴퓨터에서 처리하는 다른 데이터와 마찬가지로 하드디스크 또는 NAS(Network Attached Storage, 다수의 저장 장치를 네트워크로 연결한 거대한 저장소) 같은 저장 장치에 저장됩니다.

4.1.2 데이터 저장 방식

다수가 공유하며 사용할 목적으로 개발된 데이터베이스는 데이터를 체계적으로 저장·관리합니다. 데이터베이스에서 데이터를 저장하는 방식은 엑셀과 유사합니다.

데이터베이스에서는 데이터를 **테이블**(table) 단위로 저장합니다. 테이블은 행과 열로 이뤄져 있고 첫 행에는 데이터 제목을, 2행부터는 제목으로 정해둔 구조에 따라 데이터를 저장합니다. 테이블에서 행은 **로우**(low) 또는 **튜플**

(tuple)이라고 하며, 열은 **칼럼**(column) 또는 **속성**(attribute)이라고 합니다.

그림 4-4 쇼핑 목록 테이블

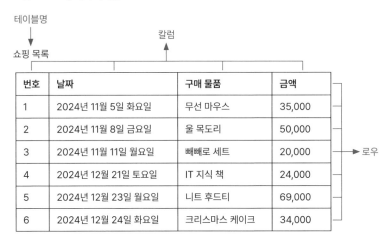

번호	날짜	구매 물품	금액
1	2024년 11월 5일 화요일	무선 마우스	35,000
2	2024년 11월 8일 금요일	울 목도리	50,000
3	2024년 11월 11일 월요일	빼빼로 세트	20,000
4	2024년 12월 21일 토요일	IT 지식 책	24,000
5	2024년 12월 23일 월요일	니트 후드티	69,000
6	2024년 12월 24일 화요일	크리스마스 케이크	34,000

그런데 데이터의 제목만 정해두면 사용자마다 데이터를 제각각으로 저장할 것입니다. 예를 들어 숫자를 저장할 때 사람들이 각자 사용하는 언어로 1이라는 데이터를 저장하면 어떻게 될까요? 1, 하나, one, 一, いち는 모두 1을 의미하지만 생김새가 다릅니다. 이 경우에 원하는 데이터를 검색하려면 전 세계의 언어로 번역한 후 검색해야 하니 매우 비효율적입니다.

그래서 테이블에 데이터를 저장할 때는 데이터 타입(data type), 즉 **자료형**에 따라 저장하도록 조건을 겁니다. 자료형에는 정수형, 실수형, 문자형, 날짜형 등이 있습니다. 예를 들어 구매 물품에는 최대 200자의 문자만 저장하도록 지정할 수 있습니다. 또한 금액에는 한글이나 영어가 아니라 숫자만 저장하도록 제약 조건을 만들 수도 있습니다.

쇼핑 목록에 금액을 쓰는 것을 깜빡하는 경우에 대비해 누락된 항목의 기본 값을 정할 수도 있습니다. 금액은 정수이니 0을 기본값으로 정하면 됩니다. 아니면 데이터가 아예 없다는 뜻의 **NULL**을 사용할 수도 있습니다. NULL은 흔히 두루마리 휴지에 비유됩니다. 화장실에 휴지가 한 장도 없이 휴지심만 있으면 0, 휴지심조차 없으면 NULL이라고 할 수 있습니다(개발자들끼리 소통할 때 뭔가가 없는 경우 NULL이나 404라는 농담을 던지기도 합니다).

이렇게 테이블의 구조와 데이터의 제약 조건 등을 정의한 것을 **스키마** (scheme)라고 합니다. 스키마에는 테이블에 어떤 제목과 자료형의 데이터를 저장할지 구조를 정의하며, 테이블을 만들 때는 스키마에 정의된 내용에 따라 만듭니다.

그림 4-5 쇼핑 목록 스키마와 테이블

쇼핑 목록 스키마

칼럼명	자료형	제약 조건
번호	정수형	NULL 입력 불가
날짜	날짜형	NULL 입력 불가
구매 물품	문자형(최대 200자)	NULL 입력 불가
금액	정수형	데이터 입력값이 없을 때 NULL을 기본값으로 저장

쇼핑 목록 테이블   스키마를 토대로 테이블 생성

번호	날짜	구매 물품	금액
1	2024년 11월 5일 화요일	무선 마우스	35,000
2	2024년 11월 8일 금요일	울 목도리	50,000
3	2024년 11월 11일 월요일	빼빼로 세트	20,000
4	2024년 12월 21일 토요일	IT 지식 책	24,000
5	2024년 12월 23일 월요일	니트 후드티	69,000
6	2024년 12월 24일 화요일	크리스마스 케이크	34,000

4.1.3 데이터베이스의 특징

그런데 데이터베이스를 사용하면 어떤 점이 좋을까요? 데이터베이스의 특징을 통해 이를 알아봅시다. 다음과 같이 데이터베이스의 특징은 일곱 가지

를 꼽을 수 있습니다.

정제된 데이터 저장

우리는 대화를 할 때 '음…', '어…', '이제…', '사실…'과 같은 의미 없는 말을 사용하곤 합니다. 그러나 데이터베이스에는 이러한 불필요한 데이터를 빼고 정제해 저장하는데, 이를 **데이터 전처리**(data preprocessing)라고 합니다.

예를 들어 상담원이 고객의 정보를 다음과 같이 들었더라도 고객 데이터베이스에는 정제된 형태로 저장합니다. 그래야 이후에 누군가가 데이터를 검색하거나 관리하기에 용이합니다.

그림 4-6 데이터 전처리 전과 후

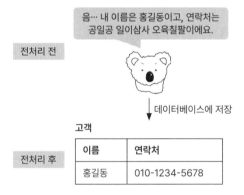

동시성 제어

만약 두 곳에서 홍길동의 고객 정보를 동시에 수정하려고 한다면 어떻게 될까요? 한 곳에서는 이름을, 다른 한 곳에서는 연락처를 수정하려고 하면 결국 아무도 데이터를 수정할 수 없습니다. 마치 강아지 두 마리가 장난감 하나를 동시에 입에 물고 놓지 않는 모습과 같습니다.

이러한 문제를 **데드락**(deadlock)이라고 합니다. 데이터베이스는 데드락이 발생하지 않도록 예방하는 기능을 제공합니다. 즉 먼저 접근한 사람부터 처리하게 하거나 중요도에 따라 우선순위를 정해줍니다.

그림 4-7 동시성 제어

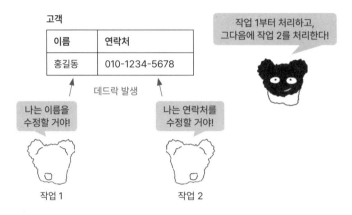

빠른 데이터 탐색

데이터베이스는 데이터를 쉽게 찾기 위해 테이블 구조를 만들고 테이블 간의 관계를 정의합니다. 이는 서랍장 칸마다 옷을 구분해 넣고 각 칸마다 이름표를 붙여놓는 것과 같습니다. 이렇게 하면 파일을 하나씩 열어볼 필요 없이 조건을 제시하고 명령만 하면 원하는 데이터를 빠르게 찾을 수 있습니다.

무결성 보장

무결성(integrity)이란 데이터 처리 과정에서 변형되거나 손실되지 않고, 일관되고 정확한 상태를 유지하는 것을 의미합니다. 쉽게 말해 한 번 0이라고 저장하면 다시 수정하기 전까지는 영원히 0이어야 한다는 것입니다.

예를 들어 월급날에 은행 앱의 잔고를 확인했는데 0도 아니고 NULL로 표시돼 있다면 어떨까요? 은행에 전화했더니 아무 문제가 없다고 한다면 심장이 철렁 내려앉을 것입니다.

또한 입출금 금액이 숫자가 아니라 문자로 저장돼도 안 됩니다. 숫자만 저장하기로 약속했는데 문자로 저장하면 합산 시 오류가 발생하기 때문입니다.

출금 시 중복되는 일이 있어서도 안 됩니다. 데이터베이스는 이러한 일이 일어나지 않도록 무결성을 보장하는 역할을 합니다.

선택적 공유와 보호

어떤 회사에서는 직원에 따라 출입 자격을 다르게 부여합니다. 누군가는 사원증으로 10층까지 올라갈 수 있지만 누군가는 20층까지 올라갈 수 있는데, 이는 권한에 차이가 있기 때문입니다.

이처럼 데이터베이스에서는 사용자에 따라 공개해도 되는 데이터와 공개하면 안 되는 데이터로 나눠 관리합니다. 또한 외부자가 내부의 고객 데이터를 볼 수 있으면 안 되니 외부자에 대한 접근 권한도 다르게 관리합니다. 이는 데이터베이스에서 사용자마다 계정을 부여해 접근할 수 있는 테이블을 지정함으로써 가능한 일입니다. 덕분에 회사는 기밀 정보를 안전하게 지킬 수 있습니다.

그림 4-8 **허용된 사용자만 접근**

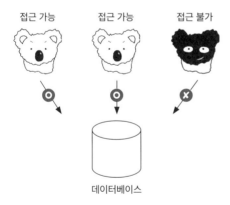

탐색 최적화

눈앞에 1부터 10만까지 숫자가 적힌 10만 개의 공이 흩트러져 있고, 5만이 적힌 공을 찾아야 한다고 합시다. 오늘 안에 찾을 수 있을까요? 가능할 수도 있지만 분명 힘들고 지루한 작업일 것입니다. 이럴 때 1부터 10만까지 공을 순서대로 정렬한다면 5만이 적힌 공을 단번에 찾을 수 있습니다. 이는 공을 순서대로 정렬하기 때문에 가능합니다.

탐색 최적화(search optimization)란 공을 정렬하는 것처럼 찾고자 하는 데이터를 더 빠르게 찾도록 환경을 설정하는 것을 말합니다. 즉 데이터베이스가 더 빠르고 효율적으로 작동하도록 다양한 기술과 전략을 활용하는 것입니다.

그림 4-9 탐색 최적화

탐색 최적화의 예로 인덱스(index)와 쿼리(query) 최적화가 있습니다. 인덱스는 책의 목차와 같은 기능을 하며, 자주 사용되는 칼럼에 인덱스를 설정하면 탐색 속도가 향상됩니다. 또한 로우에 있는 데이터 중 필요한 것만 골라서 조회하는 검색 명령, 즉 쿼리를 작성할 때 작성 방식을 개선하면 가져오는 데이터가 가벼워져 검색 속도가 빨라집니다. 데이터베이스는 탐색 최적화를 통해 더 많은 데이터를 빠르게 처리할 수 있으며, 그 결과 시스템의 전반적인 성능이 향상됩니다.

백업과 복구

과제나 발표 파일을 날려서 당황했던 적이 있나요? 평소에는 해킹이나 기기 고장이 자주 일어나지 않기 때문에 백업의 필요성을 느끼지 못합니다. 그러나 어쩌다 한 번 일어나는 일이라도 데이터의 양이 많으면 사태를 수습하기가 어렵습니다. 이에 대비해 데이터베이스는 데이터를 쉽게 백업하고 복구할 수 있는 편의 기능을 제공합니다.

4.1.4 트랜잭션

앞서 언급한 일곱 가지 데이터베이스의 특징은 트랜잭션 덕분입니다. **트랜잭션**(transaction)은 하나의 작업 단위를 말합니다. 예를 들어 마트에서 사과를 살 때, ❶ 카드를 내면 ❷ 카드 단말기에 긁고 ❸ 사과를 건네는 과정 전체가 하나의 트랜잭션입니다.

데이터베이스에서 이뤄지는 읽기, 쓰기 등의 작업은 모두 트랜잭션 단위로 처리됩니다. 트랜잭션은 원자성(Atomicity), 일관성(Consistency), 고립성(Isolation), 지속성(Durability)이라는 성질을 가지고 있으며, 각각의 머리글자를 따서 **ACID**라고도 합니다.

● **원자성**

원자성이란 하나의 작업이 시작됐을 때 중간에 중단되면 안 된다는 성질입니다. 원자성이 지켜지지 않으면 음료수 자판기에 돈을 넣고 버튼을 눌렀는데 자판기가 돈만 먹고 멈출 수 있습니다. 자판기가 아니라 몇십억 단위의 부동산을 거래할 때 이와 같은 일이 생긴다면 거래 당사자는 패닉 상태가 될 것입니다. 트랜잭션은 이러한 불상사가 발생하지 않도록 원자성을 유지합니다.

● **일관성**

일관성은 작업 전후의 결과로 데이터가 모순되지 않고 일관된 상태를 유지해야 한다는 성질입니다. 음료수가 다섯 개 들어 있는 자판기에서 음료수 하나를 뽑았는데 자판기의 오류로 여섯 개를 판매한 것으로 처리되면 마이너스 재고라는 기이한 상황이 되고, 이로 인해 자판기 주인은 피해를 보게 됩니다. 또 다른 예로 친구에게 1만 원을 송금했는데 잔고에서 −2만 원이 되는 것도 마찬가지 상황입니다. 트랜잭션은 이러한 일이 없도록 작업 전후 데이터 상태의 일관성을 유지합니다.

● **고립성**

고립성은 작업이 진행되는 중에는 아무도 끼어들 수 없어야 한다는 성질입니다. 카페에서 하나 남은 음료를 주문하는데 다른 사람이 끼어들 수 있다면 재고가 없음에도 주문을 받는 일이 일어날 수 있습니다. 그래서 작업 중에는 외부의 간섭이 있으면 안 됩니다.

● **지속성**

지속성은 한 번 작업한 내용이 계속 반영돼 있어야 한다는 성질입니다. 로또 1등에 당첨돼 당첨금 14억 원을 수령했다고 합시다. 그런데 다음 날 계좌의 잔고가 0원이라 은행에 연락해보니 장비를 교체하던 중 오류가 발생해 데이터가 소실됐다고 합니다. 트랜잭션은 이러한 일이 발생하지 않도록 지속성을 유지합니다.

트랜잭션의 성질을 외울 필요는 없고, '데이터를 손실 없이 관리하기 위한 방침'이라고만 이해하면 됩니다.

> **한 줄 정리** ☰
>
> · **데이터베이스:** 다수가 공유하며 사용할 목적으로 데이터를 체계적으로 저장·관리하는 데이터의 집합체입니다.
> · **테이블:** 데이터베이스에서 데이터를 저장하는 단위로, 표와 같은 모양새입니다.
> · **스키마:** 테이블의 구조와 데이터의 제약 조건 등을 정의한 것을 말합니다.
> · **트랜잭션:** 데이터베이스가 수행하는 작업 단위를 말합니다.
> · **ACID:** 데이터를 안전하게 처리하기 위해 트랜잭션이 보장해야 할 네 가지 성질로 원자성, 일관성, 고립성, 지속성을 말합니다.

데이터베이스 언어: SQL

4.2.1 SQL의 개념

SQL(Structured Query Language)은 데이터베이스에서 데이터를 추출하고 조작하는 데 사용하는 프로그래밍 언어입니다. 여기서 가운데의 Q, 즉 쿼리는 쉽게 말해 데이터베이스에 질문하고 그에 대한 답을 요청하는 것을 의미합니다. 쿼리의 종류에는 데이터 저장(Create), 조회(Read), 수정(Update), 삭제(Delete)가 있으며, 이를 줄여서 CRUD라고 합니다.

CRUD를 처리하기 위한 SQL 명령은 다음과 같습니다.

표 4-1 CRUD 처리를 위한 SQL 명령

구분	SQL 명령	설명
저장	INSERT INTO 테이블명 (칼럼명1, 칼럼명2, …) VALUES (값1, 값2, …);	테이블에 데이터 저장
조회	SELECT 칼럼명1, 칼럼명2, … FROM 테이블명 WHERE 조건;	테이블에 저장된 데이터 조회
수정	UPDATE 테이블명 SET 칼럼명 = 변경할_값 WHERE 조건;	테이블에 저장된 데이터 수정
삭제	DELETE FROM 테이블명 WHERE 조건;	테이블에 저장된 데이터 삭제

개발자가 아닌 사람이 데이터베이스에 직접 쿼리를 쓸 일은 거의 없습니다. 그래도 개발자가 어떻게 쿼리를 사용하는지 이해하고 있으면 업무 요청 시 개발자가 안 된다고 하는 이유를 짐작할 수 있습니다.

SQL 문 사용법을 알아보기 위해 테이블에 저장된 데이터를 읽을(조회) 때 사용하는 SELECT 문을 예로 살펴봅시다.

4.2.2 SQL 문 맛보기

유치원에 다니는 아이들을 데이터베이스로 저장·관리한다고 가정합시다. 일단 '아이들'이라는 테이블을 만듭니다. 그리고 아이의 이름, 성별, 사는 지역, 소속반을 아이들 테이블의 칼럼으로 구성합니다.

아이들 테이블에서 한 아이를 조회하려면 이름으로 검색하면 됩니다. 그런데 유치원에 동명이인이 있다면 두 아이가 검색될 수 있습니다. 이 경우의 해결책은 간단합니다. 절대 중복될 수 없는 주민등록번호를 저장하는 것입니다. 주민등록번호를 이용하면 정확하게 아이 한 명만 조회할 수 있습니다 (실제로 주민등록번호를 데이터베이스에 저장할 때는 암호화해야 하지만, 이해를 돕기 위해 **그림 4-10**에서는 그대로 표기했습니다).

그림 4-10 아이들 테이블

아이들

이름	주민등록번호	성별	사는 지역	소속반
박준우	200224-3111111	남	종로구	햇님반
최현민	200412-3222222	남	마포구	달님반
이샛별	200308-4333333	여	영등포구	햇님반
김서준	200718-3444444	남	중구	햇님반
박나리	200815-4555555	여	영등포구	달님반
김서준	200103-3666666	남	마포구	달님반

아이들 테이블이 완성됐습니다. 이 테이블에 있는 데이터를 읽을(조회) 때 사용하는 SELECT 문의 형식은 다음과 같습니다. SELECT 뒤에는 읽어올 칼럼을 나열하고, FROM 뒤에는 대상 테이블명을 적습니다. 그리고 WHERE 뒤에는 검색 조건을 명시하고 마지막에 ;(세미콜론)을 붙입니다.

```
SELECT 칼럼명1, 칼럼명2, …
FROM 테이블명
WHERE 조건;
```

모든 데이터 조회하기

SELECT 문으로 아이들 테이블의 모든 데이터를 조회하는 명령은 다음과 같습니다.

```
SELECT 이름, 주민등록번호, 성별, 사는 지역, 소속반
FROM 아이들;
```

이때 SELECT 절에 모든 칼럼명을 쓰는 대신 *(별표)를 사용해도 됩니다. * 는 '모든'이라는 의미입니다.

```
SELECT *
FROM 아이들;
```

모든 데이터를 조회한 결과는 **그림 4-11**과 같습니다.

그림 4-11 모든 데이터 조회 결과

이름	주민등록번호	성별	사는 지역	소속반
박준우	200224-3111111	남	종로구	햇님반
최현민	200412-3222222	남	마포구	달님반
이샛별	200308-4333333	여	영등포구	햇님반
김서준	200718-3444444	남	중구	햇님반
박나리	200815-4555555	여	영등포구	달님반
김서준	200103-3666666	남	마포구	달님반

조건으로 조회하기

아이들 테이블에서 '김서준'을 조회하고 싶을 때는 다음과 같이 WHERE 절
에 조건으로 이름 = '김서준'을 추가합니다.

```
SELECT *
FROM 아이들
WHERE 이름 = '김서준';
```

이름이 '김서준'이고 '햇님반'인 아이를 조회하고 싶을 때는 WHERE 절에
조건을 AND로 연결해 작성합니다.

```
SELECT *
FROM 아이들
WHERE 이름 = '김서준' AND 소속반 = '햇님반';
```

그림 4-12 조건에 따른 조회 결과

(a) 이름 = '김서준'으로 조회한 결과

이름	주민등록번호	성별	사는 지역	소속반
김서준	200718-3444444	남	중구	햇님반
김서준	200103-3666666	남	마포구	달님반

(b) 이름 = '김서준' AND 소속반 = '햇님반'으로 조회한 결과

이름	주민등록번호	성별	사는 지역	소속반
김서준	200718-3444444	남	중구	햇님반

집계해 조회하기

아이들 테이블의 인원수를 셀 때는 SELECT 절에 COUNT(*) 함수를 사용합니다. COUNT(*)는 테이블에 저장된 행의 전체 건수를 집계합니다.

```
SELECT COUNT(*)
FROM 아이들;
```

또한 소속반별로 인원수를 세고 싶을 때는 GROUP BY 절을 사용하면 됩니다. GROUP BY는 집단을 나누는 역할을 하며, 주로 통계를 낼 때 사용합니다.

```
SELECT 소속반, COUNT(*)
FROM 아이들
GROUP BY 소속반;
```

그림 4-13 집계해 조회한 결과

(a) 모든 인원수 조회 결과

count(*)
6

(b) 소속반별 인원수 조회 결과

소속반	count(*)
햇님반	3
달님반	3

오름차순으로 정렬하기

마지막으로 살펴볼 쿼리는 오름차순, 내림차순 정렬입니다. 가나다순으로 이름을 정렬하거나 키가 큰 순서대로 정렬하는 경우를 예로 들 수 있습니다.

쇼핑몰은 기본적으로 낮은 가격순, 판매순으로 정렬해 보여주는 기능을 갖추고 있습니다. 서비스 기획자라면 화면에 특정 데이터를 보여줄 때 어떤 기준으로 정렬할지 개발자에게 알려줘야 합니다. 그렇지 않으면 데이터베이스는 저장된 순서대로 데이터를 보여줍니다.

데이터를 정렬할 때는 ORDER BY 절을 사용하며, 오름차순으로 정렬할 때는 ASC(ASCending), 내림차순으로 정렬할 때는 DESC(DESCending) 키워드를 붙입니다. 아이들의 이름을 오름차순으로 조회하는 명령은 다음과 같습니다.

```
SELECT *
FROM 아이들
ORDER BY 이름 ASC;
```

그림 4-14 이름을 오름차순으로 조회한 결과

이름	주민등록번호	성별	사는 지역	소속반
김서준	200718-3444444	남	중구	햇님반
김서준	200103-3666666	남	마포구	달님반
박나리	200815-4555555	여	영등포구	달님반
박준우	200224-3111111	남	종로구	햇님반
이샛별	200308-4333333	여	영등포구	햇님반
최현민	200412-3222222	남	마포구	달님반

지금까지 SELECT 문을 간단히 살펴봤는데, SQL에는 이 밖에도 다양한 문법이 있습니다. SQL을 배워두면 서비스를 기획하고 개발자와 소통할 때 도움이 될 것입니다.

한 줄 정리

- **SQL:** 데이터베이스에서 데이터를 추출하고 조작하는 데 사용하는 프로그래밍 언어입니다.
- **CRUD:** 데이터베이스에서 처리하는 네 가지 요청, 즉 저장, 조회, 수정, 삭제를 의미합니다.

데이터베이스 관리 시스템: RDBMS와 NoSQL

데이터베이스 관리 시스템(DBMS, DataBase Management System)은 여러 사용자가 데이터베이스의 데이터에 접근하고 사용할 수 있게 해주는 프로그램으로, 흔히 DBMS라고 일컫습니다. 일반적으로 데이터베이스 관리 시스템은 서버에 설치해 사용합니다. 백엔드 개발자는 데이터베이스 관리 시스템을 이용해 데이터베이스를 구축하고 백엔드 프로그램과 연동하며, 이 모든 과정을 거치면 클라이언트에 백엔드 서비스를 할 수 있는 상태가 됩니다.

데이터베이스 관리 시스템은 크게 RDBMS와 NoSQL로 나뉩니다.

4.3.1 RDBMS

RDBMS(Relational DataBase Management System)는 지금까지 설명한, 테이블 형태로 데이터를 저장하는 관계형 데이터베이스(RDB, Relational DataBase)를 관리하는 DBMS로, 앞서 살펴본 SQL 명령을 직접 실행할 수 있습니다. 관계형 데이터베이스에서는 테이블 형태로 데이터를 저장한 후 테이블 간의 관계를 맺는 방식으로 데이터를 관리합니다.

예를 들어 쇼핑몰에서 영양제를 주문했다고 합시다. 주문 하나를 처리하려면 회원 정보, 주문 정보, 배송 정보, 상품 정보가 필요한데, 이러한 정보를 하나의 테이블로 관리하지 않고 각각의 테이블로 나눠 관리합니다. 그러면

그림 4-15 회원, 주문, 배송, 상품 테이블의 스키마

회원 스키마

칼럼명	자료형	제약 조건
회원 번호	정수형	기본키
이름	문자열(최대 50자)	NULL 입력 불가
성	문자열(최대 50자)	NULL 입력 불가
이메일 주소	문자열(최대 100자)	유일성 보장, NULL 입력 불가
전화번호	문자열(최대 20자)	NULL 허용
집주소	문자열(최대 200자)	NULL 허용

주문 스키마

칼럼명	자료형	제약 조건
주문 번호	정수형	기본키
회원 번호	정수형	외래키
주문 날짜	날짜형	NULL 입력 불가
주문 총액	정수형	NULL 입력 불가
상품 정보	문자열(최대 65535자)	NULL 입력 불가

배송 스키마

칼럼명	자료형	제약 조건
배송 번호	정수형	기본키
주문 번호	정수형	외래키
배송 날짜	날짜형	NULL 입력 불가
배송 업체	문자열(최대 50자)	NULL 입력 불가
운송장 번호	문자열(최대 100자)	유일성 보장, NULL 입력 불가
배송 상태	문자열(최대 200자)	NULL 입력 불가

상품 스키마

칼럼명	자료형	제약 조건
상품 번호	정수형	기본키
상품명	문자열(최대 200자)	NULL 입력 불가
가격	정수형	NULL 입력 불가
재고 수량	정수형	NULL 입력 불가

데이터가 중복 저장되는 것을 예방할 수 있고, 필요할 때마다 테이블 간에 관계를 맺어 데이터를 조회할 수 있습니다.

그림 4-15는 회원, 주문, 배송, 상품 테이블을 만들기 위해 구성한 스키마입니다. 이 스키마로 각 테이블을 만들고 데이터를 저장하면 관계형 데이터베이스가 완성됩니다.

관계형 데이터베이스를 관리하는 대표적인 RDBMS 제품으로는 MySQL(마이SQL), PostgreSQL(포스트그레SQL), MariaDB(마리아DB), Oracle(오라클) 등이 있습니다. 이 중에서 Oracle은 상당히 비싼 편이지만 그만큼 안정성이 뛰어나고 확실한 유지·보수 서비스를 받을 수 있어 은행이나 대기업에서 사용합니다. 나머지 제품은 소스 코드가 공개돼 있어 무료로 사용할 수 있습니다.

기본키와 외래키

관계형 데이터베이스에는 키(key)라는 개념이 있습니다. 키는 테이블의 특정 칼럼을 선택해 지정하며, 대표적으로 기본키와 외래키가 있습니다.

- **기본키(PK, Primary Key):** 한 테이블에서 하나의 행을 식별하기 위한 키입니다. 회원 번호, 출석 번호와 같이 중복된 데이터가 저장될 수 없는 칼럼을 기본키로 지정합니다. 기본키로 지정되면 값이 비어 있거나 중복되면 안 되고 모든 값이 다 달라야 합니다.

- **외래키(FK, Foreign Key):** 다른 테이블의 기본키를 가리키는 키로, 다른 테이블에서 온 키라는 의미에서 외래키라고 합니다. 외래키는 중복돼도 괜찮습니다. 외래키를 이용하면 다른 테이블의 기본키와 연결해 두 테이블을 합칠 수 있습니다[이렇게 두 테이블을 합치는 연산을 조인(JOIN) 연산이라고 합니다].

관계형 데이터베이스에서는 기본키와 외래키를 사용해 테이블 간의 관계를 만듭니다. 예를 들어 반려동물과 주인 정보를 다음과 같은 형태로 등록해놓으면 기관에서는 등록된 내역을 토대로 반려동물과 주인 정보를 함께 검색할 수 있습니다.

그림 4-16 동물 등록 데이터베이스의 스키마 구성

반려동물 스키마

칼럼명	자료형	제약 조건
동물 번호	정수형	기본키
품종	문자열(최대 100자)	NULL 입력 불가

주인 스키마

칼럼명	자료형	제약 조건
주인 번호	정수형	기본키
이름	문자열(최대 50자)	NULL 입력 불가
연락처	문자열(최대 20자)	NULL 입력 불가

동물 등록 스키마

칼럼명	자료형	제약 조건
등록 번호	정수형	기본키
동물 번호	정수형	외래키
주인 번호	정수형	외래키
등록 날짜	날짜형	NULL 입력 불가

그렇다면 어떤 사람과 길고양이를 함께 검색할 수 있을까요? 둘은 아무런 관계가 없기 때문에 검색이 불가능합니다. 이처럼 관련이 없는 데이터를 함께 조회해달라는 요청은 개발자를 곤란하게 만듭니다. 이러한 경우에는 다시 회의해서 앞으로 어떤 기능이 필요하고 어떤 데이터를 저장할 예정인지 개발자에게 알려줘야 합니다.

관계의 종류

관계형 데이터베이스에서 테이블 간의 관계는 일대일(1:1) 관계, 일대다(1:N) 관계, 다대다(N:M) 관계로 구분됩니다.

● **일대일 관계**

하나의 데이터에 단 하나의 데이터만 연관된 경우입니다. 주변에서 쉽게 찾아볼 수 있는 일대일 관계의 예로는 남편과 아내, 학생과 학번을 들 수 있습니다.

그림 4-17 일대일 관계

남편   아내   학생   학번

- **일대다 관계**

  하나의 데이터가 여러 데이터와 연관된 경우로, 대표적인 일대다 관계의 예는 부모와 자식 관계입니다. 한 부모가 여러 명의 자식을 가졌다면 이는 일대다 관계입니다.

그림 4-18 일대다 관계

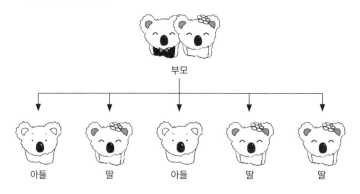

- **다대다 관계**

  여러 데이터가 여러 데이터와 연관된 경우로, 〈리그 오브 레전드〉라는 게임을 예로 들 수 있습니다. 이는 5명이 한 팀으로 구성돼 한 게임에 두 팀이 참가하는 게임인데, 상대 팀의 성을 먼저 함락시키는 쪽이 승리합니다. 여러분이 이 게임에 참가한다면 5명의 적이 생기며, 적도 마찬가지로 여러분을 포함한 5명을 적으로 두게 됩니다. 이 경우 두 팀은 다대다 관계라고 할 수 있습니다.

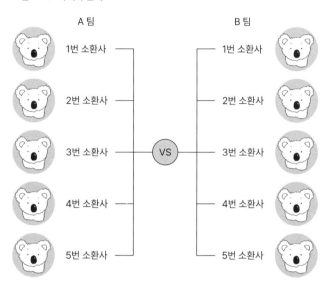

그림 4-19 다대다 관계

A 팀
1번 소환사
2번 소환사
3번 소환사
4번 소환사
5번 소환사

VS

B 팀
1번 소환사
2번 소환사
3번 소환사
4번 소환사
5번 소환사

4.3.2 NoSQL

관계형 데이터베이스는 관계가 있는 데이터를 구조화해 저장하고 관리하기 위해 사용하며, 일상의 많은 서비스는 관계형 데이터베이스로 구축돼 있습니다. 그런데 관계형 데이터베이스는 테이블의 스키마를 한 번 정하면 바꾸기가 쉽지 않습니다. 이미 정해진 구조를 바꾸는 것은 큰일이기 때문입니다. 바꾸는 과정에서 예상치 못한 사고가 발생할 수도 있습니다.

다양한 상황에 유연하게 대응하고 데이터를 빨리 저장하기 위해 새로운 데이터베이스 구조가 필요했습니다. 이에 스키마를 정하지 않아도 다양한 구조로 저장이 가능한 NoSQL이 탄생했습니다.

NoSQL은 비관계형 데이터베이스 처리에 특화된 데이터베이스 관리 시스템입니다. 여기서 No는 '아니다'를 의미하는 것이 아니라 Not only SQL, 즉 SQL만을 사용하지 않는 DBMS를 뜻합니다.

NoSQL은 관계형 데이터베이스와 다른 방식으로 데이터를 저장하고 관리합니다. 숫자만 저장해야 하는 것과 같은 제약 조건이 있는 관계형 데이터베이스에 비해 조건이 느슨한 편입니다. 예를 들어 가계부의 '지출 금액'이라는 항목에 숫자를 저장했다가 문자를 저장할 수도 있습니다.

NoSQL은 테이블이 없는 경우도 있습니다. 테이블이 없다면 데이터를 어떻게 저장할까요? 다시 한번 말하자면 테이블은 표 형태로 데이터를 저장한 데이터의 집합체일 뿐입니다. 따라서 표가 아니라 다른 형태로 데이터를 저장할 수도 있으며, NoSQL에서는 키-값 쌍, 문서, 열 지향, 그래프 형태로 데이터를 저장합니다.

키-값 쌍 모델

키-값 쌍 모델(key-value pair model)은 키와 값이 한 쌍으로 이뤄진 데이터 유형을 저장하는 NoSQL 모델입니다. 관계형 데이터베이스의 칼럼처럼 데이터를 식별하는 데 키가 사용되고, 그 키에 맞는 값을 저장합니다.

예를 들어 관계형 데이터베이스에서 가계부를 다음 그림의 (a)와 같은 형태로 저장한다면 키-값 쌍 모델에서는 (b)와 같은 형태로 저장합니다.

그림 4-20 관계형 데이터베이스와 키-값 쌍 모델 비교

(a) 관계형 데이터베이스

번호	유형	항목	금액
2024122501	지출	식사	20000
2024122502	수입	용돈	50000

(b) 키-값 쌍 모델

키	값
가계부 2024122501 유형	지출
가계부 2024122501 항목	식사
가계부 2024122501 금액	20000
가계부 2024122502 유형	수입
가계부 2024122502 항목	용돈
가계부 2024122502 금액	50000

키-값 쌍 모델에서는 기존에 없던 키를 추가해 데이터를 저장할 수 있습니다. 반면에 관계형 데이터베이스에서는 사전에 스키마로 정해두지 않으면 불가합니다.

그림 4-21 키-값 쌍 모델에 새로운 키 추가

키	값
가계부 2024122501 유형	지출
가계부 2024122501 항목	식사
가계부 2024122501 금액	20000
가계부 2024122501 메모	동생과의 점심
가계부 2024122502 유형	수입
가계부 2024122502 항목	용돈
가계부 2024122502 금액	50000
가계부 2024122502 메모	고모부가 주심

데이터를 키-값 쌍 모델로 저장하는 NoSQL 제품으로는 Redis(레디스)가 있습니다. Redis는 데이터를 하드디스크가 아니라 주로 메모리에 저장합니다.

데이터를 하드디스크에 저장하는 것과 메모리에 저장하는 것은 다릅니다. 즉 처리 속도와 저장 기간에 차이가 있습니다. 사진을 찍어 컴퓨터에 저장했다면 삭제하지 않는 이상 계속 저장되는데, 이는 사진 파일이 하드디스크에 저장됐기 때문입니다.

하지만 Ctrl + C 를 눌러 클립보드에 복사한 텍스트는 시간이 지나면 사라집니다. 이처럼 잠깐 사용했다 지워도 되는 데이터는 메모리에 저장됩니다. 데이터를 메모리에 저장하면 하드디스크에 저장된 데이터를 불러오는 것보다 처리 속도가 빠릅니다. 하지만 컴퓨터를 껐다 켜면 사라집니다.

그렇다면 메모리에 데이터를 저장하는 Redis는 언제 사용할까요? 관계형 데이터베이스에서는 데이터를 하드디스크에 저장하므로 요청이 많아지면 처리 속도가 느려집니다. 반면에 데이터를 메모리에 저장하는 Redis는 데이터 처리 속도가 상대적으로 빠릅니다. 그래서 사용자가 많을 때는 관계형 데이터베이스에 쏠리는 부하를 줄이기 위해 자주 사용되는 간단한 데이터를 Redis에 저장합니다.

그림 4-22 자주 사용되는 데이터를 Redis에 저장하는 경우

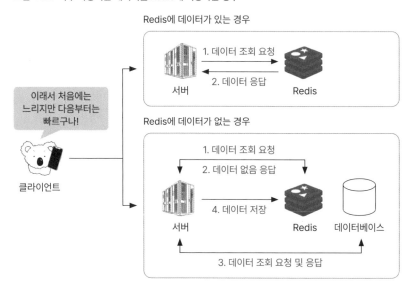

실제로 2012년에 트위터(현 X)에서는 전 세계적으로 1초에 30만 건의 콘텐츠 목록 요청이 있었다고 합니다. 화면에 이러한 콘텐츠를 표시하려면 팔로우 중인 사람의 목록을 먼저 조회하고, 그 사람들이 최근에 업로드한 콘텐츠를 검색해야 합니다. 다시 말해 두 번의 조회가 필요합니다. 그래서 트위터는 Redis를 이용해 팔로우 중인 사람의 목록을 미리 저장해놓고 팔로우 목록에 있는 사람들의 콘텐츠를 검색하는 방식으로 바꿨습니다. Redis는 이처럼 자주 요청되는 데이터를 저장할 때 유용합니다.

문서 모델

문서 모델(document model)은 키-값 쌍 모델과 비슷하게 생겼지만 데이터를

문서로 저장한다는 점이 다릅니다. 문서라고 표현한 것은 데이터가 구조적으로 저장되기 때문인데, 쉽게 말해 일종의 보고서 같은 템플릿이라고 이해하면 됩니다. 대표적인 문서 모델 제품으로는 MongoDB(몽고DB)를 꼽을 수 있습니다.

그림 4-23 **문서 모델의 예**

```
{
    콘텐츠 번호 : 12345,
    썸네일 : NoSQL을 알아보자,
    제목 : 문서 모델이란?,
    채널명 : IT 지식을 알려주는 채널,
    댓글 : [
        {
            작성자명 : 둘리,
            댓글 : 감사합니다.
        },
        {
            작성자명 : 도우너,
            댓글 : 유용하네요!
        },
        {
            작성자명 : 또치,
            댓글 : 도움이 됐어요.
        },
        …]
}
```

```
{
    콘텐츠 번호 : 16789,
    섬네일 : RDBMS를 알아보자,
    제목 : MySQL이란?,
    채널명 : IT 지식을 알려주는 채널,
    댓글 : (작성금지),
    해시태그 : [#IT지식, #RDBMS, #MySQL, …]
}
```

키-값 쌍 모델이 아닌 문서 모델을 선택하는 이유는 데이터 복잡도에 있습니다. 키-값 쌍 모델은 단순한 데이터를 빠르게 읽고 쓰기 위해 사용하는 반면, 문서 모델은 저장되는 데이터가 복잡하고 자주 변하는 경우에 사용합니다.

예를 들어 유튜브의 데이터를 관계형 데이터베이스로 저장하면 여러 테이블을 만들고 관련된 테이블을 수차례 검색해야 합니다. '동영상 테이블 + 관련 동영상 테이블 + 업로드한 채널 테이블 + 댓글 테이블'만 해도 최소 네 번의 검색이 필요합니다. 그러나 처음부터 문서 모델로 데이터를 저장하면 **그림 4-23**처럼 단 한 번의 요청으로 웹 페이지를 표시하는 데 필요한 데이터를 얻을 수 있습니다.

열 지향 모델

열 지향 모델(column-family model)은 데이터를 열 단위로 저장합니다. 반대로 행 지향 모델은 데이터를 행 단위로 저장합니다(관계형 데이터베이스는 행 지향 모델의 일종입니다). 예를 들어 가계부 테이블을 열 지향 모델, 행 지향 모델로 저장하면 다음과 같습니다.

그림 4-24 열 지향 모델과 행 지향 모델

가계부

번호	유형	항목	금액
2024122501	지출	식사	20000
2024122502	수입	용돈	50000

열 지향 모델

2024122501, 2024122502
지출, 수입
식사, 용돈
20000, 50000

행 지향 모델

2024122501, 지출, 식사, 20000
2024122502, 수입, 용돈, 50000

그림 4-24에서 지출과 수입이 몇 번씩 일어났는지 검색하는 상황을 생각해 봅시다. 열 지향 모델에서 데이터를 검색하면 '지출, 수입'이 적힌 두 번째 열(**그림 4-24**에서는 2행) 하나만 검색하면 되기 때문에 읽기 속도를 단축할 수 있습니다. 그러나 행 지향 모델에서는 지출과 수입이 몇 번씩 일어났는지 알려면 모든 행을 검색해야 합니다.

반대로 데이터를 저장하는 경우에는 열 지향 모델이 행 지향 모델보다 느립니다. 행 지향 모델에서는 마지막 줄에 모든 데이터를 순서대로 입력하면 끝이지만, 열 지향 모델에서는 왼쪽부터 하나씩 칼럼을 확인하며 데이터를 저장해야 하기 때문입니다.

열 지향 모델에서는 20000, 50000처럼 비슷하게 생긴 데이터가 모여 있기 때문에 데이터를 압축하기에 용이하며, 따라서 입출력 속도가 빠릅니다. 이러한 특징 덕분에 열 지향 모델은 특정 열에 대한 대용량 데이터 처리가 필요할 때 사용됩니다. 예컨대 주식 가격처럼 시간에 따라 변경되는 데이터를 처리하기에 적합합니다. 굳이 해당 종목에 대한 정보를 모두 조회하지 않고 시세만 집계하면 되기 때문입니다.

그래프 모델

그래프 모델(graph model)은 관계형 데이터베이스를 보완하기 위해 개발된 것으로, 마인드맵과 같은 형태로 데이터를 저장합니다. 데이터를 점의 형태로 저장하고 관계가 있는 점끼리 선으로 연결합니다.

그래프 모델은 복잡한 관계가 있는 데이터 처리에 특화돼 있는데, SNS나 유튜브 알고리즘을 예로 들 수 있습니다. 유튜브는 사용자의 행동 데이터를 먼저 저장합니다. 사용자가 자주 시청하는 동영상 주제, 좋아요 누름 여부 등의 데이터를 가지고 있다가 사용자와 비슷한 양상의 데이터를 가진 사람이 있다면 사용자와 그 사람을 선으로 연결합니다. 그런 다음 선으로 연결된 사람이 시청하던 동영상 중 일부를 사용자에게 추천합니다. 이것이 바로 '유튜브 알고리즘'이라 불리는 개인화 추천 시스템입니다.

SNS도 마찬가지입니다. 선으로 연결된 친구 관계를 분석하고, 친구가 아니지만 서로 관련이 있는 사람이 있다면 친구로 추천합니다.

그림 4-25 **그래프 모델의 구조**

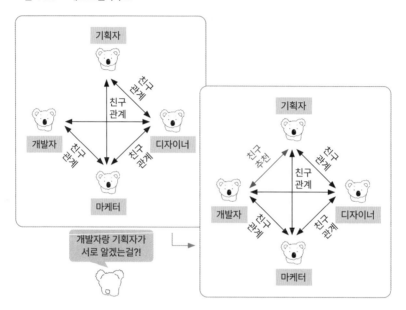

4.3.3 RDBMS와 NoSQL 정리

NoSQL은 변화에 유연하게 데이터를 저장할 수 있다는 것이 장점입니다. 하지만 이 장점은 대규모 서비스를 운영하는 측면에서는 오히려 단점이 되기도 합니다.

유연하게 데이터를 저장한다는 말은 데이터가 다양해진다는 뜻이기도 합니다. 즉 예외 상황이 자주 발생할 수 있으며, 예외는 곧 '버그'로 이어질 수 있습니다. 따라서 항상 정상적으로 서비스해야 하는 은행이나 대기업은 엄격하게 데이터를 관리할 수 있는 관계형 데이터베이스를 채택하는 편입니다.

관계형 데이터베이스는 스키마와 트랜잭션을 통해 데이터 무결성을 보장합니다. 반면에 NoSQL은 스키마가 없어 유연하게 데이터를 처리할 수 있지만 데이터 무결성을 보장하지 않습니다. 이는 NoSQL에 데이터를 저장할 때 백엔드 개발자가 신경을 많이 써야 한다는 것을 의미합니다. 따라서 한 가지 유형의 데이터베이스만 사용할 것이 아니라 상황에 따라 장단점을 따져보고 적합한 데이터베이스를 선택해 사용해야 합니다.

한 줄 정리

- **RDBMS:** 테이블 형태로 데이터를 저장하는 관계형 데이터베이스를 관리하는 DBMS입니다.
- **기본키(PK):** 한 테이블에서 하나의 행을 식별하는 키입니다. 주민등록번호, 회원 번호와 같이 중복된 데이터가 저장될 수 없는 칼럼을 기본키로 지정합니다.
- **외래키(FK):** 다른 테이블의 기본키를 가리키는 키로, 다른 테이블에서 온 키라는 의미에서 외래키라고 합니다.
- **NoSQL:** Not only SQL의 약자로, 관계형 데이터베이스가 제공하지 않는 기능을 제공하는 비관계형 데이터베이스를 관리하는 DBMS입니다.
- **키-값 쌍 모델:** 키와 값이 한 쌍으로 이뤄진 데이터 유형을 저장하는 NoSQL 모델입니다.
- **문서 모델:** 키-값 쌍 모델과 동일하게 키와 값을 저장하지만, 데이터를 구조화해 문서로 저장한다는 점이 다릅니다.
- **열 지향 모델:** 데이터를 열 단위로 저장하며, 특정 열에 대한 대용량 데이터 처리에 적합한 모델입니다.
- **그래프 모델:** SNS, 추천 시스템처럼 복잡한 관계를 가진 데이터를 마인드맵처럼 저장해 효과적으로 관리·추적할 수 있는 NoSQL 모델입니다.

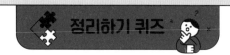

1. **다음 각각의 설명에 해당하는 용어를 연결하세요.**

   테이블의 이름   •   • 로우

   테이블에서 하나의 데이터 항목 •   • 칼럼

   테이블에서 동일한 데이터 유형 •   • 테이블명

2. **다음 각각의 빈칸에 알맞은 말을 [보기]에서 골라 넣으세요.**

   > **보기** 외래키, CRUD, SQL, 트랜잭션, DBMS

   ① 한 번에 전부 처리되거나 하나라도 실패하면 처리되지 않아야 하는, 데이
   터베이스가 수행하는 최소의 작업 단위를 _____(이)라고 한다.

   ② _____은(는) 데이터베이스에서 데이터를 조회하고 저장할 때
   사용하는 프로그래밍 언어이다.

   ③ 데이터베이스의 대표적인 조작 행위인 저장, 조회, 수정, 삭제를 줄여서
   _____(이)라고 한다.

   ④ 여러 사용자가 데이터베이스의 데이터에 접근하고 사용할 수 있게 해주
   는 프로그램을 _____(이)라고 한다.

   ⑤ 관계형 데이터베이스에서 다른 테이블의 데이터와 연결하기 위해 사용
   하는 키를 _____(이)라고 한다.

▶ 정답 289쪽

개발자와
소통하기

개발 분야별
프로그래밍 언어

이 책을 집필하는 현재(2024년)까지 알려진 프로그래밍 언어는 700개가 넘습니다. 외국어로 영어 하나를 배우는 것도 벅찬데 개발자는 이 많은 프로그래밍 언어를 다 알아야 할까요? 그렇지는 않습니다.

이렇게 프로그래밍 언어가 많은 것은 제각각 철학과 용도가 다르기 때문입니다. 이 장의 내용은 개발자로 취업하고자 하는 독자가 어떤 언어를 배워야 할지 판단하는 데 도움이 될 것입니다. 또한 새 사업을 위해 개발을 시작하는 상황이라면 어떤 개발자나 외주사를 선택해야 할지 기준을 세우는 데 도움이 될 것입니다.

이 장을 읽고 나면 다음 키워드를 이해할 수 있습니다.

파이썬 / HTML / CSS / 자바스크립트 / 자바 / 코틀린 / PHP / 스위프트 / 다트

인공지능 개발과
빅데이터 분석 언어: 파이썬

5.1.1 입문용으로 파이썬이 좋은 이유

파이썬(Python)은 인공지능 서비스 개발과 빅데이터 분석에 사용되는 언어입니다.

그림 5-1 파이썬 로고

코딩 학원 사이트에 접속하면 인공지능, 파이썬 과정을 첫 화면에서 볼 수 있습니다. 파이썬 분야는 정부의 지원이 활발하고 시장을 선점하려는 기업이 많아 취업이 잘될 것이라 기대하는 사람들을 끌어모읍니다.

그러나 인공지능 개발 실무와 빅데이터 분석은 높은 수준의 제반 지식이 필요합니다. 미적분은 기본이라 일반인에게는 진입 장벽이 높습니다. 그렇다면 학원이 트렌드를 미끼로 사람들을 현혹하는 것일까요? 아닙니다. 파이썬은 문법이 간결하고 가독성이 좋아 쉽게 배울 수 있습니다. 입문자 입장에서는 다른 언어보다 파이썬이 좋은 선택지입니다.

그림 5-2 **1부터 5까지의 합을 구하는 코드**

자바

```java
public class Main {
    public static void Main(String[] args) {
        int[] numbers = {1, 2, 3, 4, 5};
        int total = 0;
        for (int i = 0; i < numbers.Length; i++) {
            total += numbers[i];
        }
        System.out.println("Total: " + total);
    }
}
```

자바스크립트

```javascript
const numbers = [1, 2, 3, 4, 5];
const total = numbers.reduce((acc, cur) => acc + cur, 0);
console.log("Total: ", total);
```

파이썬

```python
def calculate_total():
  numbers = [1, 2, 3, 4, 5]
  total = sum(numbers)
  print("Total: ", total)
```

파이썬 문법은 간결하고 가독성이 좋군.

파이썬 코드가 특히 가독성이 좋은 이유는 기타 프로그래밍 언어와 달리 문법적으로 들여쓰기를 꼭 하도록 강제한다는 것입니다. 파이썬에서는 들여쓰기가 잘못되면 코드가 동작하지 않습니다.

통일된 방식의 들여쓰기가 미치는 영향은 코딩을 직접 해보지 않으면 체감하기 어렵습니다. 물론 다른 프로그래밍 언어에도 같은 스타일로 코드를 작성할 수 있게 도와주는 도구가 있지만, 문법이 아니라 권고 수준에 불과합니다. 그래서 강제로 가독성이 좋게 코드를 작성해야 하는 파이썬은 초보자가 코딩에 입문하기에 좋은 프로그래밍 언어입니다.

5.1.2 파이썬 인터프리터

컴퓨터가 프로그래밍 언어로 작성된 코드를 실행하는 방법은 두 가지입니다. 코드를 처음부터 끝까지 한 번에 읽은 뒤 실행하는 **컴파일**(compile) 방식과 한 줄씩 읽어 바로바로 실행하는 **인터프리터**(interpreter) 방식이 있는데, 파이썬은 인터프리터 언어 중 하나입니다.

두 방식의 차이점은 '코드 실행 결과를 언제 알 수 있는가'입니다. 비유하자면 컴파일 방식은 시험 문제를 다 풀고 나서 답안지를 확인하는 것과 같고, 인터프리터 방식은 시험 문제를 하나 풀 때마다 바로 답을 맞춰보는 것과 같습니다. 그런데 코딩을 배울 때는 결과를 빨리 확인할 수 있는 인터프리터 방식이 잘못된 코드를 바로잡기에 좋습니다.

그림 5-3 **인터프리터 방식과 컴파일 방식 비교**

인터프리터 방식

컴파일 방식

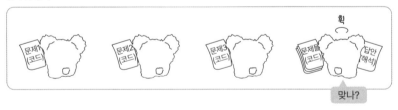

그렇다면 코드를 실행하는 방식은 왜 두 가지로 나뉜 것일까요? 이는 실행 속도의 차이 때문입니다.

컴파일 방식의 실행 속도

컴퓨터는 0과 1로 이뤄진 코드만 해석할 수 있는데, 이러한 코드를 **바이너리 코드**(binary code) 또는 **기계어**(machine language)라고 합니다. 하지만 0과 1로 된 코드는 사람이 한 번에 이해하기 어렵고 직접 작성하기도 복잡합니다. 따라서 사람이 파이썬, 자바 같은 고급 언어로 코드를 작성하면 컴퓨터는 이를 읽어와 기계어로 번역한 뒤 실행합니다(**고급 언어**란 사람이 이해하기 쉬운 문법 구조로 된 프로그래밍 언어를 말합니다. 반대로 컴퓨터가 이해하기 쉬운 기계어 혹은 기호로 된 언어를 **저급 언어**라고 합니다).

컴파일 방식은 고급 언어로 작성된 코드를 컴퓨터가 이해할 수 있는 기계어로 한꺼번에 바꾸는 것입니다. 이렇게 바뀐 기계어 코드 조각들을 하나로 합치고, 프로그램을 실행하는 데 필요한 각종 준비 작업을 하는 과정을 **빌드**(build)라고 합니다. 개발자가 "빌드 중이에요"라고 말한다면 컴퓨터가 프로그램을 실행하기 위해 준비 작업을 하고 있는 것입니다.

이렇게 컴파일 방식으로 한 번 빌드하면 코드를 다시 번역할 필요가 없어 실행 속도가 빠릅니다. 그러나 코드를 수정하는 경우 처음부터 다시 빌드해야 하기 때문에 모든 코드를 해석하고 빌드하는 데 시간이 필요합니다.

인터프리터 방식의 실행 속도

인터프리터 방식에서는 코드를 한 줄씩 실행할 때마다 기계어로 번역합니다. 그래서 코드를 수정했더라도 결과를 빨리 확인할 수 있습니다. 하지만 코드를 한 줄씩 번역하므로 컴파일 방식보다 실행 속도가 느립니다.

'아니, 인공지능 개발과 빅데이터 분석은 특히 계산량이 많을 텐데 느리다니?'라고 생각하는 독자도 있을 것입니다. 파이썬은 코드를 한 줄씩 번역하기 때문에, 대규모 프로그램이나 복잡한 연산을 수행할 때 성능 저하가 발생할 수 있는 것은 사실입니다.

그러나 파이썬은 GPU 제어 기능을 사용해 이러한 단점을 극복합니다. **GPU**

제어 기능이란 그래픽 카드라고 부르는 GPU를 이용해 복잡한 계산을 병렬로 처리하는 것을 말합니다. 즉 계산은 어차피 GPU에 시킬 것이기 때문에 CPU로 파이썬 코드를 실행하는 속도는 느려도 된다는 논리입니다. 다른 프로그래밍 언어도 GPU를 제어하는 도구를 제공하기는 하지만 파이썬만큼 환경이 잘 갖춰져 있지는 않습니다.

5.1.3 프로그래밍 언어 버전의 중요성

파이썬은 인공지능 개발, 빅데이터 분석, 웹 개발, 자동화 프로그램 개발 등 다양한 분야에서 범용적으로 사용됩니다. 이를 뒷받침하듯 티오베(TIOBE, 네덜란드의 소프트웨어 코드 품질 측정 기업)의 지수상으로도 파이썬은 개발자가 선호하는 언어 1위를 수년째 차지하고 있습니다.

그림 5-4 티오베 프로그래밍 언어 순위(출처: www.tiobe.com/tiobe-index)

Very Long Term History

To see the bigger picture, please find below the positions of the top 10 programming langua of 12 months.

Programming Language	2024	2019	2014
Python	1	3	8
C	2	2	1
C++	3	4	4
Java	4	1	2

파이썬은 1989년에 네덜란드의 개발자 휘도 판로쉼(Guido van Rossum)이 취미 삼아 개발한 것이 시초입니다. '파이썬'이라는 이름은 그가 즐겨 보던 코미디쇼 〈Monty Python's Flying Circus(몬티 파이썬의 비행 서커스)〉에서 따왔다고 합니다.

파이썬의 정식 버전인 1.0 버전은 1994년에 발표됐습니다. 이후 2000년에 2.0 버전이, 2008년에 3.0 버전이 발표돼 현재까지 3 버전대가 사용되고 있습니다.

파이썬은 3.0 버전으로 업그레이드되면서 2.0 버전에서 사용하던 도구를 그대로 사용할 수 없게 됐습니다. 비유하자면 2.0 버전에서 'a'라고 표현하던 것을 3.0 버전에서는 'A'라고 표현하도록 바뀌어 기존의 방식대로 표현하면 오류가 발생했습니다.

이처럼 프로그래밍 언어는 업데이트할 때 하위 호환성을 보장하지 않는 경우가 있습니다. 그렇다고 업데이트를 아예 안 할 수는 없습니다. 버전을 업데이트하면서 보안 패치(운영체제나 응용 프로그램에 내재된 보안 취약점을 보완하는 소프트웨어)를 포함하기 때문입니다. 따라서 예전 버전으로 개발된 프로젝트는 주기적으로 업데이트를 해야 합니다(개발자는 개발, 모니터링, 이슈 대응뿐만 아니라 버전 대응 업무를 합니다).

파이썬 3.0 버전이 발표된 지도 10년 이상이 흘러 파이썬 2 버전대로 개발된 프로젝트를 찾아보기 힘듭니다. 그런데 간혹 외주 개발사가 프로그래밍 언어나 그와 관련된 도구를 오래된 버전으로 개발하는 경우가 있습니다. 이러면 해당 외주 개발사에 의존도와 함께 기술 부채가 쌓입니다.

기술 부채가 무엇인지 쉽게 이해할 수 있도록 어느 항공사 사장의 이야기를 예로 들어보겠습니다. 항공사 사장이 비행기를 한 대 들이려고 했는데 자금 사정이 여유롭지 않았습니다. 그래서 가장 저렴하고 빠르게 납품받을 수 있는 비행기 제작사 A를 찾아갔습니다. A 사가 비행기를 저렴하게 납품할 수 있는 이유는 고전적인 제작 방식을 고수했기 때문입니다.

항공사 사장은 고심 끝에 A 사의 비행기를 주문해 6개월 정도 잘 운항했습니다. 그러던 어느 날 A 사가 부도가 났습니다. 그래서 급히 B 사를 찾아가 유지·보수를 의뢰했는데, B 사의 엔지니어가 비행기를 뜯어보더니 이렇게 말했습니다. "부품이 너무 구식이라 하나만 고쳐서 될 게 아니라 부품 전체를 교체해야 해요. 이대로 두면 안전 문제가 생길 겁니다. 근데 요즘은 구식 부품을 잘 아는 사람을 구하기 힘들어 차라리 새로 만드는 편이 낫습니다. 죄송하지만 저희는 이 일을 할 수 없습니다." 이미 사라진 A 사가 아니면 A/S를 받을 수 없을뿐더러 다른 제작사에는 일을 맡길 수 없는 상황에 처하고 말았습니다.

그림 5-5 기술 부채가 쌓이는 과정

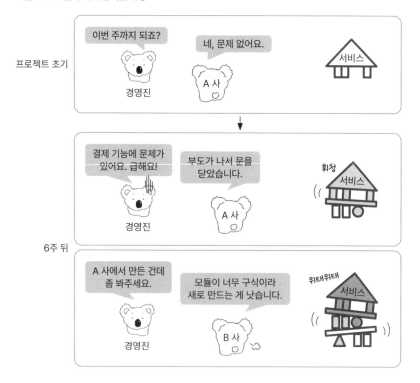

기술 부채(technical debt)란 당장 빠르고 편한 방법을 채택함으로써 발생하는 추가적인 재작업 비용을 말합니다. 기술 부채가 쌓이는 상황을 막으려면 프로그래밍 언어를 선택할 때 최신 버전에 가장 가까운 안정적인(stable) 버전을 선택해야 합니다. 최신 버전에는 어떤 결함이 있을지 모르기 때문에 피하되, 안정성이 검증된 바로 하위의 버전을 선택하는 것입니다. 일반적으로 LTS(Long Term Support)라는 버전을 선택하면 되는데, 이는 안정성을 보장하는 장기 지원 버전을 말합니다.

또한 프로그래밍 언어 중에는 파이썬 3 버전처럼 하위 호환성을 지원하지 않는 경우도 있습니다. 따라서 최신 버전으로 업데이트하기 전에 현재 버전과 상위 버전이 호환되는지 꼭 확인해야 합니다.

그 밖에도 기술 부채가 쌓이는 요인으로 잦은 기획 변경을 들 수 있습니다. 기획이 자주 바뀌면 그때그때 빠르고 편한 방법을 채택해 기술 부채가 쌓일 수 있습니다. 따라서 기획 단계에서 충분히 검토하고 조율해 최종안을 확정 짓고, 개발 진행 시 꼭 필요한 경우에만 기획을 변경해야 합니다.

한 줄 정리

- **파이썬:** 1991년에 네덜란드의 개발자 휘도 판로쉼이 취미로 개발한 프로그래밍 언어입니다. 인공지능 개발, 빅데이터 분석, 웹 개발 등 다방면에 사용됩니다.
- **컴파일 방식:** 컴퓨터가 모든 코드를 한꺼번에 읽어 기계어로 한 번에 번역한 뒤 실행하는 방식입니다. 한 번 빌드해두면 코드를 다시 번역할 필요가 없어 실행 속도가 빠릅니다. 그러나 코드를 수정하는 경우 처음부터 다시 빌드해야 합니다.
- **인터프리터 방식:** 컴퓨터가 코드를 한 줄씩 읽어 기계어로 번역한 뒤 실행하는 방식입니다. 전체 코드의 실행 속도가 느리지만 코드 수정 결과를 바로 확인할 수 있습니다.
- **기술 부채:** 당장 빠르고 편한 방법을 채택함으로써 발생하는 추가적인 재작업 비용을 말합니다. 기술 부채가 쌓이지 않게 하려면 버전이 너무 낮은 프로그래밍 언어로 개발하면 안 되고, 기획을 자주 변경해서도 안 됩니다.

5.2

프론트엔드 개발 언어: HTML, CSS, 자바스크립트

프론트엔드 개발은 웹 사이트 개발 시 눈에 보이는 영역인 앞단을 개발하는 것입니다. 프론트엔드 개발에 사용되는 언어는 세 가지입니다. 웹 페이지의 구조를 설계하는 HTML, 웹 페이지에 디자인을 입히는 CSS, 웹 페이지의 동적인 기능을 구현하는 자바스크립트가 그것입니다.

그림 5-6 프론트엔드 개발 언어

웹 구조 설계   웹 페이지 디자인   웹 동작 구현

5.2.1 HTML

HTML(HyperText Markup Language)은 웹의 아버지라 불리는 팀 버너스리가 개발한 언어입니다. 웹 페이지의 구조를 설계하는 데 사용되는 HTML은 '무엇이든 물어보세요' 프로젝트에서 시작됐습니다.

HTML의 탄생 배경

1980년에 팀 버너스리는 제2차 세계대전이 끝나고 미국의 기술력을 따라잡기 위해 설립된 유럽입자물리연구소에서 계약직으로 일했습니다. 여기서는 유럽 전역에서 온 수천 명의 기술자가 함께 일했습니다.

그런데 너무 많은 인원이 모여 일하다 보니 연구 자료의 파일 형식이 제각각이고, 연구원이 이직하면 자료가 유실되는 문제가 있었습니다. 그래서 관련 문서를 모아 볼 수 있게 연결하는 프로젝트를 진행했으며, 그 결과로 데이터베이스에 쌓여 있는 자료들을 연결하는 '하이퍼텍스트' 개념이 고안됐습니다.

그림 5-7 연구 자료를 연결한 하이퍼텍스트

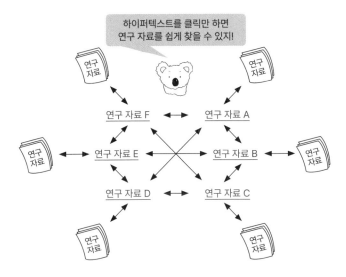

'HyperText Markup Language'에서 **하이퍼텍스트**는 '초월하다', '넘어가다'라는 의미의 'hyper'와 글자를 의미하는 'text'를 합친 말입니다. 웹 사이트에서 파란색으로 밑줄이 쳐진 글자는 클릭하면 다른 웹 페이지로 이동할 수 있는 하이퍼텍스트 링크입니다.

팀 버너스리는 하이퍼텍스트 기능을 이용해 많은 연구 자료를 연결해 보여주는 프로그램인 '인콰이어(Enquire)'를 만들었습니다. 인콰이어는 그가 어릴 적 감명 깊게 본《Enquire Within upon Everything(무엇이든 물어보세요)'》이라는 책에서 따온 이름입니다.

팀 버너스리는 여기서 멈추지 않고 1989년에 전 세계의 하이퍼텍스트를 연결하는 월드 와이드 웹 프로젝트를 시도했으며, 그 결과로 웹이 탄생했습니다. 웹이 개발되면서 하이퍼텍스트를 클릭해 다른 웹 페이지로 이동할 수 있게 됐습니다.

HTML 태그

HTML은 '〈'로 시작해 '〉'로 끝나는 **태그**(tag)를 이용해 문서의 구조를 나타내며, 표현하고자 하는 내용은 **<태그명>내용</태그명>**의 형태로 작성합니다. 태그를 이용하면 내용을 의미 단위로 구분하고 내용 간의 위계를 설정할 수 있습니다.

태그를 이용해 문서의 구조를 나타내는 언어를 **마크업 언어**(markup language)라고 합니다. 즉 마크업 언어로 하이퍼텍스트의 구조를 표기했다고 해서 'HyperText Markup Language'라고 하는 것입니다.

그림 5-8은 태그로 작성한 HTML 문서와 그 실행 결과입니다. 태그 내에는 세부 속성을 설정하기 위해 **<태그명 속성="속성값">내용</태그명>** 형식으로 속성을 작성합니다.

그림 5-8에 사용된 HTML 태그를 하나씩 살펴봅시다.

❶ <head>

HTML 문서 자체에 대한 정보를 작성하는 태그입니다. 문서의 제목, 키워드, 작성자 등을 기재합니다.

❷ <meta>

HTML 문서에 대한 메타데이터(기본 정보)를 제공하는 역할을 합니다. 이 태그는 보이지 않는 정보, 즉 HTML 문서의 문자 집합, 페이지 설명,

그림 5-8 **HTML 문서의 예**

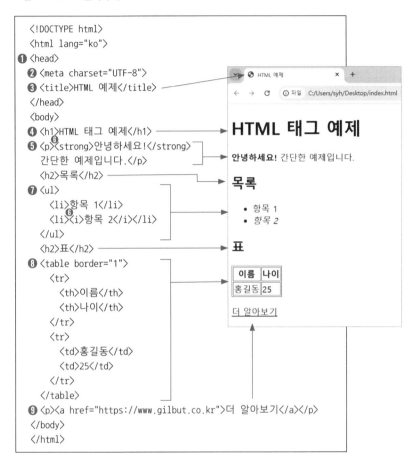

키워드, 페이지의 작성자 등을 정의합니다.

❸ <title>

HTML 문서의 제목을 기록하는 태그로, ⟨title⟩ 태그의 내용은 웹 브라우저의 열려 있는 웹 페이지 탭에 표시됩니다. ⟨title⟩ 태그의 내용과 이어서 소개할 ⟨h1⟩~⟨h6⟩ 태그의 내용은 검색 결과 제목으로 노출될 확률이 높습니다. 따라서 사람들이 어떤 키워드를 검색했을 때 이 HTML 문서를 보여주고 싶다면 해당 키워드를 조사해 ⟨title⟩ 태그와 ⟨h1⟩~⟨h6⟩ 태그의 내용으로 작성하면 좋습니다.

❹ <h1>~<h6>

⟨h1⟩~⟨h6⟩ 태그는 콘텐츠의 제목(headline)을 나타내며, 숫자가 커질수록 중요도가 낮아집니다. 즉 ⟨h1⟩은 대제목, ⟨h2⟩는 중제목, ⟨h3⟩은 소제목 이라는 뜻입니다.

실무를 하다 보면 SEO라는 말을 듣게 됩니다. **SEO**(Search Engine Optimization)는 **검색 엔진 최적화**를 의미하며, 구글이나 네이버에서 검색했을 때 해당 웹 페이지가 검색 결과에 잘 노출되게 하는 것을 말합니다. SEO는 매출과 직결되기 때문에 HTML 문서를 작성할 때는 SEO 가이드 라인을 지켜야 합니다.

SEO 가이드라인에 따르면 ⟨h1⟩ 태그를 중복해 사용하지 말아야 합니다. 신문의 헤드라인이 하나뿐이듯이, 제목이 여러 개이면 해당 웹 페이지에 서 가장 중요한 내용이 무엇인지 헷갈립니다. 따라서 웹 페이지나 블로그 게시글이 상위에 노출되길 바란다면 HTML 문서당 ⟨h1⟩ 태그는 한 번만 사용해야 합니다.

❺ <p>

HTML 문서의 본문(paragraph)을 작성할 때 사용하는 태그입니다. 신문 이나 칼럼에는 제목과 본문이 있듯이 HTML 문서에서 본문 내용은 ⟨p⟩ 태그로 작성합니다.

❻ <strong>, <i>

⟨p⟩ 태그로 작성한 본문 내용 중 문장이나 단어를 강조하는 데 사용하는 태그입니다. 단어나 문장을 ⟨strong⟩ 태그로 감싸면 글자의 두께가 두꺼 워지고, ⟨i⟩ 태그를 사용하면 글자가 기울어진 이탤릭체가 됩니다.

❼ <ul>, <li>

문서에 목록을 표현하고 싶을 때 사용하는 태그입니다. 점심 메뉴를 소개
할 때 달걀말이가 앞에 나오든 뒤에 나오든 상관없듯이 〈ul〉 태그는 목록
의 순서가 중요하지 않을 때 사용합니다. 그래서 〈ul〉 태그의 목록 앞부
분에는 동그라미가 표시됩니다. 또한 목록의 각 항목은 〈li〉 태그를 이용
해 작성합니다.

❽ <table>

문서에 표를 삽입하고 싶을 때 사용하는 태그입니다. 〈table〉 태그로 표
를 만들겠다고 정의한 후 〈tr〉 태그로 한 줄씩 생성할 수 있습니다. 표
는 주로 첫 번째 줄에 제목이 나오고 두 번째 줄부터 내용이 나옵니다. 따
라서 첫 번째 〈tr〉 태그 안에 〈th〉 태그로 표의 제목을 작성하고, 두 번째
〈tr〉 태그부터 〈td〉 태그로 표의 내용을 작성합니다.

❾ <a>

다른 웹 페이지로 이동하고 싶을 때 링크(link)를 거는 태그입니다. 링크
를 걸 때는 현재 웹 페이지에서 이동할지, 새 창을 열어 이동할지를 옵션
으로 넣을 수 있습니다.

3.1.2 웹의 발전 과정에서 시맨틱 웹에 대해 설명했습니다. 시맨틱 웹은 사람이
이해하는 정보를 컴퓨터가 이해하고 필요한 정보를 정리해 알려주는 것인
데, 어떻게 이러한 일이 가능할까요?

시맨틱 웹을 구현하려면 사람이 이해하는 정보를 컴퓨터에게도 이해시켜야
합니다. 이를 위해 태그를 이용해 정보의 의미를 컴퓨터에 알려주는데, 이때
사용하는 태그를 **시맨틱 태그**(semantic tag)라고 합니다. 시맨틱 태그는 의미를
부여한 태그라는 뜻으로, 태그만 보고도 웹 페이지를 구성하는 요소의 의미
와 구조를 이해할 수 있습니다. 시맨틱 태그는 HTML의 다섯 번째 버전인
HTML5에서 처음 등장했습니다.

다음은 시맨틱 태그를 이용해 웹 페이지의 구조를 나타낸 것입니다.

- 맨 위 영역을 헤더(header)라고 하며 〈header〉 태그로 작성합니다.

- 맨 아래 영역을 푸터(footer)라고 하며 〈footer〉 태그로 작성합니다.

- 헤더 바로 아래 메뉴를 배치하는 영역을 내비게이션(navigation)이라고 하며 〈nav〉 태그로 작성합니다.

- 문서의 주요 내용을 배치하는 가운데 영역을 메인(main)이라고 하며 〈main〉 태그로 작성합니다.

- 메인 내 문서의 내용을 논리적으로 나눈 영역을 섹션(section)이라고 하며 〈section〉 태그로 작성합니다.

- 주요 내용과 관련 있는 콘텐츠를 배치하는 영역을 사이드(side)라고 하며 〈aside〉 태그로 작성합니다.

그림 5-9 HTML 문서 구조와 시맨틱 태그

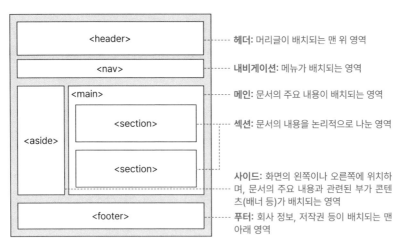

영역별로 의미가 있는 시맨틱 태그를 사용하면 사람도 컴퓨터도 HTML 코드를 보고 웹 페이지의 구조를 쉽게 이해할 수 있습니다. 특히 구글, 네이버 등의 검색 사이트에서 실행되는 검색 로봇의 웹 페이지 이해도가 높아지는

데, 이는 해당 웹 페이지가 검색 결과 상위에 노출될 확률이 높아진다는 뜻입니다.

현재 HTML5 버전에는 시맨틱 태그를 비롯해 100개 이상의 태그가 존재합니다. 그러나 개발자들은 이 많은 태그를 다 외우지 않습니다. 자주 사용되는 태그는 20~30개 정도이며, HTML과 CSS를 전문으로 담당하는 웹 퍼블리셔가 그 이상을 외우는 편입니다.

index.html 파일

HTML 문서를 처음 만들면 **index.html**이라는 파일을 가장 먼저 작성하게 됩니다. 웹 서버가 index라는 이름의 파일을 맨 먼저 탐색하고 열도록 기본으로 설정돼 있기 때문입니다. 예를 들어 naver.com과 naver.com/index.html에 접속해보면 같은 화면이 표시되는 것을 확인할 수 있습니다. 이처럼 열고 싶은 페이지를 특정하지 않으면 웹 서버는 기본적으로 index.html을 보여줍니다.

그림 5-10 다른 주소로 접속해도 같은 페이지가 나옴

여담으로 개발자는 'HTML로 프로그래밍한다'는 말을 잘 쓰지 않습니다. HTML은 프로그래밍 언어가 아니라 하이퍼텍스트로 문서의 구조를 표현하는 언어이기 때문입니다. 프로그래밍이란 크고 작은 문제를 해결하는 알고리즘으로 자동화 프로그램을 만드는 것을 말합니다. 여기에는 컴퓨터가 이해할 수 있는 언어를 순서대로 작성하는 행위가 포함됩니다. 하지만 HTML 파일을 작성하는 것은 A4 용지에 글씨를 쓰는 것과 다를 바 없습니다. 그래서 HTML을 프로그래밍 언어로 인정하지 않는 개발자가 많습니다.

5.2.2 CSS

HTML로만 웹 페이지를 만들면 흰 종이에 검은 글씨가 쓰여 있는 A4 용지를 화면에 옮겨둔 것과 같습니다. 색상을 입히고 크기를 조절하는 등 웹 사이트를 꾸미려면 CSS가 필요합니다.

CSS(Cascading Style Sheets)는 HTML 문서를 꾸미는 스타일 시트(웹 페이지의 글꼴, 색상, 레이아웃 등 스타일 규칙을 하나로 모아놓은 것) 언어로, 팀 버너스리를 중심으로 설립된 웹 컨소시엄에서 1996년에 발표했습니다. HTML이 문서의 구조를 잡는 역할을 한다면 CSS는 각종 요소의 배치, 색상, 폰트 지정 등 HTML 문서에 디자인을 입히는 역할을 합니다.

CSS의 탄생 배경

CSS가 사용되지 않은 웹 사이트는 없다고 봐도 무방합니다. 꾸밈 기능을 하는 CSS는 유지·보수의 어려움에서 탄생하게 됐습니다.

CSS가 개발되기 전에도 HTML에 디자인을 입힐 수 있었습니다. HTML 태그에 style이라는 속성을 넣으면 가능했습니다. 예를 들어 〈p〉 태그(특정 문단)의 글자색을 빨간색으로 바꾸고 싶다면 〈p〉 태그를 찾아 다음과 같이 작성하면 됩니다.

```
<p style = "color: red;">
```

하지만 이 방식은 태그마다 스타일을 정해야 해서 코드가 길고 복잡해졌습니다. 글자색 외에 글자 크기, 글꼴, 텍스트 정렬 등을 바꾸고 싶을 때는 다음과 같이 〈p〉 태그를 찾아 이를 다 적용해야 했습니다.

```
<p style = "color: red; font-size: 20px; font-family: Arial,
sans-serif; text-align: center;">
```

만약 스타일을 수정하고 싶다면 모든 〈p〉 태그의 style 속성값을 일일이 바꿔야 합니다. 이렇게 style 속성을 HTML 태그 안에 작성하면 HTML 태그의 내용과 디자인을 위한 스타일 코드가 혼재하게 됩니다. 만약 〈p〉 태그가 100개라면 이를 하나하나 작성하기는 어렵습니다.

그래서 데이터 코드와 스타일 코드를 분리하기 위해 CSS가 만들어졌습니

그림 5-11 CSS의 등장으로 따로 분리해 작성하게 된 스타일 코드

HTML 태그 안에 스타일 코드 작성   index.html

```
<!DOCTYPE html>
<html lang="en">
<head>
  <meta charset="UTF-8">
  <meta name="viewport" content="width=device-width, initial-scale=1.0">
  <title>문서</title>
</head>
<body>
  <p style="color: red;
            font-size: 20px;
            font-family: Arial, sans-serif;
            text-align: center;">
    내용
  </p>
</body>
</html>
```

스타일 코드를 별도의 CSS 파일로 분리   index.html

```
<!DOCTYPE html>
<html lang="en">
<head>
  <meta charset="UTF-8">
  <meta name="viewport" content="width=device-width, initial-scale=1.0">
  <title>문서</title>
</head>
<body>
  <p>내용</p>
</body>
</html>
```

style.css

```
p {
  color: red;
  font-size: 20px;
  font-family: Arial, sans-serif;
  text-align: center;
}
```

다. 덕분에 〈p〉 태그의 스타일을 일일이 적는 대신 단 몇 줄만 작성해 〈p〉 태그에 스타일을 지정할 수 있게 됐습니다.

CSS는 직관적이라 쉽게 배울 수 있습니다. 예컨대 텍스트 정렬은 text-align, 배경색은 background-color라고 씁니다. 즉 영어를 읽을 줄 알면 쉽게 해석할 수 있습니다.

그래서 코딩을 배우기 시작한 입문자에게 파이썬 외에 HTML과 CSS를 추천하기도 합니다. 파이썬을 배우면 오류를 해결하면서 프로그램을 작성하는 과정에서 문제 해결 능력을 키울 수 있고, HTML과 CSS를 배우면 코드 실행 결과가 화면에 바로 나타나기 때문에 만들어가는 재미를 느낄 수 있습니다.

CSS 브라우저 호환성

CSS 브라우저 호환성이란 CSS 코드가 다양한 웹 브라우저(크롬, 마이크로소프트 엣지 등)에서 일관되게 동작하는지 여부를 말합니다. CSS 브라우저 호환성이 보장되지 않으면 어떤 웹 브라우저에서는 CSS 코드가 해석되지 않아 코드가 아예 동작하지 않을 수 있습니다. 이는 CSS 코드를 해석하는 웹 엔진이 다르기 때문입니다.

CSS 코드가 해석되지 않는 대표적인 경우로 인스타그램이나 카카오톡에서 실행되는 인앱 브라우저(in-app browser)를 들 수 있습니다. 내장 브라우저라고도 하는 인앱 브라우저는 특정 애플리케이션에 종속된 웹 브라우저로, 크롬 브라우저에서 잘 동작하는 CSS 코드가 인앱 브라우저에서는 잘 동작하지 않을 수 있습니다.

물론 이러한 현상을 해결할 수 있는 방법이 있습니다. 다만 어떤 웹 브라우저에서는 지원하지 않는 CSS 속성도 있으므로 해당 속성을 쓸지 말지를 디자이너와 상의해야 합니다.

5.2.3 자바스크립트

3.1.2 웹의 발전 과정에서 살펴봤듯이 웹 1.0 시대에 사람들은 웹에서 제공되는 정보를 소비하기만 했습니다. 그러다 자바스크립트(JavaScript)가 이를 변혁해 사용자가 정보를 생산할 수 있는 웹 2.0 시대를 열었습니다.

웹 1.0 시대에는 HTML과 CSS를 직접 수정하지 않으면 내용이 변하지 않는 **정적 웹 페이지**(static web page)였습니다. 지금처럼 신문 기사나 블로그 게시글에 댓글을 달 수 없었습니다. 이에 자신의 의사를 표현하고 싶은 사람들의 욕구가 커져갔고, 마침내 정보를 쓸 수 있는 **동적 웹 페이지**(dynamic web page)가 탄생했습니다.

- **정적 웹 페이지:** 사용자의 상호 작용 없이 고정된 콘텐츠를 표시하는 웹 페이지입니다.

- **동적 웹 페이지:** 사용자의 상호 작용이나 서버의 응답에 따라 실시간으로 콘텐츠가 변하는 웹 페이지입니다.

그림 5-12 정적 웹 페이지와 동적 웹 페이지 비교

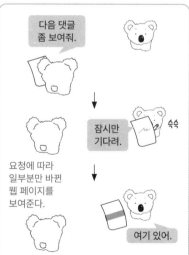

동적 웹 페이지를 만드는 방법은 두 가지입니다. 첫 번째는 동적인 기능을 백엔드 측에서 구현하는 '서버 사이드 렌더링'이고, 두 번째는 프론트엔드 측에서 구현하는 '클라이언트 사이드 렌더링'입니다. 자세한 내용은 **7.1.2 웹 페이지 표시 속도가 느릴 때**에서 설명하겠습니다.

자바스크립트를 이용하면 HTML 태그를 조작해 프론트엔드에서 동적 웹 페이지를 구현할 수 있습니다. 정확히는 **DOM**(Document Object Model)이라고 하는 웹 페이지의 구조를 트리 형태로 나타낸 모델을 조작하는 것입니다.

비유하자면 HTML은 자동차의 설계도와 같고, DOM은 이 설계도에 따라 만들어진 자동차의 뼈대와 같습니다. HTML 파일에 〈h1〉 태그를 작성하면 DOM에 〈h1〉이라는 이름을 가진 부품이 장착되고, 이를 기반으로 웹 페이지에 표시됩니다. 자바스크립트 코드는 〈h1〉이라는 부품을 이동할 수도 있고, 복사할 수도 있고, 삭제할 수도 있습니다. 사용자와 웹 페이지 간에 상호 작용할 수 있는 동적인 기능을 HTML 태그로 구현하는 것입니다.

자바스트립트의 탄생 배경

자바스크립트가 등장하기 전에는 동적 웹 페이지를 개발하려면 자바 애플릿(Java Applet)을 사용해야 했습니다. 자바 애플릿은 자바 언어로 개발된 일종의 웹 브라우저 확장 프로그램이라고 할 수 있습니다. 〈applet〉이라는 태그를 HTML 문서 안에 넣으면 〈applet〉 태그 안에 있는 내용이 동적으로 바뀌어 동작하는 원리입니다. 하지만 이는 백엔드 측에서 구현해야 하기 때문에 프로그래밍의 난도가 다소 높았습니다.

그래서 좀 더 쉬운 언어로 동적 웹 페이지를 만드는 방법을 고민한 결과 라이브스크립트(LiveScript)라는 언어가 개발됐습니다. 라이브스크립트를 이용하면 백엔드가 아닌 프론트엔드에서 웹 페이지가 움직이도록 조작할 수 있습니다.

하지만 또 다른 문제가 있었습니다. 라이브스크립트가 도무지 개발자들에게 알려지지 않았던 것입니다. 이에 라이브스크립트는 때마침 자바가 유행하는 것을 보고 자바의 유명세를 등에 업고자 이름을 '자바스크립트'로 바꿨습니다. 자바스크립트는 프론트엔드 개발 언어였기 때문에 다행히 자바 진영에서 이름에 대해 문제 삼지 않았습니다. 이렇게 탄생한 자바스크립트는 이제 웹 페이지를 만들 때 없어서는 안 되는 표준 언어가 됐습니다.

그림 5-13 자바스크립트로 이름을 바꾸게 된 과정

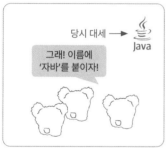

자바스크립트 개발 분야

자바스크립트는 프론트엔드 개발뿐만 아니라 백엔드 개발에도 사용됩니다. 백엔드는 웹 사이트의 서버 측을 의미하며, 이는 클라이언트의 요청을 받아 처리하고 그 과정에서 데이터베이스를 구축·운영하는 역할을 합니다.

자바스크립트의 경우 Node.js(노드 제이에스)라는 도구를 이용해 백엔드 개발을 할 수 있습니다. Node.js는 자바스크립트를 서버에서 실행할 수 있게 해주는 런타임 환경(프로그램이 실행되는 동안 필요한 모든 리소스를 포함하는 환경)입니다. 이를 통해 자바스크립트로 서버를 구축하고 데이터베이스와 상호 작용하며 API를 제공하는 백엔드 개발을 할 수 있습니다(API는 **6.4 서비스 인터페이스: API**에서 자세히 설명하겠습니다).

그래서 요즘 스타트업에서는 자바스크립트 개발자를 선호합니다. 원래 프론트엔드 개발자, 백엔드 개발자를 각각 뽑아야 했는데 한 사람이 둘 다 개발할 수 있기 때문입니다.

한 줄 정리

- **HTML:** 하이퍼텍스트 기능을 가진 웹 페이지를 만드는 데 사용하는 마크업 언어입니다.
- **태그:** HTML 문서를 구성하는 기본 단위로, 표현하고자 하는 내용을 홑화살괄호(<>)를 사용해 <태그명>내용</태그명>의 형태로 작성합니다.
- **시맨틱 태그:** 해당 태그가 어떤 의미로 사용됐는지 사람과 컴퓨터가 이해할 수 있도록 의미를 부여한 태그입니다.
- **CSS:** HTML 문서에 디자인을 입히는 데 사용하는 스타일 시트 언어입니다.
- **자바스크립트:** 사용자와 웹 페이지 간에 상호 작용하는 동적 웹 페이지를 구현할 수 있게 해주는 프로그래밍 언어입니다.

5.3

백엔드 개발 언어: 자바, 코틀린, PHP

백엔느 개발이란 클라이언트-서버 구조의 서버 측에서 실행되는 프로그램을 개발하는 것을 말합니다. 백엔드 개발에 사용되는 주요 프로그래밍 언어는 자바, 코틀린, PHP, 자바스크립트, 파이썬 등이며, 이 중에서 가장 많이 활용되고 채용 공고도 많이 올라오는 것은 자바, 코틀린, PHP입니다.

5.3.1 자바

자바(Java)는 원래 가전제품에 들어가는 프로그램을 개발하기 위해 1995년에 발표된 프로그래밍 언어입니다. 썬마이크로시스템즈(Sun Microsystems, 2010년에 오라클에 합병됨) 소속의 제임스 고슬링(James A. Gosling)과 연구원들이 C 언어를 발전시켜 만든 객체지향 프로그래밍 언어입니다.

제임스 고슬링은 인도네시아의 자바섬에서 생산되는 커피를 무척 좋아해 새 프로그래밍 언어의 이름을 '자바'로 지었다고 합니다. 그래서 자바 로고는 커피가 담긴 머그컵 모양입니다.

그림 5-14 **자바 로고**

자바는 백엔드 개발에 가장 많이 쓰이는 언어라 코딩 학원의 커리큘럼에는 자바가 빠지지 않고 들어 있습니다.

자바의 장점

도대체 자바는 어떤 장점이 있기에 대세가 됐을까요? 자바의 대표적인 장점은 다음과 같습니다.

● 플랫폼에 종속되지 않는다

자바는 플랫폼에 종속되지 않습니다. 여기서 플랫폼이란 윈도우나 맥OS 같은 운영체제를 말합니다. 운영체제마다 하드웨어를 조작하는 명령어의 표현이 다릅니다. 그래서 윈도우 프로그램을 맥OS에서 실행할 수 없는데, 이를 '프로그램이 플랫폼에 종속된다'고 표현합니다.

자바의 경우 자바 프로그램과 운영체제 중간에 **JVM**(Java Virtual Machine)이라는 가상 머신을 둬 이 문제를 해결했습니다. 쉽게 말해 가상 머신은 컴퓨터 안에 또 다른 컴퓨터를 소프트웨어로 만든 것입니다.

그림 5-15 JVM의 역할

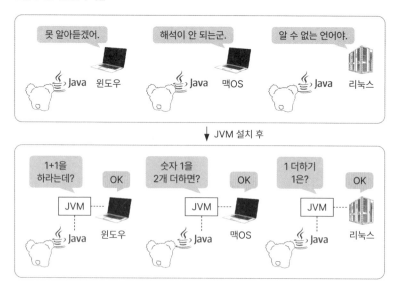

JVM은 자바 코드를 운영체제가 해석할 수 있는 기계어로 바꿔줍니다. 따라서 JVM만 설치돼 있다면 자바 코드를 실행할 수 있는 환경이 됩니다.

● 하이브리드 언어다

자바는 인터프리터의 장점과 컴파일러의 장점을 합친 하이브리드 언어입니다. 코드를 실행하는 방법에는 컴파일 방식과 인터프리터 방식이 있다고 앞에서 설명한 바 있습니다. 둘의 차이점을 다시 언급하자면, 컴파일 방식은 작성된 모든 코드를 훑어보고 난 후 한 번에 기계어로 번역하고, 인터프리터 방식은 실행되는 부분만 한 줄씩 번역합니다.

자바는 개발자가 작성한 코드를 먼저 컴파일 방식으로 번역한 뒤, 컴퓨터가 이해할 수 있게 인터프리터 방식으로 실행합니다. 이 말인즉슨 개발자가 작성한 전체 코드를 JVM이 이해할 수 있도록 자바 컴파일러가 바이트코드(bytecode)로 번역하고, 그다음에 운영체제가 해석할 수 있도록 JVM이 인터프리터 방식으로 바이트코드를 한 줄씩 기계어로 번역한다는 의미입니다. 중간에 생성되는 바이트코드는 .class 파일로 저장됩니다.

그림 5-16 서버에서의 자바 프로그램 실행 과정

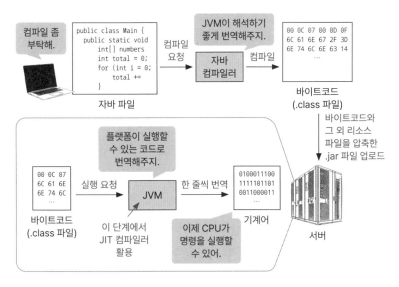

보통 서버에 자바로 작성한 프로그램을 배포할 때는 컴파일된 바이트코드(.class)와 그 외 리소스 파일을 하나로 압축한 .jar 파일을 업로드합니다. 이렇게 바이트코드로 작성된 프로그램(.jar 파일)은 서버에서 JVM에 의해 인터프리터 방식으로 실행됩니다.

하지만 인터프리터 방식은 속도가 느립니다. 그래서 이 단점을 보완하기 위해 JIT(Just In Time) 컴파일러 기술이 개발됐습니다. JIT 컴파일러도 인터프리터 방식처럼 한 줄씩 번역합니다. 다만 자주 번역되는 바이트코드를 아예 기계어로 컴파일해둠으로써 똑같은 코드를 번역하는 데 시간을 쏟지 않습니다. 모든 코드를 한 번에 번역하는 순수 컴파일 방식보다는 느리지만, 한 줄씩 번역하는 인터프리터 방식보다는 빠르게 코드가 실행됩니다.

● 객체지향 언어다

자바는 객체지향 개념을 도입해 만든 언어입니다. 객체지향 방식이 등장하기 전에는 처리해야 할 순서에 따라 코드를 작성하는 절차지향 방식을 사용했습니다.

- **절차지향 방식**: 순서대로 코드를 작성하는 것을 말합니다. 책을 읽듯이 코드를 순서대로 읽으면 되기 때문에 단순하고, 직관적으로 이해할 수 있습니다.

- **객체지향 방식**: 현실 세계의 개념을 프로그래밍에 도입한 것으로, 현실에 존재하는 사물이나 사건을 객체로 만든 후 객체끼리 상호 작용하며 프로그램을 구성하는 방식입니다.

절차지향 방식에서는 코드를 단계적으로 작성하기 때문에 중간에 로직이 바뀌면 전체 코드를 보면서 수정해야 합니다. 반면에 객체지향 방식에서는 일부 코드만 수정하면 됩니다. 또한 객체를 변경하고 객체끼리의 상호 작용을 조합하면 다양한 요구 사항에 유연하게 대처할 수 있습니다. 자바는 객체지향 방식이므로 안정적인 유지·보수가 가능합니다.

자바의 장점은 이 밖에도 여러 가지가 있지만 뭐니 뭐니 해도 JVM으로 다양한 플랫폼에서 실행할 수 있다는 것이 가장 큰 장점입니다. 바꿔 말하면 JVM이 없는 프로그래밍 언어로 만든 프로그램은 플랫폼에 종속됩니다.

웹은 전 세계의 윈도우, 맥OS, 리눅스 등 다양한 플랫폼에서 접속하는 공간입니다. 만약 자신이 만든 프로그램을 다른 사람들에게 공유했는데 운영체제가 달라서 실행할 수 없다면 무용지물이 됩니다. 그러나 자바를 사용하면 문제없습니다. JVM 덕분에 플랫폼의 제한 없이 자바 프로그램을 실행할 수 있습니다.

인터넷이 확산하되면서 자바는 전 세계적인 프로그래밍 언어로 자리 잡았고, 우리나라도 당연히 큰 영향을 받았습니다.

우리나라에서 자바를 많이 사용하는 이유

우리나라는 '자바 공화국'이라고 불릴 만큼 자바를 많이 사용합니다. 이렇게 된 이유는 간단히 다음과 같이 정리할 수 있습니다.

- **정부**: 시장에 생산성 문제가 있으니 전자정부 프레임워크를 만들자!
- **정부**: 플랫폼 종속성 문제가 없도록 요즘 대세인 자바를 사용하자!
- **정부**: 들어보니까 스프링이 자바로 만든 프레임워크라더군!

우리나라에서 특히 자바를 많이 사용하게 된 데에는 정부의 영향이 큽니다. 2009년에 정부는 자바 기반으로 만든 스프링(Spring)이라는 프레임워크를 사용하도록 표준을 정했습니다(프레임워크는 미리 정해진 규칙에 따라 개발을 빠르게 할 수 있도록 도와주는 도구로, 자세한 내용은 **6.2 개발을 도와주는 도구: 프레임워크**에서 설명하겠습니다).

당시에는 각자 다양한 방법으로 백엔드 개발을 했습니다. A와 B가 쓰는 언어나 도구가 달라서 코드의 재사용이 어려웠고, 인력도 언어별로 쪼개져서 채용에 어려움을 겪었습니다. 즉 A에서 쓰는 기능을 B에서도 쓰지만 각자 새로 개발해야 했습니다.

정부는 이러한 생산성 문제를 해결하고자 '이제부터 자바 기반의 스프링 프레임워크로만 개발하자'는 표준을 정했습니다. 개발사들이 똑같은 기능을 다시 만들 필요가 없어지면 그만큼 예산을 아낄 수 있기 때문입니다.

물론 우리나라에서 이뤄지는 모든 프로젝트 개발을 스프링으로 제한한 것은 아닙니다. 단지 정부에 납품하는 소프트웨어의 기술 표준을 만든 것입니다.

이렇게 표준을 만들면 정부는 SI(System Integration, 시스템 구축) 업체에 대한 종속성에서 벗어납니다. 즉 A 사가 프로그램 납품 후 폐업해도 B 사에 맡길 수 있습니다. 게다가 자바는 무료로 공개된 오픈 소스(누구나 자유롭게 접근해 활용·수정·배포할 수 있는 코드)이므로 추가 비용이 들지 않습니다. 워낙 대세 언어라 사용하는 사람이 많아 업데이트도 활발하고, 객체지향 언어라 대규모 프로젝트에 적합합니다. 또한 다른 솔루션(solution, 어떤 문제 해결을 위해 제공되는 소프트웨어 제품 또는 서비스)과 연동이 가능해 확장성도 좋습니다(일각에서는 SI 업체가 해외 고급 기술과 최신 장비 도입이라는 명목으로 더 많은 금액을 받아내기 위해 정부에 자바를 제안했다는 설도 있습니다).

이러한 상황에서 정부가 자바 기반의 스프링을 표준으로 정하지 않을 이유가 딱히 없었습니다. 그 결과 우리나라는 '자바 공화국'이라 불릴 만큼 자바를 널리 사용하게 됐습니다. 그래서 백엔드 언어로 자바를 선택했을 때 개발자를 못 구하는 일이 없습니다. 또한 프로젝트가 한 개발자에게 종속되는 문제도 없습니다.

5.3.2 코틀린

코틀린(Kotlin)은 2011년에 공개돼 비교적 최근인 2016년에 정식 버전이 발표된 프로그래밍 언어입니다. 코틀린도 자바처럼 바이트코드로 컴파일돼 JVM에서 실행됩니다. 코틀린으로 작성한 프로그램은 자바와 마찬가지로 다양한 플랫폼에서 실행할 수 있습니다.

그림 5-17 코틀린 로고

코틀린은 문법이 간결해 가독성과 생산성이 좋습니다. 게다가 자바 코드와 호환됩니다. 예를 들면 코틀린으로 작성한 코드와 자바 라이브러리를 함께 사용할 수 있습니다(라이브러리는 자주 사용하는 코드의 묶음이며, 이에 대해서는 **6.1 자주 쓰는 코드의 모음: 라이브러리**에서 자세히 설명하겠습니다). 코틀린의 등장은 자바 개발자들이 반길 만한 일이었습니다.

자바 vs 코틀린 선택 방법

코틀린은 기존의 자바를 대체해 자바보다 더 쉽게 코딩하기 위해 개발됐습니다. 코틀린을 만든 제트브레인스(JetBrains)는 자바 코드를 작성하고 실행할 수 있는 IDE(Integrated Development Environment)를 만드는 회사입니다. 개발자가 코딩할 때 사용하는 검은 화면이 바로 IDE입니다. IDE는 코딩을 하기 위한 편집기로, 통합 개발 환경이라고도 합니다.

자바는 충분히 좋은 프로그래밍 언어이지만 제트브레인스는 더 큰 생산성을 바랐습니다. 자바는 인간 친화적인 고급 언어와 기계 친화적인 저급 언어 사이에 있는 C 언어를 발전시켜 만든 것이라 배우기 어려웠습니다. 이에 제트브레인스는 자바 코드와 호환되면서도 더 좋은 기능이 포함된 프로그래밍 언어를 만들기 위해 노력한 결과 마침내 코틀린을 내놓게 됐습니다.

자바를 기반으로 만들어진 코틀린도 전자정부 프레임워크인 스프링을 이용할 수 있습니다. 하지만 코틀린은 엄연히 자바와 다르며, 순수 자바로 만들어진 스프링과 100% 호환되지는 않습니다. 그래서 분명 코틀린을 사용하고 있음에도 자바처럼 코딩해야 하거나 플러그인(plug in, 특정한 문제 하나를 해결하기 위한 코드 모음)이라는 추가 도구가 필요합니다.

개발자 커뮤니티인 스택오버플로(Stack Overflow)의 2023년 설문 조사에 따르면 여전히 자바가 코틀린보다 세 배나 많이 사용되고 있다고 합니다. 코틀린이 개발됐음에도 불구하고 자바의 시장 점유율이 높은 것은, 많은 사람이 사용해왔고 오랜 시간 커뮤니티가 이어지며 발전을 거듭했기 때문입니다.

자바처럼 오래 살아남은 프로그래밍 언어일수록 많은 버그가 해결돼 그만큼 안정성이 보장됩니다. 따라서 안정성을 원한다면 자바를, 쉽고 빠른 개발을 원한다면 코틀린을 선택하는 것이 좋습니다.

5.3.3 PHP

PHP는 자바나 코틀린처럼 많이 언급되지는 않지만 우리나라에서 예상외로 많이 사용하는 백엔드 개발 언어입니다. 과거에는 네이버와 페이스북에서도 사용했을 정도입니다.

PHP는 캐나다 출신의 개발자 라스무스 러도프(Rasmus Lerdorf)가 1995년에 개발했습니다. 그때까지만 해도 복잡하고 오래된 언어를 이용해 동적 웹 페이지를 개발해야 해서 프로그래밍의 난도가 높았습니다. 이에 라스무스 러도프는 개인도 웹 페이지를 쉽게 개발할 수 있도록 PHP를 만들었습니다. PHP를 사용하려면 어느 정도 프로그래밍을 알아야 하지만 개발의 난도가 대폭 낮아집니다.

'워드프레스'를 들어본 적이 있나요? 이는 블로그나 쇼핑몰 등을 쉽게 만들고 운영할 수 있게 해주는 솔루션입니다. 웹 기술 리서치 W3Techs(World Wide Web Technology Survey)에 따르면 2024년 기준으로 전 세계 모든 웹 사이트 중 43.5%가 워드프레스로 만들어졌다고 합니다.

그림 5-19 **워드프레스 시장 점유율(출처: w3techs.com)**

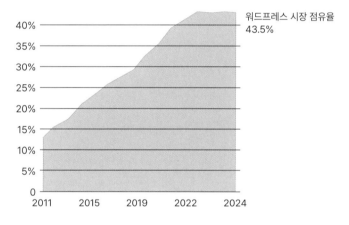

그런데 이 워드프레스는 PHP로 만들어졌습니다. PHP가 이렇게 엄청난 점유율을 차지하는 워드프레스 제작에 많이 사용되는데도 우리나라에서는 잘 가르치지 않습니다. 왜 그럴까요?

우리나라에서 PHP를 사용하지 않는 이유

우리나라 개발자들은 실무 백엔드 언어로 PHP를 제외하는 편입니다. PHP는 전 세계 모든 웹 사이트의 43%에서나 사용하는 워드프레스 개발 언어로 채택됐지만, 우리나라 개발자들은 PHP를 쓰지 않으려는 경향이 강합니다.

대표적인 이유는 다음과 같습니다.

- **성능 이슈**

  첫 번째로 성능 이슈를 꼽을 수 있습니다. PHP는 개인용 홈페이지를 보다 쉽게 만들고 싶다는 니즈에서 비롯된 프로그래밍 언어입니다. 여기서 개인용 홈페이지는 인스타그램 같은 거대한 플랫폼을 말하는 것이 아니라 블로그처럼 단순한 수준의 웹 사이트를 말합니다.

  PHP는 복잡한 웹 사이트 제작을 목적으로 만들어진 프로그래밍 언어가 아닙니다. 즉 성능에 대해 고려하지 않은 채 설계됐습니다. 그래서 갑자기 동시 접속자가 늘어나면 대처하기 어려울 수 있습니다.

  PHP도 나름 오래된 프로그래밍 언어라 지금은 성능 향상을 위한 방법이 다양하게 마련돼 있습니다. 그중에는 성능 개선이 필요할 때 코드를 고치는 것이 아니라 서버의 수량을 늘리거나 성능을 높이는 방식으로 해결하는 방법도 있습니다. 이를 돈으로 찍어 누른다고 표현합니다.

- **보안 문제**

  두 번째 이유는 보안 문제입니다. 'php 공격'이라는 키워드로 검색해보면 PHP로 개발된 웹 사이트를 공격하는 방법이 다른 언어에 비해 많습니다. 데이터베이스의 정보를 캐내는 명령을 삽입하는 공격부터 로그인 정보를 탈취하는 공격까지 다양합니다. 이에 PHP는 이러한 문제를 해결하기 위해 버전 업데이트를 거듭하면서 보안 취약점을 개선해나가고 있습니다.

- **PHP를 낮춰 보는 인식**

  PHP를 낮춰 보는 인식도 한 이유입니다. PHP를 만든 라스무스 러도프는 지금까지 세간에 두고두고 회자될 말을 남겼습니다.

  - "나는 프로그래밍이 싫어. 근데 문제 푸는 건 좋아."
  - "나는 프로그래밍이 싫어. 그래서 코딩을 덜 하려고 코드를 재사용하

는 도구를 만들었지."

- "나는 프로그래머가 아냐. 어떻게든 돌아가기만 하면 되잖아? 진짜 개발자들이 보기에는 문제점이 많겠지. 근데 그런 건 보통 재부팅하면 해결되더라고."

프로그래밍 언어를 만든 사람이 이런 말을 하다니… PHP에 대한 신뢰감이 떨어질 만하지 않나요? 이 밖에도 그의 많은 명언은 위키피디아 (https://en.wikiquote.org/wiki/Rasmus_Lerdorf)에서 볼 수 있습니다.

실제로 초기 PHP 코드는 일관성이 없었습니다. 처음 PHP가 발표됐을 때는 사용하는 곳이 많았고, 참여하는 사람이 증가할수록 일관성을 지키기 어려워졌습니다. 게다가 개발자가 중요하게 여기는 객체지향 프로그래밍이 불가능했습니다. 이렇게 개발자가 필요로 하는 기능이 지원되지 않아 PHP는 개발자들 사이에서 점점 소외됐습니다.

지금은 커뮤니티에 의해 다양한 기능이 업데이트되면서 이러한 단점이 많이 개선됐습니다. 이를 본 라스무스 러도프는 자신이 PHP에 많이 관여하지 않아 오히려 PHP가 더 나아졌다고 너스레를 떨기도 했습니다.

그림 5-20 PHP에 대한 개발자들의 인식

● 적은 사용처

마지막 이유는 바로 동료들이 사용하지 않기 때문입니다. 우리나라의 백엔드 개발 언어는 자바가 대세입니다. 개발자들이 협업하려면 같은 프로그래밍 언어를 사용해야 하는데, PHP를 사용하는 회사가 적고 동료들이 기피하다 보니 굳이 배울 필요를 못 느끼는 것입니다.

그런데 앞에서 분명 PHP는 의외로 많이 쓰이는 프로그래밍 언어라고 했습니다. 워드프레스와 같은 블로그, 게시판 커뮤니티, 쇼핑몰은 PHP로 만들어진 경우가 많습니다. 이러한 것들이 만들어질 당시에는 PHP의 단점보다 장점이 더 매력적이라 많이 사용했습니다. 네이버와 페이스북에서도 PHP를 사용할 정도였습니다. 그러나 지금은 사용처가 많이 줄어들었습니다.

그렇다고 PHP를 아예 사용하지 않는 것은 아닙니다. 개인이 운영하는 웹사이트는 PHP로도 충분합니다. 아직도 일각에서는 소규모로 빠르게 프로젝트를 런칭할 때나 PHP 기반 솔루션을 쓰는 일반인의 의뢰를 수행할 때 사용합니다.

모든 프로그래밍 언어는 탄생 배경과 개발자의 철학에 따라 장단점이 존재합니다. 그러니 목적과 규모에 따라 적합한 프로그래밍 언어를 선택하면 됩니다. 프로그래밍 언어는 도구일 뿐이므로 사용하는 사람에 따라 결과물이 달라집니다.

한 줄 정리   ☰

- **자바:** 가전제품용 소프트웨어를 개발하기 위해 1991년에 개발된 프로그래밍 언어로, 현재는 백엔드 개발에 주로 사용됩니다.
- **JVM:** 자바 코드를 컴파일한 바이트코드를 운영체제가 해석할 수 있도록 인터프리터 방식으로 한 줄씩 번역하는 가상 머신입니다.
- **코틀린:** 자바와 호환되고, 자바보다 코드가 더 간결하며, 새로운 기능이 추가된 프로그래밍 언어로, 자바처럼 JVM에서 실행됩니다.
- **PHP:** 개인용 홈페이지를 쉽고 빠르게 개발하기 위해 라스무스 러도프가 1995년에 만든 백엔드 개발 언어입니다.

모바일 앱 개발 언어: 자바, 코틀린, 스위프트

5.4

대표적인 모바일 운영체제는 구글의 안드로이드와 애플의 iOS이며, 모바일 앱은 대부분 이 두 가지 운영체제에 종속됩니다. 이는 앱을 만들 때 각 운영체제가 해석할 수 있는 언어로 만들어야 한다는 뜻입니다.

아이폰과 삼성 갤럭시로 같은 카카오톡 앱을 사용할 수 있지만 이 앱을 각각 다른 프로그래밍 언어로 만들어야 합니다. 이렇게 각 플랫폼에서 해석이 가능한 언어로 만들어진 앱을 네이티브 앱이라고 합니다. 이 절에서는 네이티브 앱 개발을 위한 프로그래밍 언어를 알아봅시다.

5.4.1 안드로이드 앱 개발: 자바, 코틀린

안드로이드(Android)는 구글에서 자바로 개발한 모바일 운영체제입니다. 앤디 루빈(Andy Rubin)이 설립한 소프트웨어 회사인 안드로이드를 구글이 2005년에 인수하면서 개발이 시작됐습니다.

안드로이드 앱은 자바와 코틀린으로 만들 수 있습니다. 자바와 코틀린은 백엔드 개발 언어라고 앞서 언급했는데, 안드로이드 앱 개발에도 사용됩니다. 안드로이드 앱 개발 언어로 어떻게 자바와 코틀린이 채택됐는지 살펴봅시다.

자바와 코틀린을 채택하게 된 배경

초기 모바일 시장에서 강력한 플레이어는 애플의 창업자 스티브 잡스(Steve Jobs)였습니다. 2007년 1월 9일, 그는 검정 스웨터와 청바지를 입고 샌프란시스코의 한 행사장에서 최초의 아이폰을 발표했습니다. 이때 대중의 반응은 엄청났습니다. 애플 매장을 몇 바퀴 두를 정도로 줄을 서서 아이폰을 구매했습니다. 심지어 미디어에서는 아이폰을 지저스 폰(Jesus phone)이라고 불렀습니다.

이를 본 다른 플레이어들은 위기감을 느꼈습니다. 구글은 한창 안드로이드를 개발 중이었기 때문에 더 심각했습니다. 구글은 이 상황을 타개할 목적으로 동맹을 만들기로 하고 2007년 11월에 OHA(Open Handset Alliance)를 설립했습니다. 아이폰이 발표된 지 10개월 만의 일이었습니다.

OHA의 초기 멤버는 구글을 중심으로 분야별 35개의 회사로 구성됐습니다. 삼성전자와 LG전자도 단말기 제조사로 참여했습니다(LG전자는 적자로 2021년에 모바일 사업을 접었습니다). 현재 많이 사용되는 '안드로이드+갤럭시' 조합은 이렇게 탄생했습니다.

OHA는 상대적으로 후발 주자였기에 시장에 빠르게 침투하고자 오픈 소스를 원칙으로 삼았습니다. 오픈 소스는 여러 가지 장점이 있는데, 대표적으로 세 가지를 꼽으면 다음과 같습니다.

❶ 공개된 코드라 믿을 수 있습니다.

❷ 라이선스 비용이 거의 없습니다.

❸ 커뮤니티에서 도움을 얻어 빠르게 개발할 수 있습니다.

구글은 세 번째 장점을 취하고자 앱 개발 언어로 자바를 선택했습니다. 대세 언어인 자바의 시장 점유율이 이미 높았기 때문에 전략적인 선택을 한 것입니다. 그러다 2019년에 구글은 코드가 간결하고 생산성이 높다는 이유로 안드로이드 앱 개발의 메인 언어를 자바에서 코틀린으로 변경했습니다.

안드로이드 앱의 컴파일 방식

가전제품용 소프트웨어를 개발하기 위해 만들어진 자바의 목표 중 하나는 하드웨어에 종속되지 않는다는 것이었습니다. 그래서 다양한 형태의 기기에 설치될 앱 개발용 언어로 제격이었습니다.

자바와 코틀린은 JVM만 설치돼 있으면 어디서든 코드를 실행할 수 있습니다. 자바와 코틀린 코드를 실행할 수 있도록 JVM이 번역해주기 때문입니다. 달리 말하면 이는 안드로이드도 자바와 코틀린 코드를 실행할 가상 머신이 필요하다는 뜻입니다. 그래서 구글은 자체적으로 ART(Android Run Time)라는 가상 머신을 만들고, ART에서 AOT(Ahead Of Time)라는 컴파일러를 사용했습니다.

자바의 전통적인 'JVM 방식 + JIT 컴파일러'와 안드로이드의 'ART 방식 + AOT 컴파일러'는 약간의 차이가 있습니다. 비유하자면 전자는 고기를 먹을 때 JVM이 한 번 먹었던 부위를 다음 주문 시 바로 먹을 수 있도록 JIT 컴파일러에게 미리 구워놓으라고 시키는 것이고, 후자는 AOT 컴파일러가 처음부터 가지고 있는 모든 고기를 먹기 좋은 상태로 구워놓아 ART가 바로 먹을 수 있게 하는 것과 같습니다.

그림 5-21 'JVM 방식+JIT 컴파일러'와 'ART 방식+AOT 컴파일러' 비교

JVM 방식+JIT 컴파일러

```
1. 자바 코드 + 자바 컴파일러 = 바이트코드
2. JVM + 바이트코드 = 기계어 실행
3. 실행 직후 JIT 컴파일러 = 기계어 캐싱
```

ART 방식+AOT 컴파일러

```
1. 자바 코드 + 자바 컴파일러 = 바이트코드
   바이트코드 + AOT 컴파일러 = 기계어
2. ART 기계어 실행
```

AOT 컴파일러의 단점은 처음에 코드를 기계어로 바꾸는 데 시간이 많이 걸

린다는 것입니다. 메모장에 글을 썼는데 화면에 표시되기까지 5분이 걸린다고 상상해보세요. 이렇게 속도가 느리면 개발자는 속이 터집니다.

그래서 프로젝트의 규모가 커질수록 최적화가 필요합니다. 이에 안드로이드 앱을 최초로 설치할 때는 JIT 컴파일러를 써서 컴파일 시간과 용량을 줄입니다. 그리고 설치가 완료되면 AOT 컴파일러가 다시 모든 코드를 컴파일해둬 다음번 실행 속도가 향상됩니다. 정리하자면 안드로이드는 JIT, AOT 컴파일러를 모두 사용합니다.

안드로이드의 시장 점유율

안드로이드는 2008년 9월에 정식 버전인 1.0이 발표됐습니다. 동맹을 맺고 전략적인 선택을 한 덕분에 안드로이드의 점유율은 2019년에 75%까지 치솟았습니다. 당시에 휴대폰 사용자 10명 중 7명은 안드로이드를 사용하고 있었습니다.

하지만 그 후 안드로이드는 하락세를 보이기 시작했습니다. MZ 세대의 아이폰 선호도가 높아졌기 때문입니다. 2023년 스탯카운터(StatCounter)의 통계에 따르면 iOS의 점유율은 29%에 달합니다. 5년 사이에 10명 중 1명이 아이폰으로 갈아탄 것입니다. 점유율만 보면 안드로이드 시장이 훨씬 크지만, 추이 면에서는 iOS 앱 시장의 전망이 나쁘지 않아 보입니다.

그림 5-22 2009~2024년 전 세계 모바일 운영체제 점유율(출처: gs.statcounter.com)

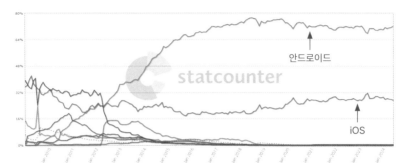

5.4.2 iOS 앱 개발: 스위프트

iOS는 오브젝티브-C(Objective-C) 언어로 개발한 애플의 모바일 운영체제로, 2007년에 첫 아이폰이 등장할 때 함께 발표됐습니다. 당시에는 iOS라는 이름도 없어서 맥OS를 기반으로 개발했다고 설명했습니다.

iOS 앱은 오브젝티브-C와 스위프트(Swift)로 만들 수 있습니다. 오브젝티브-C는 자바처럼 C 언어를 기반으로 만든 객체지향 프로그래밍 언어입니다. 그러나 문법이 복잡하고 가독성이 떨어집니다. 이에 오브젝티브-C를 이용해 좀 더 쉽게 개발할 수 있도록 스위프트가 만들어졌습니다. 이는 자바에서 코틀린이 유래한 과정과 비슷합니다.

그림 5-23 스위프트 로고

'swift'는 '빠른'이라는 뜻의 형용사로, 그 이름에서부터 목적을 알 수 있습니다. 즉 스위프트는 좀 더 빠르고 편하게 프로그래밍하기 위해 오브젝티브-C의 단점을 보완하고 새로운 기능을 추가한 프로그래밍 언어입니다.

스위프트의 문법은 간단하기로 소문난 파이썬과 비슷합니다. 그래서인지 2015년에 개발자 커뮤니티에서 가장 좋아하는 프로그래밍 언어 1위에 오르기도 했습니다. 스위프트의 등장으로 오브젝티브-C의 인기는 점점 떨어지고 있습니다.

그렇다고 스위프트에 단점이 없는 것은 아닙니다. 아무래도 고급 언어일수록 추상화(컴퓨터가 해야 할 일을 뭉뚱그려서 추상적으로 표현한 것)가 많이 됐기 때문에, 오브젝티브-C로 만든 앱에 비해 앱 파일의 크기가 큽니다. 그림 5-24에서도 스위프트 코드는 오브젝티브-C 코드보다 간결하지만, import Foundation 코드 한 줄로 Foundation이라는 모듈을 불러오기 때문에 실제로 번역할 코드의 양이 많습니다.

그림 5-24 1부터 5까지의 합을 구하는 코드

오브젝티브-C

```
#import <Foundation/Foundation.h>

int main(int argc, const char * argv[]) {
    @autoreleasepool {
        NSInteger sum = 0;
        for (NSInteger i = 1; i <= 5; i++) {
            sum += i;
        }
        NSLog(@"The sum of 1 to 5 is: %ld",
                              (long)sum);
    }
    return 0;
}
```

스위프트

```
import Foundation

var sum = 0
for i in 1...5 {
    sum += i
}
print("The sum of 1 to 5
              is: \(sum)")
```

스위프트 코드가
간결하지만 실제로 번역할
코드의 양이 많지.

스위프트는 iOS 앱 개발이 아니면 쓰이는 곳이 거의 없고, 그 외에는 인공지능이나 게임 개발 등에 시도되고 있습니다. 따라서 iOS 앱을 개발하고 싶어서 스위프트를 배운다면 애플의 성패에 따라 영향을 받을 수 있다는 점을 염두에 둬야 합니다.

한 줄 정리

- **안드로이드:** 구글에서 자바로 개발한 모바일 운영체제입니다.
- **안드로이드 앱 개발 언어:** 구글은 초기 모바일 시장에서 전략적으로 오픈 소스인 자바를 안드로이드 앱 개발 언어로 채택했습니다. 이후 코드가 간결하고 생산성이 높은 코틀린을 안드로이드 앱 개발의 메인 언어로 변경했습니다.
- **iOS:** 애플에서 오브젝티브-C로 개발한 모바일 운영체제입니다.
- **iOS 앱 개발 언어:** iOS 앱은 오브젝티브-C와 스위프트로 만들 수 있습니다. 그러나 오브젝티브-C는 문법이 복잡하고 가독성이 떨어져 지금은 스위프트를 사용합니다.

5.5 크로스 플랫폼 개발 언어: 다트, 자바스크립트

보통의 스타트업이 안드로이드 앱과 iOS 앱을 동시에 개발할 수 있을까요? 대규모 투자를 받는 회사가 아니면 현실적으로 어렵습니다. 대부분의 스타트업은 적은 비용으로 생산성을 높이는 방법을 강구해야 합니다. 즉 하나의 코드로 여러 플랫폼에서 실행할 수 있는 크로스 플랫폼을 개발하는 것입니다.

5.5.1 다트

다트(Dart)는 구글이 2011년에 발표해 10년이 넘은 프로그래밍 언어이지만 처음 들어보는 독자도 있을 것입니다. 다트보다는 플러터로 알려졌기 때문입니다.

플러터(Flutter)는 구글에서 크로스 플랫폼 개발을 위해 2017년에 발표한 프레임워크입니다. 프레임워크는 프로그래밍 언어로 처음부터 끝까지 코드를 작성하지 않고 쉽게 개발할 수 있도록 이미 짜인 일종의 틀을 제공하는 개발 도구입니다. 플러터는 다트로 만들어진 프레임워크이므로, 플러터를 이용해 개발하려면 다트를 알아야 합니다.

그림 5-25 플러터와 다트 로고

플러터는 요즘 떠오르는 크로스 플랫폼 개발 도구입니다. 네이버도 2019년에 지식iN 앱을 플러터로 만들어 출시했습니다.

크로스 플랫폼 개발 도구는 예전부터 있었지만 기업에서는 몇 가지 어려움 때문에 섣불리 사용하지 못했습니다. 이러한 상황에서 플러터로 지식iN 앱이 출시됐다는 것은 여러 크로스 플랫폼 개발 도구 중에서 플러터가 꽤 괜찮은 평가를 받았다는 뜻이기도 합니다.

2018년에 정식 버전이 발표된 플러터는 처음에는 안드로이드와 iOS 앱 개발만 지원했습니다. 이후 2020년에 웹, 2021년에 맥OS, 윈도우, 리눅스 앱 개발이 가능하도록 발전했습니다. 한마디로 플러터를 이용하면 대부분의 플랫폼에서 실행되는 앱을 개발할 수 있습니다.

플러터 앱의 컴파일 방식

플러터 앱은 안드로이드 앱처럼 두 가지 컴파일러를 이용합니다. 즉 개발 단계에서는 JIT 컴파일러를, 배포 단계에서는 AOT 컴파일러를 이용합니다.

- **JIT 컴파일러:** 바이트코드를 한 줄씩 읽어 기계어로 번역한 후 실행합니다. 이때 자주 사용되는 바이트코드는 아예 기계어로 바꿔놓습니다.
- **AOT 컴파일러:** 다트 코드를 한 번에 기계어로 번역한 후 실행합니다.

AOT 컴파일러는 다트 코드를 네이티브 플랫폼(안드로이드, iOS)에서 해석 가능한 기계어로 한 번에 바꿉니다. 덕분에 안드로이드와 iOS 환경에서 실행되는 앱을 동시에 만들 수 있습니다.

플러터의 장단점

플러터의 장점은 두 가지를 꼽을 수 있습니다.

- **핫 리로드 기능 제공**

  플러터에는 핫 리로드(hot reload)라는 기능이 있습니다. 이는 JIT 컴파일러를 이용해 코드가 저장되는 즉시 변경 사항을 화면에 표시하는 기능입니다.

플러터가 등장하기 전에는 수정 사항을 확인하려면 앱을 새로 빌드해야만 했습니다. 물론 안드로이드와 iOS 앱 개발 환경에도 핫 리로드와 비슷한 기능이 있었지만 결과가 안정적이지 못했습니다. 한 줄을 수정하고 잘됐는지 확인하려면 화장실을 다녀와도 될 정도로 기다려야 했습니다.

이러한 불편을 해결한 플러터는 변경된 코드만 해석해 화면에 바로바로 보여줍니다. 덕분에 전통적인 네이티브 앱 개발에 비해 생산성이 높아졌습니다. 한 예로 네이버의 테스트 결과 네이티브 앱 개발자 12명이 2개월 걸려서 할 일을 플러터 개발자 7명이 2주 만에 해냈다고 합니다.

지금은 네이티브 앱 개발 환경에서도 핫 리로드 기능을 지원합니다.

● **플랫폼에 상관없이 같은 UI 구현**

플러터의 또 다른 장점은 플랫폼이 달라도 화면이 거의 똑같이 구현된다는 것입니다. 이는 기존의 네이티브 앱이 화면에 그래픽 인터페이스를 표시하는 방식을 따르지 않는다는 의미입니다.

모바일 화면을 구성하는 버튼과 같은 요소를 UI 컴포넌트(User Interface component)라고 합니다. 안드로이드와 iOS는 각각 고유의 그래픽 인터페이스를 가지고 있어 UI 컴포넌트의 생김새가 조금씩 다릅니다. 그래서 똑같은 구조로 앱을 만들어도 안드로이드와 iOS의 디자인이 다릅니다. 비유하자면 똑같은 설계도에 따라 레고 블록으로 우주선을 만들었는데, 안드로이드와 iOS가 가진 레고 블록의 모양과 색상이 조금씩 달라 우주선이 다르게 만들어진 것과 같습니다.

그림 5-26 플랫폼별 UI 컴포넌트 비교

플러터는 화면에 그래픽을 그리는 도구로 스키아(Skia)라는 그래픽 엔진을 사용합니다. 스키아 엔진은 안드로이드와 iOS가 가지고 있는 UI 컴포넌트를 사용하지 않고 스키아에서 직접 UI를 그립니다. 그래서 다른 플랫폼에서도 거의 동일한 그래픽 인터페이스가 나타납니다.

반면에 플러터는 다음과 같은 단점도 있습니다.

● **기능 구현의 한계**

플러터는 다른 크로스 플랫폼 개발 도구에 비해 출시된 지 얼마 안 됐기 때문에 아직 지원하지 않는 기능이 있습니다. 만약 구현하고자 하는 기능과 관련된 패키지가 없다면 해당 기능을 직접 개발해야 합니다.

● **네이티브 환경 변화에의 즉각적인 대응 어려움**

네이티브 환경의 새로운 기능에 대한 지원이 느립니다. 반으로 접히는 스마트폰이 나올 줄 누가 알았을까요? 그래서 크로스 플랫폼 앱을 개발할 때는 네이티브 환경 변화를 지속적으로 추적 관찰하고 대응해야 합니다. 누군가가 패치를 제공할 때까지 기다렸다가는 문제가 해결되는 속도보다 클레임이 쌓이는 속도가 더 빠를 것입니다.

이러한 단점에도 불구하고 플러터에 대한 관심이 커지고 있습니다. 플러터 하나로 안드로이드 앱, iOS 앱, 데스크톱 프로그램, 웹 사이트까지 만들 수 있기 때문입니다.

적은 인력으로 단시간에 결과물을 내놓아야 하는 스타트업에게 플러터는 현실적인 선택지 중 하나입니다. 그러나 네이티브 앱을 직접 개발하는 것에 비해 여러 가지 한계가 있다는 것을 잊지 말아야 합니다.

5.5.2 자바스크립트

앞에서 말했듯이 자바스크립트로 프론트엔드 개발과 백엔드 개발이 모두 가능합니다. 자바스크립트로 만들어진 프레임워크인 리액트 네이티브(React Native)를 사용하면 크로스 플랫폼 개발도 가능합니다.

리액트 네이티브는 2015년에 페이스북에서 개발한 크로스 플랫폼 개발 도구입니다. 플러터보다 3년이나 먼저 출시됐고, 2020년까지는 플러터보다 더 많이 사용됐습니다.

그림 5-27 리액트 네이티브와 자바스크립트 로고

리액트 네이티브 앱의 동작 방식

리액트 네이티브로 개발한 앱에는 자바스크립트 코드와 네이티브 코드가 함께 사용됩니다. 앱의 UI와 로직은 자바스크립트 코드로 작성합니다. 그러면 리액트 네이티브 프레임워크를 통해 플랫폼에 맞는 네이티브 UI 컴포넌

트로 변환됩니다. 그리고 네이티브 기능을 직접 구현하거나 성능 최적화를 할 때는 네이티브 코드(안드로이드의 자바/코틀린 코드, iOS의 스위프트 코드)로 작성합니다. 자바스크립트로 접근할 수 없는 네이티브 기능이 필요한 경우 네이티브 모듈을 작성해 자바스크립트에서 호출합니다.

크로스 플랫폼 개발 도구로 플러터가 아니라 리액트 네이티브를 선택했다면 이유는 두 가지입니다.

첫째, '코드 푸시'라는 기능 때문입니다. 이에 대해서는 이어지는 **리액트 네이티브의 장단점**에서 다루겠습니다.

둘째, '활발한 커뮤니티' 때문입니다. 리액트 네이티브는 다양한 상황을 먼저 겪은 선배 개발자들에게 도움을 청할 수 있는 커뮤니티가 활성화돼 있습니다. 반면에 플러터는 리액트 네이티브보다 늦게 출시됐기 때문에 미지원 기능이 많습니다.

리액트 네이티브의 장단점

리액트 네이티브의 장점은 두 가지를 꼽을 수 있습니다.

● **웹뷰를 대체할 브릿지 방식 고안**

리액트 네이티브가 개발되기 전까지 하이브리드 앱은 **웹뷰**(WebView)를 이용했습니다. 웹뷰를 이용하면 앱 안에서 웹 브라우저를 열어 웹 페이지를 볼 수 있습니다. 플러터의 스키아 엔진처럼 네이티브 플랫폼의 UI 컴포넌트를 사용하지 않고 웹뷰 엔진이 직접 UI를 그려줍니다.

하지만 웹뷰의 성능은 그리 좋지 않았는데, 리액트 네이티브는 이러한 문제를 구조적으로 개선했습니다. 기존의 웹뷰를 사용하는 방식이 아니라, 자바스크립트로 작성한 코드와 네이티브 코드 간의 네이티브 API 통신을 통해 앱 화면에 네이티브 화면을 직접 보여주게 한 것입니다.

이 방식을 그림으로 나타내면 **그림 5-28**과 같습니다. 리액트 네이티브 앱과 네이티브 플랫폼 중간에서 브릿지가 동작합니다. 리액트 네이티브 앱의 자바스크립트 코드가 네이티브 API를 호출하면 브릿지가 이 요청을 받아 네이티브 플랫폼에서 동작하는 네이티브 코드에 전달하고, 네이티브 코드에서 처리된 결과를 자바스크립트 코드로 반환합니다. 그 결과 기존의 웹뷰 방식보다 성능이 월등히 좋아졌습니다.

그림 5-28 웹뷰 방식과 브릿지 방식 비교

웹뷰 방식

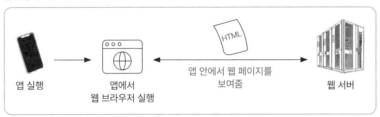

브릿지 방식

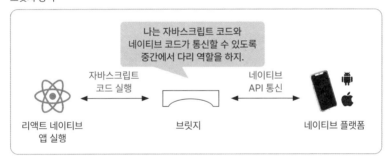

● 코드 푸시 기능

웹 사이트와 달리 앱은 업데이트하려면 반드시 앱 스토어의 심사를 받아야 합니다. 그런데 플랫폼마다 심사 가이드라인이 다르고, 갑자기 며칠씩 까다롭게 심사하는 경우도 있습니다. 심사 담당자마다 중요하게 보는 점이 다르기도 하고, 아무 말 없다가 어느 날 갑자기 특정 기능을 문제 삼는 경우도 있습니다.

그래서 급하게 버그를 고친 버전을 업데이트해야 할 때 대처가 늦어질 수도 있습니다. 또한 앱을 업데이트하지 않는 사람도 있기 때문에 운영하는 입장에서는 어려움이 큽니다.

코드 푸시(CodePush)는 이러한 문제를 해결하는 기능입니다. 앱 스토어의 업데이트를 통하지 않고, 변경된 파일을 실행 중인 앱에서 직접 내려받을 수 있게 합니다.

이러한 코드 푸시 기능을 이용하면 심사를 받지 않고 앱의 기능을 변경할 수 있습니다. 앱을 업데이트한 적이 없는데 갑자기 기능이 추가됐거나 디자인이 바뀌었다면 코드 푸시 기능으로 업데이트됐을 가능성이 큽니다. 하지만 처음 심사에 통과됐던 콘셉트와 너무 다르면 추후 앱 스토어에서 앱 자체를 노출하지 않을 가능성이 있으니 주의해야 합니다.

그림 5-29 앱 스토어 심사와 코드 푸시 비교

앱 스토어 심사

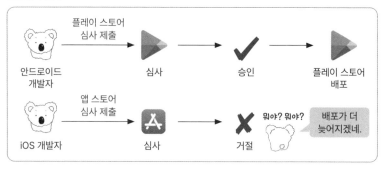

코드 푸시

웹 사이트처럼 앱을 실시간으로 업데이트할 수 있는 코드 푸시 기능은 리액트 네이티브의 강력한 무기입니다. 다만 2023년에 플러터도 동일한 기

능을 가진 쇼버드(shorebird)를 개발해 서비스하고 있어 이제는 두 가지 코드 푸시 도구가 동일 선상에 있는 상태입니다.

리액트 네이티브의 단점도 두 가지를 꼽을 수 있습니다.

● **코드 푸시의 한계**

코드 푸시도 한계가 있습니다. 네이티브 코드는 업데이트할 수 없다는 것입니다. 네이티브 코드는 보안과 품질을 지키기 위해 앱 스토어에서 심사를 받아야 합니다.

그리고 오랫동안 코드 푸시로만 앱을 업데이트하면 문제가 생깁니다. 처음 앱을 내려받은 사람은 오래된 버전을 설치했기 때문에 실행하고 나서 코드 푸시에 의한 업데이트를 한 번 더 해야 합니다. 그래서 코드 푸시는 버그 수정 등 간단하지만 긴급한 용도로 사용해야 합니다.

● **네이티브 언어를 알아야 하는 점**

리액트 네이티브는 자바스크립트뿐만 아니라 네이티브 언어(안드로이드의 자바와 코틀린, iOS의 스위프트 등)도 함께 사용해야 합니다. 예를 들어 안드로이드나 iOS 둘 중 한 곳에서만 제공하는 기능을 사용하거나 하드웨어를 직접 제어해야 할 때 네이티브 코드로 작성해야 합니다.

이는 하이브리드 앱을 개발할 때 흔히 겪는 문제입니다. 하이브리드 앱의 장점을 살리지 못하고 안드로이드, iOS, 하이브리드 앱 개발 도구까지 세 영역에 대처해야 하는 아이러니한 상황인 것입니다. 이러한 비효율성 때문에 에어비앤비는 리액트 네이티브로 개발했다가 네이티브 언어로 바꿔 다시 개발했습니다.

그림 5-30 크로스 플랫폼 개발의 한계

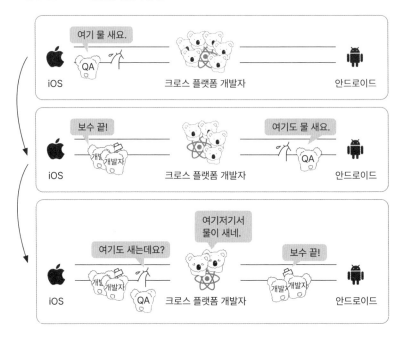

5.5.3 크로스 플랫폼 개발 언어 선택 방법

크로스 플랫폼 개발에 절대적으로 좋은 언어는 없습니다. 네이버는 플러터를 선택해 지식iN을 만들었고, 토스는 리액트 네이티브를 선택해 토스 글로벌을 만들었습니다. 즉 회사가 처한 상황과 목적에 부합하게 선택할 수밖에 없습니다.

수완 좋은 외주 개발사는 자사 블로그에 프로그래밍 언어나 개발 도구에 대해 쉽게 설명한 글을 올려놓습니다. 개발을 의뢰받을 때 각 회사에 맞는 언어와 도구를 골라줘 신뢰를 쌓고 이를 토대로 일을 수주하기 위함입니다. 따라서 그러한 게시글을 살펴보면 어떤 외주사나 개발자를 채용해야 할지, 어떤 도구를 사용하면 좋을지 현실적인 계획을 세우는 데 도움이 될 것입니다.

- **다트:** 구글이 개발한 언어로, 크로스 플랫폼 앱 개발에 사용됩니다.

- **플러터:** 다트를 이용해 크로스 플랫폼 앱을 개발하는 프레임워크입니다. 핫 리로드 기능 (앱 개발 시 저장하자마자 변경 사항을 화면에 표시하는 기능)을 제공하고, 플랫폼에 상관 없이 같은 UI를 구현하는 것이 장점입니다.

- **리액트 네이티브:** 자바스크립트로 만들어진 크로스 플랫폼 개발 프레임워크입니다. 브릿 지(자바스크립트 코드와 네이티브 코드 사이에서 통신하는 도구)를 통해 화면 버벅거림 을 개선하고, 코드 푸시 기능(앱 스토어의 심사를 받지 않고 앱을 업데이트하는 기능)을 통해 신속한 업데이트를 제공합니다.

1. 다음 각각의 설명이 맞으면 ○, 틀리면 ×로 표시하세요.

① 파이썬은 컴파일 방식의 언어이다. ························· ( )

② 인터프리터는 코드를 한 줄씩 번역해 실행한다. ·················· ( )

③ 프로그래밍 언어는 언제나 최신 버전이 좋다. ··················· ( )

2. 클라이언트 측에서 웹 사이트를 동적으로 이용할 수 있게 기능을 구현하는 프로그래밍 언어는?

① HTML   ② CSS   ③ 자바   ④ 자바스크립트

3. 유럽입자물리연구소에서 고안된 것으로, 관련된 연구 자료를 모아 볼 수 있게 연결하는 개념은?

① 하이퍼텍스트   ② 슈퍼텍스트

③ 콘텍스트   ④ 마크업 언어

4. 스타트업에서 자바스크립트 개발자를 선호하는 이유는?

① 웹 개발자가 부족하기 때문에

② 자바스크립트로 백엔드 개발도 가능해 유연성이 높기 때문에

③ 자바스크립트 개발자의 연봉이 낮기 때문에

④ 다른 언어보다 자바스크립트의 성능이 좋기 때문에

5. 다음 각각의 빈칸에 알맞은 말을 [보기]에서 골라 넣으세요.

> **보기** 크로스 플랫폼 앱, 자바/코틀린, 스위프트, 핫 리로드, JVM

① 자바가 플랫폼에 독립적으로 실행될 수 있는 것은 _____ 덕분 이다.

② iOS 앱 개발에 사용되는 언어는 _____이다.

③ 안드로이드 앱 개발에 사용되는 언어는 _____이다.

④ 하나의 언어로 개발돼 여러 플랫폼에서 동작하는 앱을 _____ (이)라고 한다.

⑤ 플러터는 앱을 빠르게 테스트하고 디버깅하기 위한 _____ 기능을 제공한다.

▶ 정답 289쪽

알아두면 좋은 개발 용어

"그거 API로 연결하면 되지 않나요?"라는 말에 막막함을 느낀 적이 있나요? 비전공자라면 개발자와 대화를 하다 외국어처럼 느껴지는 말을 종종 듣게 됩니다. 업무 회의에서 언급되는 낯선 용어 때문에 소통이 어려웠던 적도 있을 것입니다. 이 장에서는 비전공자의 막막함을 덜어주기 위해 주요 개발 용어를 살펴봅니다. 주요 개발 용어를 알아두면 개발자와의 대화가 막히지 않고 협업이 훨씬 수월해질 것입니다.

이 장을 읽고 나면 다음 키워드를 이해할 수 있습니다.

라이브러리 / 프레임워크 / SDK / API / JSON / XML

6.1 자주 쓰는 코드의 모음: 라이브러리

개발자가 "그건 제가 만든 게 아니라 갖다 쓴 거예요"라고 말한다면 이는 다른 사람이 작성한 코드를 그대로 가져와 사용했다는 뜻입니다. 개발자로서는 남이 만든 코드를 잘 가져다 쓰는 것도 능력입니다. 물론 저작권 문제가 없는 코드에 한해서 그렇습니다. 이렇게 개발자가 마음대로 가져다 쓰는 코드의 정체는 바로 라이브러리입니다.

6.1.1 라이브러리의 개념

라이브러리(library)는 다른 개발자가 만들어놓은 재사용 가능한 코드의 모음을 말합니다. 새로 만들지 않고 기존의 기능을 가져다 쓰면 업무 효율이 높아지듯이, 라이브러리를 사용하면 똑같은 기능을 하는 코드를 새로 작성할 필요가 없어 개발의 생산성이 높아집니다.

예를 들어 웹 페이지를 만들 때 자바스크립트 라이브러리를 사용하면 자바스크립트로 **하드코딩**(hard coding, 라이브러리의 도움을 받지 않고 처음부터 직접 코딩하는 것)을 할 때보다 훨씬 빠르게 개발할 수 있습니다. **그림 6-1**은 둘 다 같은 동작을 하는 코드이지만 라이브러리를 사용한 쪽이 그렇지 않은 쪽보다 더 간결합니다. 단순하고 반복적으로 쓰이는 기능의 경우 라이브러리를 사용하면 편리하고 개발의 효율도 높아집니다.

그림 6-1 자바스크립트 코드 vs 자바스크립트 라이브러리 코드 비교

자바스크립트 코드

```
document.getElementById("myButton").addEventListener("click", function() {
  document.getElementById("message").innerText = "버튼이 클릭되었습니다!";
});
```

자바스크립트 라이브러리 코드

```
$("#myButton").click(function() {
  $("#message").text("버튼이 클릭되었습니다!");
});
```

라이브러리 코드가
훨씬 간결하군.

프로그램에서 어떤 기능을 수행하며 재사용 가능한 코드의 가장 작은 단위를 **모듈**(module)이라 하고, 모듈들을 모아 폴더별로 담아놓은 것을 **패키지**(package)라고 합니다. 그리고 이러한 패키지의 모음이 바로 라이브러리입니다. 라이브러리는 코드의 양이 꽤 많은 편이며, 크고 복잡한 문제 해결에 사용됩니다.

그림 6-2 모듈, 패키지, 라이브러리

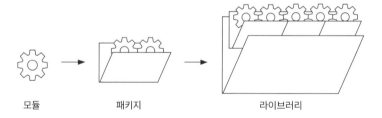

모듈   패키지   라이브러리

6.1.2 라이브러리의 적합성 판단 기준

개발자는 아무 라이브러리나 가져다 쓰지 않습니다. 다양한 라이브러리를 비교·분석해 어떤 라이브러리를 사용할지 결정합니다. 자칫 잘못 사용하면 다시 개발해야 하는 일이 생길 수도 있기 때문입니다.

개발자가 라이브러리의 적합성을 판단하는 기준은 네 가지입니다.

● 기능 구현 여부

첫째, 요구하는 기능을 구현할 수 있을지 여부입니다. 라이브러리를 사용하는 이유는 필요한 기능을 쉽고 빠르게 만들기 위해서입니다. 따라서 해당 라이브러리를 통해 자신이 원하는 기능을 구현할 수 있는지 확인하는 것은 기본입니다.

예컨대 개발 중인 프로그램에 사진 좌우 반전 기능을 넣고 싶다고 합시다. 구글링으로 찾아낸 두 가지 사진 보정 라이브러리 중 하나는 여러 가지 사진 보정 기능이 있지만 좌우 반전 기능이 없고, 다른 하나는 좌우 반전 기능만 있습니다. 이 경우에는 당연히 요구 사항을 충족하는 두 번째 라이브러리를 선택해야 합니다.

● 라이브러리의 평판

둘째, 라이브러리에 대한 개발자들의 평판입니다. 일반적으로 라이브러리 코드는 **깃허브**(Github)라는 웹 사이트에 공개돼 있습니다. 깃허브는 일종의 코드 저장소로, 코드를 버전별로 관리할 수 있게 도와줍니다.

깃허브에 업로드된 특정 라이브러리의 페이지에는 별(Star)과 이슈(Issues)

그림 6-3 깃허브에 등록된 라이브러리의 별과 이슈

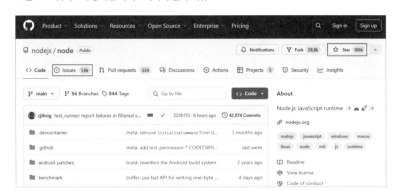

가 있습니다. 별은 개발자들이 누르는 '좋아요' 같은 것이고, 이슈는 해당 코드에 버그가 있다고 라이브러리 제작자에게 알려주는 횟수입니다. 별이 많고 이슈가 적을수록 괜찮은 라이브러리라고 볼 수 있습니다.

● 갱신 주기

셋째, 라이브러리의 갱신 주기입니다. 전자 제품을 사용하다가 뒤늦게 결함이 발견되는 경우가 있듯이, 이미 공개된 라이브러리도 버그가 발견되는 경우가 있습니다. 다행인 점은, 제품을 회수해 고쳐야 하는 전자 제품과 달리 라이브러리는 원격으로 코드를 업데이트하면 버그를 빠르게 해결할 수 있다는 것입니다.

깃허브에서는 코드를 업데이트한 날짜를 확인할 수 있습니다. 이는 제작자가 라이브러리를 꾸준히 관리한다는 의미로, 라이브러리에서 버그가 발견되면 제작자가 이를 해결하기 위해 애쓸 것이라고 신뢰할 수 있는 지표가 됩니다.

그림 6-4 깃허브에서 확인한 라이브러리의 갱신 주기

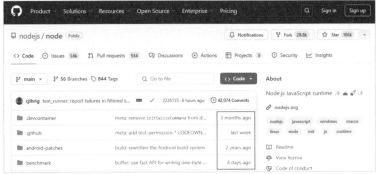

● 친절한 설명서

넷째, 라이브러리 설명서가 얼마나 친절한가입니다. 라이브러리는 사용법이 저마다 다릅니다. 라이브러리 제작자는 해당 사용법을 문서로 제공하는데, 이 설명서가 제대로 작성돼 있어야 어떤 기능을 어떻게 사용하는지 알 수 있습니다. 비싼 전자 제품을 샀는데 사용 설명서가 없거나 복잡하게 쓰여 있다면 제품 자체를 사용하기가 꺼려지듯이, 라이브러리도 설명서가 친절해야 많은 개발자가 가져다 쓸 것입니다.

개발자는 이 네 가지 기준에 따라 라이브러리를 고릅니다. 애써 지은 건물을 허물고 다시 짓는 불상사가 일어나지 않도록 말입니다. 건물이 노후돼 다시 짓는 것과 잘못 지어서 다시 짓는 것은 얘기가 다릅니다.

6.1.3 라이브러리 관련 에피소드

만약 가져다 쓴 라이브러리가 갑자기 사라진다면 어떻게 될까요? 실제로 이러한 일이 일어난 적이 있습니다.

문제의 패키지(라이브러리의 구성 단위)는 단어 왼쪽에 원하는 글자를 삽입하는 간단한 기능의 패키지였습니다. 어느 날 이 패키지 개발자는 다음과 같은 이메일을 받았습니다. "당신이 만든 패키지가 우리 회사의 상표와 이름이 겹치니 당장 바꾸면 좋겠습니다. 그러지 않으면 끔찍한 일을 겪게 될 것입니다."

터무니없는 협박을 받은 개발자는 이 패키지를 관리하는 회사에 중재를 요청했습니다. 하지만 돌아온 대답은 그 회사 말을 듣는 편이 좋을 것 같다는 내용이었습니다. 이에 화가 난 개발자는 자신의 패키지를 지워버렸습니다.

그런데 하필 웹 개발 핵심 도구인 바벨(Babel)이 그 패키지를 사용하고 있었습니다. 바벨은 최신 자바스크립트 문법을 오래된 웹 브라우저가 이해할 수 있게 번역하는 도구입니다. 최대한 많은 사람에게 웹 서비스를 제공하려면 바벨이 필요했는데, 단어 왼쪽에 특정 글자를 넣어주는 11줄짜리 패키지 하나가 사라져 바벨을 설치하지 못하게 됐습니다.

이로 인해 개발자들이 일을 못하게 되는 초유의 사태가 벌어졌습니다. 결국 패키지 관리 회사가 급히 뒷수습을 했고, 이메일을 보냈던 회사의 CEO가 패키지 개발자에게 사과의 글을 보내 패키지가 원상 복구됐습니다.

이와 같은 사고는 극히 드물기 때문에 크게 걱정할 필요가 없습니다. 다만 흔치는 않더라도 외부적인 요인으로 라이브러리를 사용하지 못하는 일이 발생할 수도 있습니다.

6.1.4 라이브러리 라이선스

라이브러리는 개발자가 자기 시간을 들여 만든 것이기 때문에 저작권이 있습니다. 이에 제삼자가 라이브러리를 사용할 수 있도록 허락하는 것을 라이선스(license)라고 합니다.

그림 6-5 깃허브에 등록된 라이브러리의 라이선스 고시 화면

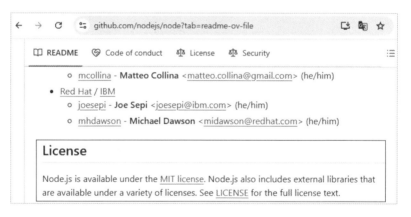

라이선스의 종류는 여러 가지인데, 그중에서 무료로 사용할 수 있는 라이선스는 MIT와 GPL(General Public License)이 대표적입니다. MIT 또는 GPL 라이선스가 붙어 있으면 오픈 소스 프로젝트에 사용할 수 있습니다.

MIT 또는 GPL을 따르는 라이브러리는 소스 코드가 공개돼 있고 상업적 이용과 코드 변경이 가능합니다. MIT 라이선스와 GPL 라이선스의 차이점은, 상업적으로 사용할 때 MIT 라이선스는 코드를 공개할 의무가 없지만, GPL 라이선스는 코드를 의무적으로 공개해야 한다는 것입니다. **그림 6-5**의 라이브러리는 MIT 라이선스를 따르고 있습니다.

라이선스의 유형에는 법적으로 보호받을 수 있는 지적 재산권인 **카피라이트**(copyright)와, 그 반대로 널리 공유하고 유통해 사회적 이익을 극대화하는 **카피레프트**(copyleft)가 있습니다. 카피레프트는 라이선스를 포기하는 것이 아니라 원작자가 저작권을 소유하되 해당 저작물을 다른 사람들과 공유하는 형태인데, GPL이 바로 카피레프트 유형의 라이선스입니다.

개발자들끼리는 소스 코드를 공유하곤 합니다. 다수가 정보를 공유하면 생산성이 비약적으로 좋아지기 때문입니다. 만약 새로운 라이브러리를 만들 때 GPL 라이브러리를 사용했다면 새로 만든 라이브러리도 똑같이 GPL을 따라야 합니다.

한 줄 정리 ☰

- **라이브러리:** 복잡한 문제를 해결하는 데 필요한 기능을 수행하는 패키지들을 모아둔 것으로, 무료로 공유할 수 있고 유상으로 사용할 수도 있습니다.
- **라이선스:** 저작물의 수정 허용 여부, 상업적 사용 가능 여부, 코드 공개 의무 등의 사용 권한을 말합니다.
- **GPL:** 저작권은 인정하지만 정보 독점을 막고 공유하자는 취지의 카피레프트 유형에 속하는 라이선스입니다.

개발을 도와주는 도구: 프레임워크

6.2.1 프레임워크의 개념

프레임워크(framework)는 웹이나 모바일 앱에서 돌아가는 프로그램을 빠르게 만들기 위해 사용하는 도구입니다. 프로그래밍 언어로 처음부터 끝까지 코드를 작성하지 않고 쉽게 개발할 수 있도록 이미 짜인 일종의 틀을 제공합니다. 공장에서 정해진 공정에 따라 작업해 제품을 만들어내듯이, 개발자는 프레임워크에 규정된 과정에 따라 코드를 작성해 프로그램을 완성할 수 있습니다.

쉽게 개발하는 데 도움이 되는 도구라는 면에서 프레임워크는 라이브러리와 비슷합니다. 다른 점을 굳이 꼽자면 프레임워크는 개발 시 주도권이 프레임워크에 있고 라이브러리는 개발자에게 있다는 것입니다.

그림 6-6 개발 시 주도권

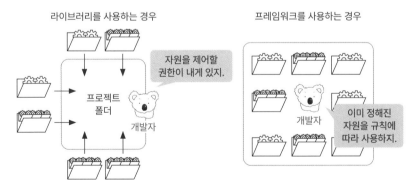

파스타를 만드는 것에 빗대어 생각해봅시다. 면과 소스 등의 재료 준비부터 조리까지 직접 하는 것은 라이브러리를 사용하는 것과 같습니다. 반면에 요리를 할 줄 몰라 학원에 가서 준비된 재료와 도구를 사용해 레시피대로 파스타를 만든다면 이는 프레임워크를 사용하는 것과 같습니다.

그런데 학원에서 요리를 하면서 집에서 가져온 후추를 쓴다고 해서 학원 강사가 혼을 내지는 않습니다. 이처럼 프레임워크를 사용할 때도 별도의 라이브러리를 가져와 사용할 수 있습니다. 물론 그렇게 할 수 있도록 기능을 제공하는 프레임워크에 한해서만 가능합니다.

표 6-1 라이브러리와 프레임워크 비교

구분	라이브러리	프레임워크
주도권	언제 어떤 라이브러리를 사용할지 개발자가 결정할 수 있다.	개발자가 프레임워크의 규칙에 따라 개발한다.
초점	특정한 문제를 해결하기 위한 기능을 제공한다.	포괄적인 범위의 문제를 해결하기 위한 도구를 제공한다.
개발자의 자유도	높다.	낮다.

요즘에는 라이브러리와 프레임워크의 경계가 모호합니다. 개념적으로 프레임워크는 구조와 규칙을 제공한다는 점에서 라이브러리와 분명 다르지만, 라이브러리가 프레임워크처럼 큰 규모의 문제를 해결하기 위한 도구로서 어느 정도의 구조와 규칙을 제공하는 경우도 있기 때문에 둘을 명확히 구분하기는 어렵습니다. 그래서 제작자가 자신이 개발한 것을 라이브러리라고 하면 라이브러리가 되고, 프레임워크라고 하면 프레임워크가 되는 편입니다.

6.2.2 풀 리퀘스트와 머지

라이브러리 또는 프레임워크에 버그가 있거나 원하는 기능이 구현돼 있지 않은데 상황이 급할 때는 개발자가 직접 만들어 사용하기도 합니다. 그리고 자신이 만든 코드를 원본 코드에 합쳐달라고 요청하기도 하는데, 이를 **풀 리퀘스트**(PR, Pull Request)라고 합니다. 원본 코드를 작성한 사람은 이 코드를 검토해보고 문제가 없으면 원본 코드에 병합하는데, 이를 **머지**(merge)한다고 합니다.

조직에서 개발자들은 이러한 방식으로 협업합니다. 개발자들끼리 공개된 코드를 개선해 풀 리퀘스트를 보내는 것과 같은 행위를 '생태계(패키지, 라이브러리, 프레임워크, 프로그래밍 언어 등)에 기여한다'고 하는데, 그들에게 이러한 이력은 커리어가 될 수 있습니다. 그만큼 해당 기술에 대한 관심과 이해도가 높다는 것을 의미하기 때문입니다.

6.2.3 개발 분야별 라이브러리/프레임워크

5장에서 개발 분야별 프로그래밍 언어를 배웠습니다. 프론트엔드, 백엔드, 모바일 앱 개발을 할 때는 특정 프로그래밍 언어만 가지고 코드를 작성하지 않습니다. 각 언어와 짝을 이루는 라이브러리와 프레임워크를 사용해야 빠르고 효율적으로 개발할 수 있습니다. 개발 분야별 프로그래밍 언어와 라이브러리/프레임워크 조합을 정리하면 **표 6-2**와 같습니다.

표 6-2 개발 분야별 프로그래밍 언어와 라이브러리/프레임워크

구분	프로그래밍 언어	라이브러리/프레임워크
인공지능 개발	파이썬	텐서플로, 파이토치, 케라스
빅데이터 분석	파이썬	아파치 하둡, 아파치 스파크
프론트엔드 개발	HTML + CSS + 자바스크립트	리액트, 뷰, 앵귤러, Next.js
백엔드 개발	자바, 코틀린, 자바스크립트	스프링, 스프링 부트, Nest.js
	PHP	라라벨
모바일 앱 개발	자바, 코틀린	안드로이드
	스위프트	스위프트UI
크로스 플랫폼 개발	다트	플러터
	자바스크립트	리액트 네이티브

한 줄 정리

- **프레임워크:** 프로그래밍 언어로 처음부터 끝까지 코드를 작성하지 않고 쉽게 개발할 수 있도록 이미 짜인 일종의 틀을 제공하는 개발 도구입니다.
- **프레임워크와 라이브러리의 차이:** 프레임워크는 개발 시 주도권이 프레임워크에 있고 라이브러리는 개발자에게 있습니다.
- **풀 리퀘스트:** 개발자가 원본 코드의 복사본을 만들어 수정하거나 기능을 추가한 후 변경 사항을 원본 코드에 합쳐달라고 요청하는 것을 말합니다.
- **머지:** 누군가의 풀 리퀘스트에 응해 변경 사항을 원본 코드에 병합하는 것을 말합니다.

소프트웨어 개발 키트: SDK

회의 중에 '라이브러리', '프레임워크' 말고도 'SDK'라는 말을 듣게 될지도 모릅니다. 대화의 맥락을 따라가 보면 SDK도 라이브러리와 프레임워크처럼 개발을 도와주는 도구 같은데, 정확히 어떤 점이 다른지 헷갈릴 수도 있습니다. 이러한 SDK에 대해 자세히 알아봅시다.

6.3.1 SDK의 개념

밀키트(meal kit)가 손질된 식재료와 양념이 포함된 세트를 말하듯이 **SDK**(Software Development Kit)는 애플리케이션 개발을 위해 필요한 도구들을 모아놓은 세트입니다. SDK에는 앞에서 배운 라이브러리와 프레임워크를 비롯해 각종 문서, 컴파일러, 빌드 도구, 디버거, API, 테스트 도구 등이 포함돼 있습니다.

- **라이브러리:** 자주 쓰는 코드의 모음

- **프레임워크:** 개발을 빠르게 할 수 있도록 도와주는 도구

- **각종 문서:** SDK에 포함된 각종 도구와 코드에 대한 설명서

- **컴파일러:** 코드를 번역해 실행하는 도구

- **빌드 도구:** 소스 코드의 컴파일, 패키징, 배포를 자동화하는 도구

- **디버거:** 코드에서 버그의 원인을 찾는 도구

- **API:** 서드파티, 라이브러리, 내부 서비스 등에서 이미 만들어둔 기능을 사용하기 위한 인터페이스

- **테스트 도구:** 애플리케이션이 제대로 작동하는지 확인하는 데 사용하는 도구

그림 6-7 SDK의 구성 요소

SDK의 대표적인 예로 자바 프로그램을 개발하기 위해 설치하는 자바 SDK 인 JDK가 있습니다. **JDK**(Java Development Kit)는 기본적으로 자바 코드를 실행하는 데 필요한 런타임 환경(JRE), 자바 가상 머신(JVM), 컴파일러를 포함하며, 개발에 필요한 전반적인 도구를 제공합니다. 한마디로 JDK가 없으면 자바 프로그램 개발을 빠르게 할 수 없습니다.

물론 JDK 없이 개발할 수도 있습니다. 자바 코드를 번역하고 실행하는 프로그램을 직접 만들면 됩니다. 또한 오류가 발생했을 때 어디가 틀렸는지 코드를 처음부터 훑어보며 찾으면 됩니다. 하지만 실제로 이렇게 개발한다면 시간이 몇 배나 더 들 것입니다. 그러니 반복적인 일을 도와주는 JDK를 안 쓸 이유가 없습니다.

개발자가 코딩할 때 사용하는 검은 화면을 **IDE**(Integrated Development Environment, 통합 개발 환경)라고 합니다. VSCode(Visual Studio Code)와 인텔리제이 IDEA(IntelliJ IDEA)는 대표적인 IDE입니다.

SDK는 IDE에 설치해 사용합니다. IDE에서 SDK의 다양한 도구를 불러오면 코드를 작성 및 실행할 수 있고, 코드에 오류가 발생하면 해당 위치를 추적한 후 새로 컴파일할 수 있습니다.

한 줄 정리　　　　　　　　　　　　　　　　　　　　　　≡

- **SDK:** 애플리케이션을 개발할 때 사용하는 도구들을 모아놓은 세트입니다. 라이브러리, 프레임워크, 각종 문서, 컴파일러, 빌드 도구, 디버거, API, 테스트 도구 등이 포함됩니다.
- **IDE:** 개발자가 코드를 작성 및 실행하고 오류가 발생하면 디버깅할 수 있도록 필요한 기능을 한데 모아 제공하는 통합 개발 환경 프로그램입니다. SDK는 IDE에 설치해 사용합니다.

서비스 인터페이스: API

6.4.1 API의 개념

API(Application Programming Interface)란 사람과 프로그램, 프로그램과 프로그램이 서로 소통할 수 있게 하는 인터페이스, 즉 상호 작용하는 방법을 말합니다. 이를 쉽게 이해할 수 있도록 분식점의 키오스크를 예로 들어보겠습니다.

키오스크에서 김밥과 라면을 고르고 결제하면 번호표가 나옵니다. 고객은 번호표를 받아 들고 잠시 기다립니다. 그러면 주방에서 번호를 호출하고, 번호표를 보여주면 음식을 받을 수 있습니다. 분식점에서 키오스크를 이용할 때는 결제를 먼저 하고 메뉴를 고를 수 없습니다. 키오스크가 '메뉴 > 주문 확인 > 결제 화면 > 주문 완료' 순서로 보여주기 때문입니다.

이처럼 분식점에서 식사를 하려면 '키오스크의 방식'을 따라야 합니다. 이 과정에서 손님은 총 네 번의 요청을 하고 네 번의 응답을 받습니다.

❶ 메뉴를 고르고(요청) 주문 내역을 확인한다(응답).

❷ [주문하기] 버튼을 누르고(요청) 결제 화면을 확인한다(응답).

❸ 카드를 꽂고(요청) 영수증과 번호표를 받는다(응답).

❹ 번호표를 주고(요청) 음식을 받는다(응답).

키오스크가 안내하는 각 절차에는 요구 사항과 그에 대한 응답이 있습니다.

API는 이렇게 서비스를 제공받기 위해 서로 간에 상호 작용하는 방법을 말합니다. 서비스 제공자가 API를 제공하지 않으면 서비스를 이용할 수 없고, 서비스 제공자가 정한 방식에 따라 API를 요청해야만 응답을 받을 수 있습니다.

네트워크 통신에서 서버는 클라이언트가 데이터를 요청할 수 있도록 API를 제공합니다. 이때 API가 많으면 특별히 API만 전용으로 제공하는 서버를 만들기도 하는데, 이를 **API 서버**라고 합니다.

다음은 클라이언트와 유튜브 API 서버가 API 요청과 응답을 주고받는 모습입니다. API 서버가 동영상 목록 조회 API를 제공하면 클라이언트는 이 API를 사용해 동영상 목록 조회 요청을 할 수 있습니다. 요청을 받은 서버는 클라이언트에게 동영상 목록으로 응답하고, 클라이언트는 이 응답을 받아 화면에 보여줍니다.

그림 6-8 **클라이언트-서버 간 API 요청과 응답**

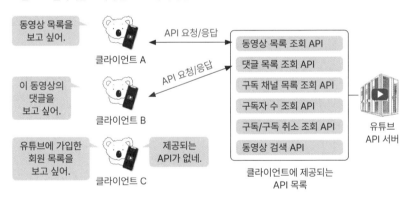

그런데 유튜브 API 서버가 제공하지 않는 API는 요청할 수 없습니다. **그림 6-8**에서 클라이언트 C는 유튜브 가입 회원 목록을 조회하고 싶지만 API 서버가 그러한 API를 제공하지 않기 때문에 유튜브 가입 회원 목록을 조회할 수 없습니다.

보통 유튜브에 접속하면 처음에 동영상 목록이 바로 나오지 않습니다. 아주 짧은 시간이기는 하지만 화면의 뼈대가 먼저 나온 뒤 추천 동영상이 뜹니다. 이는 앱 화면에 표시할 동영상 목록 조회 API의 응답 속도가 느리기 때문인데, 사용자가 기다리는 시간을 짧게 느끼도록 뼈대를 먼저 보여주는 것입니다.

6.4.2 API 설계: REST API

개발자가 "REST API를 만들었어요" 혹은 "이 API를 레스트풀(restful)하게 만들었어요"라고 말하는 것을 들어본 적이 있나요? 여기서 REST API는 API를 설계하는 방식 중 하나입니다.

API 설계란 클라이언트와 API 서버가 HTTP 통신으로 데이터를 주고받을 때 어떤 방식으로 데이터를 요청하고, 요청에 대해 어떤 형식으로 무슨 데이터로 응답할지를 정리한 규칙입니다.

REST API(REpresentational State Transfer API)는 클라이언트와 서버가 주고받는 자원(텍스트, 이미지, 음악, 영상 등)을 조회·저장·수정·삭제할 수 있도록 설계된 API입니다. REST API에는 HTTP 요청 메서드, 요청 URL, 요청 목적이 정의돼 있습니다.

- **HTTP 요청 메서드:** 어떤 요청을 하는지를 말합니다. 데이터 조회 요청에는 GET, 저장 요청에는 POST, 수정 요청에는 PUT(전체 수정)과 PATCH(일부 수정), 삭제 요청에는 DELETE 메서드를 사용합니다.
- **요청 URL:** 요청을 하고 응답받은 결과를 보여줄 웹 페이지의 주소를 말합니다.
- **요청 목적:** 어떤 작업을 요청하는지에 대한 내용입니다.

예를 들어 국가동물보호정보시스템 홈페이지(https://www.animal.go.kr)의 반려동물 목록 조회, 특정 반려동물 조회, 새 반려동물 저장, 반려동물 정보 수정, 반려동물 삭제 요청을 위한 REST API는 다음과 같이 만들 수 있습니다.

표 6-3 반려동물 조회, 저장, 수정, 삭제를 위한 REST API

HTTP 요청 메서드	요청 URL	요청 목적
GET	https://www.animal.go.kr/pet	전체 반려동물(pet) 목록 조회
GET	https://www.animal.go.kr/pet/ {petId}	특정 아이디의 반려동물(pet/ {petId}) 조회
POST	https://www.animal.go.kr/pet	새 반려동물(pet) 저장
PUT	https://www.animal.go.kr/pet	전체 반려동물(pet) 정보 수정
DELETE	https://www.animal.go.kr/pet/ {petId}	특정 아이디의 반려동물(pet/ {petId}) 삭제

REST API는 HTTP 요청 메서드로 어떤 요청을 하는지 명시하고, 요청 URL로 대상 자원이 무엇인지(표 6-3에서는 반려동물) 명시합니다. 따라서 개발자는 REST API만 보고도 어떤 요청을 하고 어떤 응답을 하는지 직관적으로 알 수 있습니다. 백엔드 개발자는 이렇게 설계된 REST API를 토대로 클라이언트에서 데이터를 요청하고 서버에서 요청을 받아 처리하는 로직을 개발합니다.

REST API 설계 결과는 API 문서로 정리해 개발자들끼리 공유합니다. 실제 API 문서에는 표 6-3에 제시된 항목 외에도 다양한 세부 항목이 들어갑니다. API 문서는 스웨거(Swagger)와 같은 API 문서 작성 전용 프로그램으로 작성할 수도 있고 노션(Notion), 엑셀(Excel) 같은 프로그램으로 작성할 수도 있습니다.

그림 6-9 스웨거로 작성한 API 문서

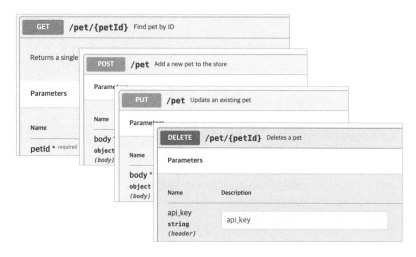

6.4.3 API 인증과 토큰

키오스크에서 번호표를 받았는데 다른 사람이 가져가면 그 사람이 나 대신 음식을 받아 먹을 수 있습니다. 이는 일종의 해킹과 같습니다.

API를 사용할 때도 이러한 일이 발생할 수 있습니다. API 서버는 요구하는 정보만 주면 다 응답하기 때문에 상대가 누군지 확인하는 절차가 없으면 사고가 발생합니다. 이를 예방하려면 API 인증을 해야 합니다. **API 인증**이란 API 요청을 보내는 사용자가 신뢰할 수 있는지 확인하는 과정입니다.

분식점에서 중간에 음식을 도둑맞지 않으려면 음식을 내줄 때 번호표와 고객의 얼굴을 함께 확인하면 됩니다. 이처럼 API 인증 시에도 API 요청과 함께 본인 인증에 필요한 정보, 즉 토큰을 보냅니다.

API 인증의 대표적인 예로 금융결제원에서 제공하는 오픈뱅킹 API가 있습니다. **오픈뱅킹 API**는 API와 연결된 모든 은행 계좌의 잔액과 이체 내역 조회, 송금 대행 서비스 등을 제공합니다. 그런데 API로 송금할 때 단순히 보내는 사람의 계좌번호, 받는 사람의 계좌번호, 이체 금액만 전달하면 누군가가 고객의 계좌번호를 알아내 잔고를 0원으로 만들 수도 있습니다. 따라서 오픈 뱅킹 API로 통신할 때는 일종의 신분증인 **토큰**(token)을 이용해 요청자의 신원을 확인합니다.

웹 또는 앱 서비스를 이용할 때 '토큰이 만료되었습니다'라는 알림창이 뜬다면 이는 API 서버에 접근할 수 있는 입장권의 유효 기간이 지났으니 다시 인증하라는 뜻입니다. 토큰을 발급받아 API 통신을 하는 과정은 **6.5.2 JSON을 활용한 API 통신 과정**에서 자세히 살펴보겠습니다.

6.4.4 API의 이용 유형

API는 개발자가 직접 설계해 사용할 수 있을 뿐만 아니라 다른 회사에서 만들어놓은 API를 사용할 수도 있습니다. 외부 API를 사용하는 방법은 크게 두 가지로, 서드파티 API를 사용하는 경우와 맞춤형 API를 사용하는 경우가 그것입니다.

● **서드파티 API를 사용하는 경우**

서드파티 API(third-party APIs)는 다른 회사가 독자적으로 개발한 프로그램을 외부에서 이용할 수 있도록 API 서비스로 만들어 제공하는 것을 말합니다. 이를 그대로 사용하려면 API를 제공하는 회사의 개발자 센터에 회원 가입을 한 후 고객 정보를 등록하면 됩니다.

서드파티 API는 유료와 무료가 있습니다. 본인 인증, 결제 대행과 같은 중요한 서비스는 대부분 유료입니다. 반면에 단순 정보 제공 서비스는 무료로 사용할 수 있으나 제한이 있습니다. 예를 들어 1초에 3회, 하루에 1만 건 등으로 API 최대 요청 가능 건수를 제한하며, 그 이상 사용하려면 업무 제휴 또는 유료 플랜을 이용해야 합니다.

● 맞춤형 API를 사용하는 경우

맞춤형 API는 API 서비스를 제공하는 회사와 협의해 맞춤형 API를 새로 만든 것입니다. 이미 완성된 서비스를 제공하고 있음에도 새로 API를 만드는 것은 비즈니스마다 상황이 다르기 때문입니다. 필요한 정보와 제공해야 하는 정보가 다를 수도 있고, 보안을 더 강화해야 할 수도 있습니다.

예를 들어 중고차를 살 때 사용하는 '대출 신청 API'가 있다고 합시다. 이 API는 대출 신청을 위해 주민등록번호, 직업, 고용 형태, 직장 정보, 연소득, 신청 금액 등의 정보를 요구합니다. 그런데 사람들은 처음 접하는 앱에 이 많은 개인 정보를 입력하길 꺼려 합니다.

이처럼 기존의 API 서비스가 비즈니스와 맞지 않을 때 업무 제휴를 맺고 맞춤형 API를 개발합니다. 그러면 API 개발을 의뢰하는 회사는 주관사로서 프로젝트를 주도하게 됩니다.

그림 6-10 서드파티 API와 맞춤형 API

서드파티 API와 맞춤형 API는 그 자체로 서비스이자 비즈니스 모델입니다. 카카오톡이나 구글 계정으로 간편하게 로그인을 할 수 있는 것도 '소셜 로그인'이라 불리는 API를 카카오톡과 구글 측에서 제공했기 때문입니다.

또한 인터넷에서 상품을 검색하면 다양한 쇼핑몰에 있는 똑같은 상품이 검색 결과에 노출되는 것을 볼 수 있습니다. 이는 여러 쇼핑몰에서 제공하는 상품 조회 API를 이용해 데이터를 가져왔기 때문입니다.

개발자가 직접 만들지 않았는데 제공하는 서비스는 전부 API라고 보면 됩니다. 이러한 API는 카카오 API, 네이버 API, 구글 API 등과 같이 제공하는 업체의 정보나 로고가 기재돼 있어 쉽게 구별할 수 있습니다.

일반적으로 API를 이용할 때는 JSON(제이슨)이라는 데이터 형태로 주고받습니다. 다음 절에서 JSON에 대해 자세히 알아보겠습니다.

한 줄 정리

- **API:** 사람과 프로그램, 프로그램과 프로그램이 서로 소통할 수 있게 하는 인터페이스, 즉 상호 작용하는 방법을 말합니다.
- **REST API:** 클라이언트와 서버가 주고받는 자원(텍스트, 이미지, 음악, 영상 등)을 조회·저장·수정·삭제할 수 있도록 설계된 API입니다. 개발자는 REST API만 보고도 어떤 요청을 하고 어떤 응답을 하는지 직관적으로 알 수 있습니다.

6.5 구조화된 데이터 포맷: JSON

JSON은 API를 통해 데이터를 주고받을 때 사용하는 데이터 포맷입니다. 데이터 포맷은 JSON 말고도 여러 가지가 있지만 API 통신에서는 주로 JSON을 사용합니다. 구조화된 데이터를 직관적으로 표현하기 때문인데, 왜 그런지 JSON 데이터의 생김새부터 살펴봅시다.

6.5.1 JSON 데이터 표기법

JSON은 'JavaScript Object Notation'의 약자로, 여기서 Notation은 '표기법'을 뜻합니다. 즉 JSON은 자바스크립트 객체를 표기하는 방법입니다. 쉽게 말해 클라이언트와 서버가 데이터를 주고받을 때 양측에서 읽고 쓰기 쉽게 만든 데이터 형태입니다.

JSON은 중괄호({})를 이용해 의미별로 데이터를 묶습니다. 그래서 데이터를 어디부터 어디까지 봐야 하는지 쉽게 알 수 있습니다. 중괄호 안에는 콜론(:)을 기준으로 왼쪽에는 키, 오른쪽에는 값을 작성하고 데이터들을 쉼표(,)로 구분합니다. 키는 문자열이므로 항상 큰따옴표("")로 감싸고, 값은 문자열인 경우에만 큰따옴표("")로 감쌉니다.

```
{
  "키1": "값1",
  "키2": "값2",
  "키3": "값3"
}
```

JSON은 모든 데이터를 키와 값의 쌍으로 작성합니다. 예를 들어 주문 음식 (product_name)은 라면, 가격(price)은 4500, 주문 수량(quantity)은 1을 JSON 데이터로 표현하면 다음과 같습니다.

```
{
  "product_name": "라면",
  "price": 4500,
  "quantity": 1
}
```

6.5.2 JSON을 활용한 API 통신 과정

분식집에서 키오스크로 음식을 주문하는 예로 돌아가봅시다. 메뉴를 고르고 결제할 때까지 키오스크는 API 서버와 다음 두 단계로 통신합니다.

❶ 주문 요청과 응답

❷ 결제 요청과 응답

각 단계에서 어떻게 JSON으로 API 통신을 하는지 살펴봅시다.

주문 요청과 응답

먼저 주문 요청을 하기 위해 JSON 데이터를 보내야 합니다. 예를 들어 김밥과 라면을 주문하는 경우에 어떤 데이터를 보내야 하는지 생각해봅시다.

우선 같은 음식이지만 양이 다르거나 추가 옵션이 있을 수 있으니 고유한 주문 번호(product_id)가 필요합니다. 그리고 주문 음식(product_name), 가격(price), 주문 수량(quantity) 정보도 필요합니다. 또한 총 결제 금액(total_price)과 주문 시간(order_date)이 있으면 나중에 매출 현황을 한눈에 확인할 수 있습니다. 이러한 데이터를 JSON으로 표현하면 다음과 같습니다.

클라이언트→API 서버로 보내는 JSON 데이터(주문 요청)

```
{
  "order": [
    {
      "product_id": 1,
      "product_name": "김밥",
      "price": 3500,
      "quantity": 1,
    },
    {
      "product_id": 2,
      "product_name": "라면",
      "price": 4500,
      "quantity": 1,
    }
  ],
  "total_price": 8000,
  "order_date": "2024-10-10 16:50:33"
}
```

그런데 주문(order) 데이터를 보면 중괄호로 묶인 항목이 대괄호([ ])로 또 감싸여 있습니다. 대괄호는 복수의 데이터를 취급할 때 사용하는 것으로, 대괄호 안의 내용을 보면 동일하게 생긴 데이터가 값만 바뀐 채 반복됩니다.

주문 요청을 받은 API 서버는 다음과 같은 JSON 데이터로 응답합니다. 요청이 성공적으로 처리됐다는 결과(result) 메시지와 함께 주문번호(order_no)를 보냅니다.

——————————————————————————— API 서버→클라이언트로 응답하는 JSON 데이터(주문 응답)

```
{
  "result": "success",
  "order_no": "20241010165033abcd"
}
```

이처럼 클라이언트와 서버는 서로 주고받는 데이터를 JSON 형태로 가공해 사용합니다. 개발자가 "JSON으로 줄게요"라고 말한다면 데이터를 앞의 예처럼 가공해 주고받겠다는 뜻입니다.

결제 요청과 응답

주문이 제대로 접수되면 결제 단계로 넘어갑니다. 우리나라는 카드 정보를 카드사와 일부 PG사만 저장할 수 있습니다. 여기서 PG는 'Payment Gateway'의 약자로, 결제 수단을 통합하고 결제를 대행하는 서비스 회사를 말합니다. 쇼핑몰에서 신용카드, 실시간 계좌 이체, 스마트폰 등 다양한 방법으로 결제할 수 있는 것은 PG사가 결제 수단을 모아 보여주기 때문입니다.

다음 그림은 키오스크에서 결제 요청과 응답을 하는 과정을 보여줍니다.

그림 6-11 결제 요청과 응답 과정

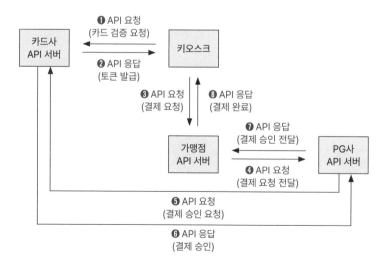

❶~❷ 카드 검증

키오스크 단말기에 카드를 꽂는 순간 키오스크는 정상적인 카드인지 검증해달라는 요청을 카드사 API 서버로 보냅니다. 정상적인 카드임이 확인되면 카드사 API 서버는 API 인증을 위한 토큰을 키오스크에 발급합니다. 이는 카드가 정상이라는 일종의 보증서 같은 것입니다.

───────────────────── 키오스크→카드사 API 서버로 보내는 JSON 데이터(카드 검증 요청)

```
{
  "card_no": "1234-5678-1234-5678",
  "name": "HONG GIL DONG",
  "expire_date": "11/26" --- 카드 만료일
}
```

───────────────────── 카드사 API 서버→키오스크로 응답하는 JSON 데이터(토큰 발급)

```
{
  "result": "success",
  "token": "saeaisnvsai8hfw3oirn2k3h4k23j4k23u4h" --- API 인증
}                                                      토큰
```

❸ 결제 요청

키오스크가 카드사 API 서버로부터 토큰을 받으면 사용 가능한 카드이므로 가맹점 API 서버로 결제 요청을 보냅니다. 이때 보내는 데이터에는 주문 번호(order_no), 주문 요약(order_name), 총 결제 금액(payment_amount), 암호화된 결제 데이터(payment_data)가 포함됩니다.

───────────────────── 키오스크→가맹점 API 서버로 보내는 JSON 데이터(결제 요청)

```
{
  "token": "saeaisnvsai8hfw3oirn2k3h4k23j4k23u4h",
  "order_no": "20241010165033abcd",
  "order_name": "김밥 외 1건",
  "payment_amount": 8000,
```

```
    "payment_data": "alx2sv4zix5veja7l5vsx4z5eif2hkjkf54e4sux
    f3h2rkwau3h"
}
```

❹ 결제 요청 전달

요청을 받은 가맹점 API 서버는 이 결제 데이터를 다시 PG사 API 서버로
전달합니다. 바로 카드사 API 서버로 결제 요청을 하지 않는 것은 PG사
의 결제 대행 서비스를 이용하기 때문입니다. 또한 PG사가 결제 내역을
관리하려면 어떤 가맹점이 결제 요청을 했는지 알아야 하기 때문에 PG
사 API 서버로 결제 요청을 전달합니다. 이때 가맹점 API 서버는 PG사와
계약할 때 발급받은 가맹점 아이디(mid, 'merchant id'의 줄임말)를 JSON
데이터에 추가해 보냅니다.

───── 가맹점 API 서버→PG사 API 서버로 보내는 JSON 데이터(결제 요청 전달)

```
{
    "token": "saeaisnvsai8hfw3oirn2k3h4k23j4k23u4h",
    "order_no": "20241010165033abcd",
    "order_name": "김밥 외 1건",
    "payment_amount": 8000,
    "payment_data": "alx2sv4zix5veja7l5vsx4z5eif2hkjkf54e4sux
    f3h2rkwau3h"
    "mid": "길벗김밥" --- 가맹점 아이디
}
```

❺~❽ 최종 결제

PG사 API 서버는 암호화된 결제 데이터(payment_data)를 복호화해 정상
적인 요청인지 확인합니다. 혹시 가맹점 API 서버나 키오스크가 해킹당
해 부정한 결제 요청을 한 것은 아닌지 확인하는 것입니다. 그리고 정상
적인 결제 요청으로 확인되면 이 결제를 승인해달라고 카드사 API 서버
에 요청합니다. 카드사 API 서버는 이를 받아 결제 승인을 하고, 그 결과

를 PG사 API 서버가 가맹점 API 서버로 전달합니다. 그러면 결제가 완료돼 키오스크의 주문 상태가 '결제됨'으로 바뀝니다. 이로써 주문이 접수됩니다.

앞의 결제 프로세스는 이해를 돕기 위한 예시입니다. 실제 프로세스는 더 복잡하며 보안이 강화돼 있습니다. 여기서는 클라이언트와 API 서버가 어떤 흐름으로 통신하는지, 그때 주고받는 JSON 데이터가 어떻게 생겼는지만 짚고 넘어가세요.

데이터 구조를 표현하는 방법은 여러 가지이며, JSON이 개발되기 전에는 XML을 사용했습니다. 다음 절에서는 XML에 대해 자세히 살펴보겠습니다.

한 줄 정리

· **JSON:** 클라이언트와 서버 간에 데이터를 주고받기 위해 개발된 데이터 형식으로, 모든 데이터를 키와 값의 쌍으로 작성합니다.

· **API 통신:** 클라이언트와 서버 간에 데이터를 주고받을 때 어떤 방식으로 데이터를 요청하고 어떤 방식으로 응답할지 미리 정해놓은 규격에 따라 통신하는 것을 말합니다. API 통신에서는 주로 JSON을 사용합니다.

사이트맵과 RSS 작성 언어: XML

6.6

XML은 HTML과 비슷하게 생겼습니다. 그도 그럴 것이 **XML**은 HTML의 한계를 보완하기 위해 만들어졌기 때문입니다. 그래서 이름도 '확장 가능한 마크업 언어'를 의미하는 'eXtensible Markup Language'의 약자입니다.

6.6.1 XML 데이터 표기법

XML은 HTML과 마찬가지로 〈태그〉와 〈/태그〉 사이에 내용을 작성합니다. 앞에서 살펴본 주문 요청 JSON 데이터를 XML로 작성하면 다음과 같습니다.

주문 요청 JSON 데이터

```
{
  "order": [
    {
      "product_id": 1,
      "product_name": "김밥",
      "price": 3500,
      "quantity": 1,
    },
    {
      "product_id": 2,
      "product_name": "라면",
      "price": 4500,
```

```
      "quantity": 1,
    }
  ],
  "total_price": 8000,
  "order_date": "2024-10-10 16:50:33"
}
```

↓

```
<OrderData>
  <OrderItem>
    <ProductId>1</ProductId>
    <ProductName>김밥</ProductName>
    <Price>3500</Price>
    <Quantity>1</Quantity>
  </OrderItem>
  <OrderItem>
    <ProductId>2</ProductId>
    <ProductName>라면</ProductName>
    <Price>4500</Price>
    <Quantity>1</Quantity>
  </OrderItem>
  <TotalPrice>8000</TotalPrice>
  <OrderDate>2024-10-10 16:50:33</OrderDate>
</OrderData>
```

이처럼 XML은 HTML이라고 해도 믿을 만큼 비슷하게 생겼습니다. 눈에 보이는 차이점이라면 XML은 태그의 이름을 직접 지을 수 있다는 것입니다. HTML은 〈h1〉, 〈p〉와 같이 표준으로 정해진 태그만 사용해야 하지만, XML은 〈OrderData〉, 〈ProductId〉와 같이 태그를 새로 만들어 데이터의 의미를 좀 더 명확하게 전달할 수 있습니다.

하지만 XML은 JSON에 비해 코드양이 많습니다. 물론 컴퓨터는 눈 깜빡할 새에 처리해버리겠지만 개발자는 더 많은 코드를 읽어야 합니다. 게다가 코드가 많아지면 그만큼 데이터 전송 속도가 느려집니다.

6.6.2 XML 사용 분야

속도가 느리다는 단점에도 불구하고 전 세계적으로 XML이 사용되는 분야가 있습니다. 블로그나 웹 사이트 운영에 관심이 있다면 사이트맵(site map)과 RSS(Really Simple Syndication)를 들어봤을 텐데, 이 두 가지를 XML 파일로 작성합니다.

사이트맵과 RSS는 구글, 네이버와 같은 검색 사이트의 검색 로봇에게 웹 사이트의 구성을 알려주는 역할을 합니다. 사이트맵 파일(sitemap.xml)은 웹 사이트에 어떤 웹 페이지가 있는지 일종의 목차를 적어놓은 것입니다. 그리고 RSS 파일(rss.xml)은 웹 사이트에 새로운 웹 페이지가 발행됐다는 소식을 검색 로봇에게 알려주는 것입니다.

두 파일이 없어도 시간이 흐르면 검색 결과에 웹 사이트가 노출되기는 합니다. 그러나 웹 사이트의 갱신 사항을 검색 로봇에게 적극적으로 알려 최대한 빨리 웹 페이지를 노출시키기 위해 사이트맵과 RSS 파일을 등록합니다.

사이트맵 XML 파일은 다음과 같은 형태이며, 웹 사이트에 있는 모든 웹 페이지 주소를 포함하고 있습니다.

사이트맵 XML 파일(sitemap.xml)

```
<?xml version="1.0" encoding="UTF-8"?> --- ❶
<urlset xmlns="http://www.sitemaps.org/schemas/sitemap/0.9"> --- ❷
  <url> --- ❸
    <loc>https://www.example.com/blog/post1.html</loc>
    <lastmod>2024-11-01</lastmod>
    <changefreq>weekly</changefreq>
    <priority>0.9</priority>
```

```
<image:image xmlns:image="http://www.google.com/schemas/
sitemap-image">
  <image:loc>https://www.example.com/images/post1.jpg</
  image:loc>
  <image:caption>블로그 포스트 1</image:caption>
</image:image>
</url>
<url>
  <loc>https://www.example.com/blog/post2.html</loc>
  <lastmod>2024-11-01</lastmod>
  <changefreq>weekly</changefreq>
  <priority>0.9</priority>
  <image:image xmlns:image="http://www.google.com/schemas/
  sitemap-image">
    <image:loc>https://www.example.com/images/post2.jpg</
    image:loc>
    <image:caption>블로그 포스트 2</image:caption>
  </image:image>
</url>
</urlset>
```

❶에는 XML의 버전(version)과 인코딩(encoding)이 정의돼 있습니다. 인코딩
은 영어, 한국어, 일본어 등과 같은 문자를 컴퓨터가 이해할 수 있게 숫자 0
과 1로 바꾸는 것입니다. 이 코드에서 **UTF-8**(Unicode Transformation Format-
8bit)은 전 세계의 모든 문자를 표현할 수 있는 표준 코드로, 문자 하나를 표
현하기 위해 8자리 이진수로 끊어서 인코딩하는 방식입니다. UTF-8 방식으
로 인코딩한 코드를 디코딩하면 0과 1로 된 숫자를 원래 문자로 복원할 수
있습니다.

❷의 〈urlset〉는 해당 웹 사이트에 있는 웹 페이지 주소를 모아놓은 것입니
다. ❷에 있는 각 웹 페이지의 주소와 수정된 날짜가 ❸에 〈url〉 태그로 정리
돼 있습니다.

RSS XML 파일도 사이트맵 XML 파일과 내용이 비슷합니다.

```
<?xml version="1.0" encoding="UTF-8"?>
<rss version="2.0" xmlns:media="http://search.yahoo.com/mrss/">
  <channel>
    <title>길벗 블로그</title>
    <link>https://www.example.com/blog</link>
    <description>길벗 블로그!</description>
    <lastBuildDate>2024-11-01</lastBuildDate>
    <item>
      <title>블로그 포스트 1</title>
      <link>https://www.example.com/blog/post1.html</link>
      <description>블로그 포스트 1의 내용에 대한 간단한 설명
      </description>
      <pubDate>2024-11-01</pubDate>
      <guid isPermaLink="true">https://www.example.com/blog/
      post1.html</guid>
      <media:content url="https://www.example.com/images/post1.
      jpg" />
    </item>
    <item>
      <title>블로그 포스트 2</title>
      <link>https://www.example.com/blog/post2.html</link>
      <description>블로그 포스트 2의 내용에 대한 간단한 설명
      </description>
      <pubDate>2024-11-01</pubDate>
      <guid isPermaLink="true">https://www.example.com/blog/
      post2.html</guid>
      <media:content url="https://www.example.com/images/post2.
      jpg" />
    </item>
  </channel>
</rss>
```

내용이 길지만 결국 어떤 웹 사이트에서 어떤 페이지를 발행했는지에 대한 정보입니다. 대부분의 웹 사이트는 이러한 사이트맵 XML 파일과 RSS XML 파일이 자동으로 업데이트되도록 만들어져 있습니다. 구글, 네이버 등에서 운영하는 검색 도구에 사이트맵 XML 파일과 RSS XML 파일이 있는 웹 페이지의 주소를 등록해주면 검색 결과에 노출됩니다.

그림 6-12 **구글의 검색 도구에 사이트맵 XML 파일과 RSS XML 파일이 있는 웹 페이지의 주소를 등록한 화면**

한 줄 정리

- **XML:** 확장 가능한 마크업 언어로, HTML에서 직관적으로 표현하지 못하는 데이터를 저장하고 전송할 수 있습니다.
- **사이트맵 XML 파일(sitemap.xml):** 검색 로봇에게 웹 사이트의 구성을 알려주는 XML 파일입니다.
- **RSS XML 파일(rss.xml):** 최신 웹 페이지 발행 소식을 검색 로봇에게 알려주는 XML 파일입니다.

정리하기 퀴즈

1. 다음 각각의 설명이 맞으면 ○, 틀리면 ×로 표시하세요.

① 라이브러리는 개발자가 필요할 때 가져다 사용할 수 있다. ········ ( )

② 라이브러리는 특정 기능을 수행하는 코드의 모음이다. ·············· ( )

③ 모든 프레임워크는 오픈 소스이다. ································· ( )

④ 프레임워크는 애플리케이션의 전체적인 구조를 정의하고 개발자는 그 구조에 따라 코드를 작성해야 한다. ······························· ( )

2. SDK는 무엇의 약자인가?

① Software Development Kit

② Software Design Kit

③ System Development Kit

④ System Development Knowledge

3. 다음 중 SDK에 포함되지 않는 것을 모두 고르세요.

① 라이브러리   ② API

③ 운영체제   ④ 프로그래밍 언어

⑤ 프레임워크   ⑥ 컴파일러

⑦ 빌드 도구   ⑧ 디버거

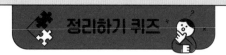

4. API를 사용하는 주된 목적은 무엇인가?

① 데이터 저장

② 사용자 인터페이스 디자인 구현

③ 사용자와 프로그램 간 또는 프로그램과 프로그램 간 상호 작용

④ 웹 사이트 트래픽 분석

5. 다음 각각의 빈칸에 알맞은 말을 [보기]에서 골라 넣으세요.

> **보기** RSS, 사이트맵, JSON

① _____은(는) 데이터를 구조화해 표현하기 위한 경량 데이터 형식으로, 주로 웹 애플리케이션 간의 데이터 교환에 사용된다.

② _____은(는) 웹 사이트에 새로운 웹 페이지가 발행됐다는 소식을 알리기 위한 XML 파일로, 뉴스와 블로그에서 사용된다.

③ _____은(는) 검색 로봇에게 웹 사이트의 구조를 알려주기 위한 XML 파일로, 각 웹 페이지의 주소를 포함하고 있다.

▶ 정답 289쪽

MEMO

안 된다고 하는
개발자의 속사정

직장에 다니는 독자라면 직장에서 어떨 때 스트레스를 많이 받나요? 다양한 상황이 있겠지만 동료가 비협조적일 때 특히 그럴 것입니다. 자기 일이 아니라고 하거나 요청을 처리할 수 없다고 하는 동료를 마주하면 답답함이 밀려옵니다.

개발자와 일할 때도 이러한 일이 종종 발생합니다. 그러나 개발자가 무턱대고 안 된다고 하는 것은 아닙니다. 이 장에서는 업무 상황별로 담당 개발자를 찾아가는 방법과 개발자가 안 된다고 말하는 진짜 이유를 알아봅니다.

업무 상황별 담당자 찾기

쉽게 말해 눈에 보이는 것을 만드는 사람은 프론트엔드 개발자이고, 안 보이는 것을 만드는 사람은 백엔드 개발자입니다. 그런데 실무에서 이들이 어떤 일을 하는지 구체적으로 알기는 어렵습니다. 담당자가 맞겠거니 하고 물어보면 자기 일이 아니라고 답하는 경우도 흔히 있습니다. 이럴 때는 일을 방해해 미안하기도 하고, 다시 담당자를 찾아야 해서 난감합니다.

이렇게 담당자를 찾아 헤매는 것은 웹과 앱이 어떤 원리로 동작하는지, 개발 포지션별로 어떤 일을 하는지 구체적으로 알지 못하기 때문입니다. 이 절에서는 개발자와 협업할 때 겪을 수 있는 업무 상황별로 담당자가 누군지 알아보겠습니다.

이 절을 읽을 때 주의할 점이 있습니다. 그 내용이 일반적인 개발자별 업무에 관한 것이니 회사마다 인력 상황과 업무 분장이 다를 수 있음을 염두에 두기 바랍니다.

7.1.1 웹 페이지의 데이터를 수정할 때

웹 페이지의 구성과 디자인 변경은 웹 퍼블리셔 또는 프론트엔드 개발자가 합니다. 그런데 화면에 보이는 데이터 수정 및 삭제, 추가 등은 프론트엔드 개발자와 백엔드 개발자가 같이 처리합니다. 각 상황별로 프론트엔드 개발자와 백엔드 개발자가 어떤 일을 하는지 알아봅시다.

데이터를 수정하거나 삭제하는 경우

수시로 변경되는 데이터는 클라이언트가 서버에 요청해 받아옵니다. 이때 서버는 데이터베이스에서 필요한 데이터를 불러오고, 클라이언트가 사용할 수 있도록 가공해 보내줍니다.

쇼핑몰을 예로 들어보겠습니다. 쇼핑몰에는 상품 관련 데이터가 굉장히 많습니다. 이러한 데이터에는 상품 번호, 상품명, 상품 설명, 상품 섬네일, 원가, 할인가, 원산지, 색상, 카테고리, 관련 상품 등이 포함되며, 이를 JSON으로 표현하면 다음과 같습니다.

JSON 데이터로 표현한 쇼핑몰 상품

```
[
  {
    "상품 번호": 1,
    "상품명": "빨간 풍선",
    "상품 설명": "이벤트용 빨간 풍선이에요.",
    "상품 섬네일" : "상품 섬네일 주소 URL",
    "원가": 1000,
    "할인가": 800,
    "원산지": "대한민국",
    "색상": "빨강",
    "카테고리": "잡화",
    "관련 상품": ["파란 풍선", "바람 넣는 기계", "촛불", …],
    …
  }
]
```

화면에 상품 목록을 표시할 때는 이 모든 데이터가 다 필요하지 않습니다. 다음과 같이 화면에 표시되는 데이터만 추려서 가져오면 됩니다. 필요 없는 데이터를 줄이면 웹 페이지의 표시 속도가 빨라집니다. 비유하자면 학교에

갈 때 책가방에 전 과목 교과서를 다 넣는 것이 아니라 그날 배울 과목의 교과서만 넣는 것과 같습니다.

화면에 표시할 데이터만 가져오는 JSON 코드

```
[
  {
    "상품 번호": 1,
    "상품명": "빨간 풍선",
    "상품 섬네일" : "상품 섬네일 주소 URL",
    "원가": 1000,
    "할인가": 800,
  }
]
```

한편 1000이라는 숫자에 '1,000원', '1000₩'처럼 단위를 표시하고 싶을 수도 있습니다. 문제는 프론트엔드와 백엔드, 양쪽 모두 데이터를 가공할 수 있다는 것입니다. 백엔드 개발자가 서버에서 '1000'을 '1,000원'으로 만들어 클라이언트에 전달하면 프론트엔드 개발자는 화면에 표시하기만 하면 됩니다.

하지만 서버에 부하가 큰 편이라면 부담을 덜기 위해 프론트엔드 개발자가 로우 데이터(raw data, 데이터베이스에 저장된 상태 그대로의 데이터)를 받아 가공할 수도 있습니다.

- **로우 데이터:** 1000

- **가공된 데이터:** 1,000원, 1,000₩, 1,000KRW, …

정리하자면 서버에 저장된 데이터를 선택적으로 가져오는 일은 백엔드 개발자가 처리합니다. 이후 이 데이터를 원하는 형식으로 화면에 보여주기 위해 수정하거나 삭제하는 일은 프론트엔드 개발자가 처리합니다.

새 데이터를 추가하는 경우

기존에 없던 새 데이터를 추가하는 것은 좀 더 복잡합니다. 때에 따라서는 기능을 새로 만들어야 할 수도 있습니다. 예를 들어 상품 섬네일에 타이머를 표시해 핫딜 기간을 알려줘야 한다고 합시다. 그러려면 데이터를 다루는 백엔드 개발자가 할인율과 할인 기간을 저장하고 조회하는 기능을 만들어줘야 합니다.

일반적으로 서비스 운영에 필요한 업무는 '관리자 페이지'라고 부르는 백 오피스(back office)에서 처리합니다. 그래서 운영 관련 기능은 외부에서는 접속할 수 없는 관리자 페이지에서 개발합니다.

그림 7-1 관리자 페이지의 예

소비자가 보는 쇼핑몰 화면과 백 오피스에서 보는 관리자 페이지의 핫딜 기능은 다음과 같이 구분해 개발합니다.

- **'관리자 페이지+쇼핑몰 핫딜' 화면의 프레젠테이션 로직 개발:** 프론트엔드 개발자
- **'관리자 페이지+쇼핑몰 핫딜' 기능의 비즈니스 로직 개발:** 백엔드 개발자

정적 애셋과 동적 애셋을 변경하는 경우

애셋(asset)이란 웹 페이지를 구성하고 작동하는 데 사용되는 다양한 파일을 말합니다. 애셋은 한 번 저장해두면 잘 바뀌지 않는 **정적 애셋**(static asset)과 자주 바뀌는 **동적 애셋**(dynamic asset)으로 구분됩니다. 로고 이미지처럼 한 번 설정해두면 바꿀 일이 없는 파일이 정적 애셋이고 상품 섬네일, 이벤트 배너처럼 자주 바뀌는 파일이 동적 애셋입니다.

● **정적 애셋 변경**

  일반적으로 정적 애셋은 프로그램 코드와 같은 폴더에 담겨 있습니다. 이는 스마트폰 카메라로 찍은 사진을 클라우드 같은 외부 저장소에 저장하지 않고 스마트폰 기기에 바로 저장하는 것과 같습니다. 그러면 이미지를 클라우드에서 가져올 필요가 없어 화면에서 빠르게 볼 수 있습니다.

  정적 애셋을 화면에 하나 더 추가하는 경우(예: 헤더 영역에 있는 로고 이미지를 흑백 버전으로 바꿔 푸터 영역에도 추가하는 경우)라면 프론트엔드 개발자가 처리해도 됩니다. 정적 애셋을 프로젝트 폴더에 넣고, 애셋 파일의 위치를 프로그램 코드로 작성하면 되기 때문입니다. 다만 이때는 프로그램 코드가 변경되므로 다시 빌드/배포해야 추가한 정적 애셋이 화면에 보입니다.

  만약 운영 중인 서비스의 정적 애셋을 다른 파일로 변경하려면 파일을 서버에 새로 업로드해야 합니다. 급하지 않다면 프론트엔드 개발자가 프로그램 코드를 수정하고 빌드해 다음 버전에서 배포하며, 급하다면 백엔드 개발자가 서버에 업로드해 원래 있던 애셋을 덮어쓰기합니다.

● **동적 애셋 변경**

  자주 바뀌는 동적 애셋의 경우 개발자가 매번 서버에 업로드하거나 다시 빌드하면 비효율적이므로 쇼핑몰 관리자가 직접 등록 및 삭제할 수 있도록 관리자 페이지에 '섬네일 등록/삭제', '이벤트 배너 등록/삭제'와 같은 기능을 개발해둡니다. 이렇게 관리자 페이지에 구현돼 있으니 쇼핑몰 관리자가 동적 애셋을 변경할 수 있습니다.

정리하자면 정적 애셋 변경은 프론트엔드 개발자와 백엔드 개발자가 하고, 동적 애셋 변경은 관리자 페이지에서 웹 사이트 관리자가 직접 처리합니다.

7.1.2 웹 페이지 표시 속도가 느릴 때

웹 사이트를 운영하다 보면 화면에 UI가 뜨는 속도가 점점 느려지는 경우가 있습니다. 로직이 늘어나고, 사용자가 많아지고, 데이터도 많이 쌓이기 때문입니다. 화면 표시 속도가 느려지면 사용자의 이탈률이 증가하는데, 이는 매출과 직결되기 때문에 반드시 개선해야 합니다.

일반적으로 속도 이슈는 백엔드 개발자가 처리합니다. 서버에서 데이터 가공 처리가 끝나야 화면에 UI가 표시되기 때문입니다. 그런데 모든 속도 이슈를 백엔드 개발자가 처리해야 하는 것은 아닙니다. 서버의 응답이 느릴 때는 백엔드 개발자가 처리해야 하지만, 불러와야 할 애셋이 많다면 다양한 관계자가 모여 논의해야 합니다.

서버의 응답이 느린 경우

서버의 응답이 느린 경우는 갑자기 접속자 수가 늘어나거나 서버가 처리해야 하는 데이터의 양이 많을 때 발생합니다. 이럴 때는 **리팩터링**(refactoring, 결과의 변경 없이 코드의 구조를 재조정하는 것)을 통해 코드를 최적화하거나 **스케일 업**(scale up) 또는 **스케일 아웃**(scale out)으로 서버의 규모를 조정합니다.

- **스케일 업:** 서버의 CPU나 메모리를 업그레이드하는 것을 말합니다. 처리해야 할 로직이 복잡해져 더 좋은 CPU나 메모리가 필요할 때 시행합니다.

- **스케일 아웃:** 서버 대수를 늘리는 것을 말합니다. 트래픽이 많아질 때 서버를 몇 대 더 추가해 분산 처리를 하는 것입니다. 서비스가 멈추지 않도록 가용성을 높이고 싶거나 더 이상 스케일 업을 할 수 없을 때 시행합니다.

그림 7-2 스케일 업과 스케일 아웃

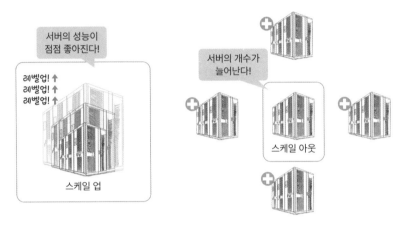

서버의 부담을 줄이기 위해 CSR을 사용하는 방법도 있습니다. 대부분의 웹페이지는 모든 데이터가 포함된 완성형 HTML 파일을 서버로부터 받아 보여주는데, 이러한 방식을 **서버 사이드 렌더링**(SSR, Server Side Rendering), 간단히 SSR이라고 합니다. **렌더링**이란 웹 브라우저가 코드를 해석해 화면에 표시하는 것을 말합니다. 서버가 완성된 HTML 파일을 넘겨주면 웹 브라우저는 화면에 표시만 하면 됩니다. 이렇게 하는 것은 검색 로봇이 웹 페이지의 내용을 파악해 검색 결과에 노출시키도록 하기 위함입니다.

하지만 SSR 방식은 서버에서 처리하는 로직이 많아질수록 HTML 파일을 완성하는 속도가 느려집니다. 즉 웹 페이지가 느리게 표시됩니다. 그래서 서버의 부담을 줄이기 위해 클라이언트에서 HTML 파일을 완성하는 방식이 고안됐는데, 이를 **클라이언트 사이드 렌더링**(CSR, Client Side Rendering), 간단히 CSR이라고 합니다.

CSR 방식은 하나의 웹 페이지만 불러오고, 웹 페이지를 이동할 때 변경이 필요한 부분만 자바스크립트를 이용해 바꿔치기합니다. 웹 페이지를 하나만 불러온다고 해서 **싱글 페이지 애플리케이션**(SPA, Single Page Application)이라고도 합니다. CSR은 웹 페이지에서 필요한 부분만 바꿔치기하는 구조라 빠른 속도의 서비스를 제공할 수 있습니다.

하지만 CSR로 만든 웹 사이트는 검색 결과로 노출되는 데 불리합니다. 데이터 부분만 쏙 빼놓고 웹 페이지의 뼈대를 불러온 후, 웹 페이지가 표시되면 데이터 부분만 다시 서버에 요청해 화면에 출력하기 때문입니다. 이러면 검색 로봇은 웹 페이지의 내용을 온전히 파악할 수 없습니다. 자바스크립트 코드를 실행하지 않기 때문에 콘텐츠가 빠져 있는 HTML 뼈대만 인식합니다.

표 7-1 SSR과 CSR 비교

구분	SSR	CSR
동작 과정	웹 페이지의 뼈대와 데이터를 한 번에 불러온다.	웹 페이지의 뼈대만 먼저 불러온 다음 데이터를 불러온다.
페이지 이동 시	웹 페이지의 뼈대와 데이터를 한 번에 불러온다.	변경이 필요한 부분만 데이터를 불러와 화면에 바꿔치기한다.
검색 로봇	웹 페이지와 데이터를 모두 읽게 된다.	웹 페이지의 뼈대만 읽게 된다.

다행히 이 문제의 해결법이 있습니다. 검색 로봇이 요청한 경우 SSR 방식으로 완성된 HTML 파일로 응답하는 것입니다. 따라서 SSR로 구축한 웹 사이트가 느리다면 백엔드 개발자를 찾아가고, CSR로 구축한 웹 사이트가 느리다면 백엔드 개발자와 프론트엔드 개발자를 찾아가면 됩니다.

만약 웹 사이트 기획 단계에서 SSR로 구축할지, CSR로 구축할지 논의한다면 **SEO**(검색 엔진 최적화)와도 관련되기 때문에 마케터도 불러야 합니다. B2B 서비스(기업 간 서비스)여서 검색 결과를 노출하는 것이 그리 중요하지 않다면 CSR을 고려할 수 있습니다.

참고로 CSR은 처음 접속할 때 느립니다. 다른 웹 페이지로 바꿔치기하는 자바스크립트 코드까지 한 번에 불러와야 하기 때문입니다.

불러와야 할 애셋이 많은 경우

외국 웹 사이트에 접속하면 가끔 단계적으로 로딩되는 현상을 볼 수 있습니다. 우리나라에서 외국 서버까지의 거리가 멀어서 애셋(이미지, CSS 코드, 자바스크립트 코드, 폰트, 비디오 파일, 오디오 파일 등)을 불러오는 데 시간이 걸리기 때문입니다.

웹 페이지가 느리게 뜨는 이유가 서버의 응답 속도가 느려서인지, 가져와야 할 애셋이 많아서인지 알 수 있는 방법이 있습니다. 다음 웹 페이지로 이동하지 않고 화면이 멈춘 듯 로딩만 하고 있다면 서버의 응답 속도, 즉 SSR 처리가 느린 것입니다.

반면에 웹 페이지 이동은 빨리 되는데 웹 페이지에 디자인을 입히는 속도나 이미지가 표시되는 속도가 느리다면 애셋이 많거나 무겁다는 뜻입니다. 이럴 때는 프론트엔드 개발자, 서비스 기획자, 디자이너가 모여 애셋 최적화에 대해 의논해야 합니다.

용량이 큰 대표적인 애셋은 이미지입니다. 고해상도 디스플레이의 등장으로 이미지 용량이 커지게 됐습니다. 그런데 일반 해상도 디스플레이에서는 잘 보이던 이미지가 고해상도 디스플레이에서는 깨져 보이는 경우가 가끔 있습니다. 고해상도로 이미지를 표시하기 위해 원본 이미지를 강제로 늘리기 때문입니다.

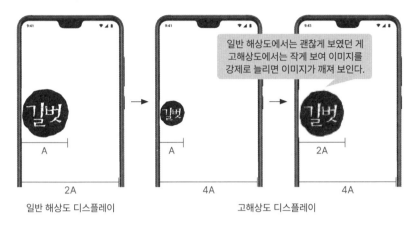

그림 7-3 고해상도 디스플레이에서 이미지를 늘릴 때 나타나는 현상

예전에는 이러한 이미지 깨짐 현상을 해결하기 위해 디자이너가 원본 이미지의 선명도를 유지하면서 이미지를 2배 크기로 저장한 다음, 프론트엔드 개발자에게 절반 크기로 줄여서 표시해달라고 요청했습니다. 이렇게 하면 고해상도 디스플레이에서도 이미지를 선명하게 보여줄 수 있었습니다.

한편 요즘에는 피그마(Figma)와 같은 디자인 툴로 원본 이미지를 자동으로 2배, 3배 고해상도로 추출할 수 있습니다. 그런데 문제는 선명한 이미지를 표현하기 위해 이미지 용량이 커진다는 것입니다. 가벼운 짐 몇 개는 쉽고 빠르게 옮길 수 있지만 양이 너무 많거나 무거운 짐은 낑낑대며 옮길 수밖에 없습니다.

이미지가 화면에 표시되는 속도가 느리다면 이미지 용량이 큰 것이니 디자이너와 먼저 소통해야 합니다. 이러한 경우 레이아웃을 바꿔 이미지의 가로세로 크기를 줄이거나, JPEG 등의 저용량 형식으로 파일 포맷을 변경하거나, 이미지 압축을 시도해볼 수 있습니다(오늘날 웹 개발 프레임워크는 빌드할 때 자동으로 이미지를 최적화하는 기능을 제공하기도 합니다).

만약 디자이너가 이미지 파일의 크기를 더 이상 줄일 수 없다고 하면 이미지 개수를 줄이는 것을 고려할 수 있습니다. 예컨대 한 페이지에 상품을 20개

보여주던 것을 10개로 줄이도록 기획을 변경하는 것입니다. 그러면 서버에서 전달하는 데이터가 변경되는 셈이니 서비스 기획자와 백엔드 개발자가 상의해 결정해야 합니다.

정리하자면 불러와야 할 애셋이 많을 때는 디자이너, 서비스 기획자, 백엔드 개발자가 논의해 해결합니다.

7.1.3 모바일 앱 화면 표시 속도가 느릴 때

스마트폰은 작은 컴퓨터라 데스크톱이나 노트북보다 물리적 사양이 낮을 수밖에 없습니다. 따라서 서버로부터 받아온 데이터를 처리하고 화면에 보여줄 그래픽을 처리하는 데 시간이 좀 더 걸립니다.

웹 사이트가 느리게 뜨는 것은 서버가 원인일 확률이 높습니다. 하지만 모바일 앱 화면이 느리게 뜨는 것은 앱 자체가 원인인 경우가 꽤 있습니다.

서버가 원인인지, 앱 자체가 원인인지 구분하는 방법은 간단합니다. 서버에서 받아오는 데이터, 즉 콘텐츠가 별로 없는데 앱이 버벅인다면 앱이 원인입니다. 프로그램 코드를 잘못 짰거나, 그림자 효과 또는 부드러운 색상 변화인 그러데이션(gradation) 등의 그래픽 효과를 많이 사용했기 때문입니다. 또한 기기의 성능이 떨어질 때도 앱 화면 표시 속도가 느려집니다. 각 상황의 해결 방법을 자세히 알아봅시다.

프로그램 코드를 잘못 짠 경우

불필요한 코드가 화면에 보이지 않는 백그라운드(background)에서 동작하고 있으면 다른 앱의 동작에 영향을 줍니다. 대표적인 백그라운드 기능은 푸시 알림(push notification)입니다. 카카오톡 창을 닫아놔도 메시지가 도착하면 알림이 울리는데, 이는 백그라운드에서 코드가 실행되고 있기 때문입니다.

또한 유튜브 뮤직을 틀고 화면을 꺼도 음악이 들립니다. 백그라운드 처리는 이처럼 사용자 경험을 좋게 합니다.

그림 7-4 백그라운드에서 실행되고 있는 앱

하지만 백그라운드 처리 로직이 비효율적으로 짜여 있거나 불필요하게 동작하고 있다면 그만큼 CPU와 메모리를 점유하기 때문에 다른 앱의 화면 표시 속도가 느려집니다. 그렇다면 화면에 보이는 포그라운드(foreground) 앱의 동작은 화면 표시 속도와 관련이 없을까요? 물론 관련이 있습니다.

자동차를 만들 때 불필요한 부품이 있으면 제거해야 합니다. 그래야 차체가 가벼워져서 빨리 달릴 수 있습니다. 마찬가지로 앱이 포그라운드에서 불필요한 기능을 실행하고 있다면 수정해야 합니다. 그러지 않으면 앱이 실행되는 동안 그만큼 메모리를 점유하기 때문에 앱이 느려집니다.

따라서 앱이 느리다고 판단되면 로직이 잘못 설계돼 있거나 사용하지 않는 코드가 동작하고 있는 것은 아닌지 앱 개발자에게 확인해달라고 요청해야 합니다.

그래픽 효과를 많이 사용한 경우

그래픽 또한 포그라운드에서 처리됩니다. 현실에서는 그림자가 햇빛에 의해 저절로 만들어지지만 컴퓨터는 그림자처럼 보이도록 색상을 계산해야 합니다. 예컨대 빨간 배경색 위에 그림자 효과를 투명도 50%로 추가하면 어떤 색이 되는지 일일이 계산합니다. 그런데 이 계산은 한 번 하고 끝나는 것이 아니라 화면이 움직일 때마다 실행됩니다. 심지어 같은 색으로 덧칠까지 합니다. 화면에서는 그냥 흰색으로 보이지만 1만 번 덧칠한 흰색일 수도 있습니다.

이렇게 그래픽 효과가 많으면 앱이 버벅일 가능성이 커집니다. 이럴 때는 디자이너와 논의해 그림자나 그러데이션 효과를 이미지로 대체하거나 최대한 배제해야 합니다.

기기의 성능이 안 좋은 경우

프로그램 코드를 잘못 짠 것도 아니고 그래픽 효과를 많이 사용한 것도 아니라면 기기의 성능을 의심해볼 수 있습니다. 앱을 실행하는 기기의 성능이 떨어지면 앱이 버벅일 수밖에 없습니다. 그래서 모바일 게임의 경우 권장 사양을 명시하기도 합니다.

하지만 일반적인 앱 서비스는 게임처럼 높은 사양을 요구하지 않습니다. 따라서 어떤 기기, 어느 정도의 사양까지 앱이 정상적으로 실행되도록 할지 사전에 개발자와 논의하는 것이 좋습니다.

7.1.4 화면에 나와야 할 것이 안 나올 때

웹 서비스 운영 중 화면에 잘 나오던 UI가 이상하게 나올 때가 있습니다. 예를 들면 그래프 차트가 중간에 끊기거나, 금액이 나와야 할 부분에 Infinity(어떤 숫자를 0으로 나눠 무한대가 나옴) 또는 NaN('Not a Number'의 줄임말로, 문자를 숫자로 해석하려 할 때 발생하는 오류)이 나타나거나, 특정 영역 자체가 아예 안 나오거나 오류 페이지가 뜨는 경우입니다.

이러한 상황은 화면과 관련된 문제라 프론트엔드 개발자가 처리해야 한다고 생각할 수 있지만 모든 경우가 그런 것은 아닙니다. 때에 따라서는 백엔드 개발자가 처리해야 할 수도 있습니다. 상황별로 누가 어떻게 처리해야 하는지 알아봅시다.

새로 업데이트한 요소가 나오지 않는 경우

새 버전으로 업데이트한 요소가 화면에 나오지 않을 때는 우선 프론트엔드 개발자의 실수를 의심해볼 수 있습니다. 새로 짠 코드가 다른 영역에 영향을 미치면서 의도치 않은 버그를 만들었을지 모르기 때문입니다.

이에 대비해 프론트엔드 개발자는 화면에 표시되는 UI들을 모듈 단위로 쪼개 개발합니다. 그리고 모듈 하나에 문제가 생기면 다른 영역에 버그가 전파되지 않도록 **예외 처리**(특정 문제가 발생하는 경우에 대비해 다음 액션을 정의해놓는 것)를 합니다. 이렇게 하지 않으면 웹 페이지 전체가 보이지 않을 수 있기 때문입니다.

예외 처리의 대표적인 예로, 존재하지 않는 이미지를 불러올 때 '이미지를 찾을 수 없음' 등의 대체 이미지를 보여주는 것을 들 수 있습니다. 예전에는 이러한 대체 이미지를 엑스박스, 줄여서 엑박이라고 불렀습니다. 이처럼 문제가 생겼을 때 대체 수단을 제공하는 것을 **폴백**(fallback)이라고 합니다.

그림 7-5 이미지를 찾을 수 없을 때의 대체 이미지

새 버전으로 업데이트했는데 특정 요소만 안 나오는 것이 아니라 웹 페이지 전체가 안 나오는 경우도 있습니다. 이때는 서버 오류를 의심해볼 수 있습니

다. 서버 오류는 성능 문제, 보안 문제, 로직 문제, 데이터 문제, 외부 의존성 문제, 인프라 문제 등 매우 다양합니다.

● **성능 문제**

비효율적인 로직이나 알고리즘을 처리하느라 서버가 바빠서 생기는 문제입니다. 트래픽이 몰려 서버에 과부하가 걸리거나 응답이 몇 초 이상 지연되면 해당 데이터를 사용해야 하는 프론트엔드에까지 영향을 미쳐 화면에 나와야 할 것이 나오지 않습니다.

● **보안 문제**

서버의 기능 중에는 '관리자 또는 로그인한 회원만 접근할 수 있다'는 식의 권한이 필요한 기능도 있습니다. 로그인 기간이 만료돼 권한이 없는데 이러한 기능을 사용하려 하면 서버가 400, 401 오류를 낼 수 있습니다.

● **로직 문제**

백엔드 개발자가 로직을 잘못 짰을 수도 있습니다. 개발 방법론에는 **테스트 주도 개발**(TDD, Test-Driven Development)이라는 개념이 있는데, 이는 테스트를 먼저 작성하는 개발 방식을 말합니다. 쉽게 말해 일단 테스트 코드를 만든 후 이를 통과하는 최소한의 코드부터 시작해 점진적으로 코드를 완성해 나가는 것입니다. 하지만 이러한 방식으로 개발해도 버그가 발생할 수 있습니다. 모든 경우의 수를 고려할 수 없기 때문에 완벽한 버그 예방을 보장하지는 못합니다.

● **데이터 문제**

NoSQL을 사용하는 경우 스키마가 정해져 있지 않아 다양한 데이터 유형이 존재할 수 있습니다. 그래서 프론트엔드 단에서 서버로부터 예상치 못한 데이터 유형을 받았을 때 오류가 발생하기도 합니다. 또한 데이터베이스를 관리하는 과정에서 개발자의 실수로 데이터가 유실되는 경우도 있습니다.

- **외부 의존성 문제**

  이용 중인 외부 API 서버에 문제가 생길 수도 있습니다. 예를 들어 환율 데이터를 다른 웹 사이트에서 크롤링(crawling, 웹 페이지에서 데이터를 수집하는 행위)하거나 서드파티 API를 이용해 가져온다고 합시다. 어느 날 크롤링해오던 서버나 서드파티 API 서버에 트래픽이 몰려 서버가 다운되면 환율 데이터를 가져올 곳이 없어집니다. 그러면 처리할 데이터가 없기 때문에 서버가 오류로 응답합니다.

- **인프라 문제**

  물리적인 문제도 배제할 수 없습니다. 냉각이 제대로 되지 않아 서버가 다운되거나 정전이 일어날 수도 있고, 서버 컴퓨터의 스펙에 비해 너무 많은 요청이 들어와 CPU에 과부하가 걸리거나 메모리 부족 문제가 발생할 수도 있습니다. 또한 통신사에 문제가 생기면 네트워크 연결 문제가 발생하기도 합니다.

성능 문제, 보안 문제, 로직 문제, 데이터 문제 등은 백엔드 개발자 선에서 해결할 수 있습니다. 하지만 외부에 의존하는 서비스를 이용하는 데 따른 외부 의존성 문제나 물리적인 인프라 문제가 발생했을 때는 관계자들이 모여 대책을 논의해야 합니다.

업로드한 대용량 데이터가 나오지 않는 경우

백엔드 개발자가 예외 처리를 하기 곤란할 때가 있습니다. 바로 서비스 운영에 필요한 대용량 데이터를 업로드하는 경우입니다. 일을 하다 보면 제휴사로부터 대용량의 엑셀 파일을 넘겨받아 그대로 사용하는 경우가 있습니다. 몇천 건, 몇만 건이나 되는 대용량 데이터를 검수하는 것은 현실적으로 불가능합니다. 정확할 것이라 믿고 업로드하는 수밖에 없습니다.

이때 값이 누락되거나 숫자가 저장돼야 할 곳에 문자가 입력된 경우 저장되지 않도록 백엔드 개발자가 예외 처리를 해두기는 합니다. 그래서 값이 잘못 들어가 있더라도 버그를 예방할 수 있습니다.

하지만 데이터가 한 행씩 밀려 있다면 어떨까요? 이는 수능 시험의 OMR 답안지에 답을 하나씩 밀려 쓴 것과 같습니다. 컴퓨터는 이를 오류로 보지 않기 때문에 데이터가 그대로 저장되며, 담당자가 아니면 무엇이 잘못됐는지 알 수 없습니다.

이럴 때는 잘못된 데이터가 운영 서비스에 바로 배포되지 않도록 운영 프로세스를 개선해야 합니다. 달리 말하면 백엔드 개발자 혼자 책임질 일이 아니니 운영 이슈를 공유하고 회의를 열어 논의해야 합니다.

그림 7-6 컴퓨터 입장에서는 데이터에 문제가 없는 상황

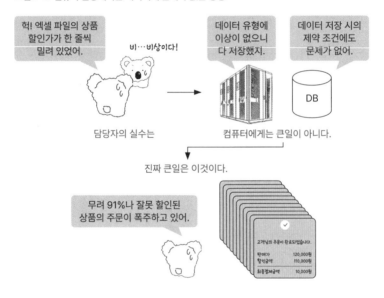

지금까지 업무 상황별로 담당 개발자를 살펴봤습니다. 프론트엔드와 백엔드 개발 직무에 대해 이해하고 있다면 사안에 따라 담당자를 어느 정도 유추할 수 있을 것입니다.

하지만 오류가 발생했을 때는 원인을 파악해야 하는데, 비개발자가 이를 정확히 알 수는 없습니다. 이럴 때는 아무 개발자나 붙잡고 물어보거나 개발을 총괄하는 팀장급 개발자를 찾아가는 것이 최선입니다. 몸이 아프면 일단 병원에 가는 것처럼 말입니다.

한 줄 정리

- **데이터를 수정하거나 삭제할 때:** 서버에 저장된 데이터를 선택적으로 가져오는 일은 백엔드 개발자가 처리합니다. 이후 이 데이터를 원하는 형식으로 화면에 보여주기 위해 수정하거나 삭제하는 일은 프론트엔드 개발자가 처리합니다.
- **새 데이터를 추가할 때:** 새 데이터를 추가하면서 기능 개발이 필요할 때는 프론트엔드 개발자가 화면 UI를 만들고 백엔드 개발자가 서버의 비즈니스 로직을 만듭니다.
- **정적 애셋과 동적 애셋을 변경할 때:** 정적 애셋은 프론트엔드 개발자가 프로젝트 폴더에서 관리합니다. 그러나 급히 정적 애셋을 변경해야 할 때는 백엔드 개발자가 서버에 있는 정적 애셋을 덮어쓰기합니다. 동적 애셋 변경은 자주 사용하는 기능이라 관리자 페이지에서 직접 처리할 수 있도록 구현해놓은 경우가 많아 관리자 페이지에서 관리자가 직접 처리합니다.
- **웹 페이지 표시 속도가 느릴 때:** 백엔드 개발자가 리팩터링을 통해 비즈니스 로직 코드를 최적화하거나 트래픽에 따라 서버의 규모를 조정하는 스케일 업 또는 스케일 아웃을 진행합니다. 한편 프론트엔드 단에서는 서버의 부담을 줄이기 위해 클라이언트에서 HTML 파일을 완성하는 CSR을 고려합니다. 불러와야 할 애셋이 많아서 느리다면 프론트엔드 개발자, 서비스 기획자, 디자이너가 모여 애셋 최적화에 대해 논의해야 합니다.
- **모바일 앱 화면 표시 속도가 느릴 때:** 사용하지 않는 코드가 동작하고 있는지 앱 개발자가 확인해야 합니다. 그래픽 효과를 많이 사용하면 앱이 버벅일 수 있으므로 그래픽 효과를 최대한 배제해야 합니다. 기기의 성능이 안 좋아도 앱이 버벅일 수 있으므로 앱을 출시할 때부터 권장 사양을 명시하는 것이 좋습니다.
- **새로 업데이트한 요소가 나오지 않을 때:** 원인을 찾아 그에 따라 프론트엔드 개발자나 백엔드 개발자가 처리합니다.
- **업로드한 대용량 데이터가 나오지 않을 때:** 데이터 자체에 문제가 있을 수 있으니 데이터를 검수해야 합니다. 이러한 일이 벌어지지 않으려면 잘못된 데이터가 운영 서비스에 바로 배포되지 않도록 운영 프로세스를 개선해야 합니다.

7.2 개발자가 안 된다고 하는 진짜 이유

분명히 평소에는 잘 지냈는데 회의 자리에서는 안 된다는 말을 자주 하는 개발자가 있습니다. 유독 내 요청만 거절하는 것처럼 느껴지기도 합니다. 그런데 개발자가 안 된다고 하는 이유는 단지 하기 싫어서가 아닙니다. 이 절에서는 다음과 같은 상황별로 개발자의 속마음과 현실적인 이유를 자세히 알아봅시다.

- 새 기능 개발이 안 된다고 하는 이유
- 효율성과 이익이 납득된 기능 개발도 안 된다고 하는 이유
- 기존 기능 수정이 안 된다고 하는 이유
- 기존 기능 삭제가 안 된다고 하는 이유

7.2.1 새 기능 개발이 안 된다고 하는 이유

개발자에게 "이런 걸 개발할 수 있을까요?"라고 물었는데 안 된다는 대답이 돌아온다면 크게 두 가지 이유를 생각해볼 수 있습니다. 첫째는 계획보다 시간과 비용이 초과되기 때문이고, 둘째는 기능에 대해 의구심이 들기 때문입니다.

계획보다 시간과 비용이 초과되기 때문이다

개발자에게 "이런 걸 개발할 수 있을까요?"라고 물어보면 누구는 안 된다고 하고, 누구는 뜸을 들이다 "음… 가능은 하죠"라고 대답하는 경우가 있습니다. 이렇게 뜸을 들이는 것은 전제가 있기 때문입니다. '개발 시간이 여유롭게 주어지고 비용도 확보돼야 한다'는 전제입니다. 즉 시간을 많이 주고 자금도 많이 지원해달라는 것을 돌려서 하는 말입니다.

개발 기간과 개발 비용을 준수하는 것은 회사 차원에서 매우 중요합니다. 건물을 지었다고 돈이 바로 들어오는 것이 아니라 건물을 팔거나 임대 사업을 해야 수익을 얻듯이, 개발 분야도 일단 개발을 하고 서비스를 출시해야 수익이 발생합니다. 개발 기간과 개발 비용 준수는 자금이 부족한 스타트업일수록 심합니다.

또한 개발자는 자신이 만든 앱이 세상의 빛을 보지도 못하고 사라지는 것을 진심으로 피하고 싶어 합니다. 기술이 있는데 자금이 부족해 중간에 포기하는 상황에 처하면 안 되니까요. 따라서 개발자는 시간이 부족하거나 비용(또는 인력)이 더 필요할 것 같은 기능 추가 건에 대해 안 된다고 말합니다.

기능에 대해 의구심이 들기 때문이다

자신의 장기적인 생존을 위해 개발자는 중요하지 않거나 긴급하지 않은 요구를 잘 거절해야 합니다. 그래서 "이런 걸 개발할 수 있을까요?"라는 질문을 받았을 때 역으로 이렇게 질문하기도 합니다. "이걸 개발하려는 목적이 뭔가요? 궁극적으로 무엇을, 어떤 상황을 만들고 싶은 거죠?"

이 말을 듣는 쪽에서는 기가 찹니다. 당연히 회사는 돈을 벌기 위해 존재하고, 모든 업무는 이윤 창출을 목적으로 하니까요. 그래서 "당연히 돈을 벌려는 거죠"라고 대답할 것입니다.

하지만 개발자는 전혀 납득하지 못하겠다는 표정을 짓습니다. 기능을 요청하는 쪽에서는 기능의 효익을 개발자도 당연히 알 것이라 짐작했는데 서로 생각이 다른 상황입니다. 이럴 때는 개발자가 다음과 같은 생각을 가진 것은 아닌지 추측해봅니다.

- '이 기능이 매출에 도움될 것 같지 않아요.'
- '지금 상황에서는 별로 중요하지 않은 기능 같아요.'
- '이걸 개발하는 건 돈 낭비, 시간 낭비인 것 같아요.'
- '예쁜 쓰레기를 만드는 일은 피하고 싶어요.'

하지만 모든 경우에 개발자가 이렇게 생각하는 것은 아닙니다. 그 기능을 요청하는 목적을 정말로 더 깊이 이해하려고 할 때도 똑같이 질문하기 때문입니다.

따라서 개발자가 "이걸 개발하려는 목적이 뭔가요? 궁극적으로 무엇을, 어떤 상황을 만들고 싶은 거죠?"라고 질문하는 진짜 이유를 모르겠다면 개발자에게 질문의 의도를 되묻는 것이 대화를 빠르게 진전시킬 수 있는 방법입니다.

7.2.2 효율성과 이익이 납득된 기능 개발도 안 된다고 하는 이유

개발자도 경제적 효율성과 이익을 납득하는 기능을 개발해달라고 하는데 안 된다고 하는 경우입니다. 개발자 본인도 그 기능이 얼마나 좋은지 알면서 왜 그러는 것일까요? 이는 일정이 촉박하거나, 인력이 부족하거나, 운영상 이슈가 생길 수 있기 때문입니다.

일정이 촉박하기 때문이다

효익이 납득된 기능을 개발해달라고 했는데 안 된다는 대답이 돌아왔다면 일정 문제를 원인으로 꼽을 수 있습니다. 이는 "개발이 불가능한 일정이니 납기를 다시 논의해보시죠"라는 의미입니다. 이럴 때는 개발 범위를 줄여

점진적으로 개발하거나 납기를 조정하는 방법이 있으며, 이 정도는 협의가 가능합니다.

인력이 부족하기 때문이다

인력이 부족한 것도 이유일 수 있습니다. 요구 사항의 규모가 너무 커서 현재 인원으로 개발하기 어렵거나 오래 걸린다는 뜻입니다. 인력 부족 문제는 일정이 촉박한 문제와 비슷하지만 시간 부족보다는 기술력 부족이 원인일 수 있습니다. 사실상 요구 사항을 철회하든지 해당 기능을 구현할 수 있는 사람을 더 뽑자는 말을 하고 있는 것입니다.

운영상 이슈가 예상되기 때문이다

운영상 이슈란 공수가 많이 들어가는데 자동화가 불가능해 예상되는 이슈를 말합니다. 즉 "개발하는 동안 또는 개발 후 운영 이슈가 예상됩니다. 현실적으로 운영할 수 있는 기능인지 다시 한번 생각해봅시다"라는 뜻입니다.

이와 관련된 모든 경우를 다룰 수 없으니 하나만 예를 들어보겠습니다. 고급 외제차는 외장의 색상이 다양한데, 이러한 색상 이름을 엑셀로 정리했다고 합시다. 색상 이름이 빨간색, 노란색 정도로 단순하면 문제가 없습니다. 웹 브라우저나 개발 프레임워크 등에서는 빨간색, 노란색처럼 단순한 색상은 알아서 색상 코드로 변환해주기 때문입니다. 하지만 외제차의 외장 색상 이름은 그리 단순하지 않습니다.

- 마운틴 그레이
- 루벨라이트 레드
- 코스모스 블랙 메탈릭
- 폴라 화이트
- 디지뇨 오팔라이트 화이트 브라이트
  ⋮

'디지뇨 오팔라이트 화이트 브라이트'는 대체 무슨 색일까요? 사람이 판단하기 어려운 것은 컴퓨터도 판단하기 어렵습니다. 색상 이름만 알려주고 알맞은 색으로 표현하라는 기능은 개발이 불가합니다. 이럴 때는 색상 이름과 그에 대응하는 색상 코드를 한 번은 컴퓨터에 알려줘야 합니다.

- 마운틴 그레이 → #808A9C

- 루벨라이트 레드 → #512E35

    ⋮

담당자가 이와 같은 데이터를 정리하는데 하루에도 몇 번씩 수정되고 몇천 개씩 추가된다면 어떨까요? 하루 종일 엑셀로 데이터만 매칭하다가 퇴근하는 날도 있을 것입니다.

아르바이트를 써서라도 매일 이렇게 작업할 테니 일단 개발해달라고 고집을 부린다면 개발자는 그러한 방식으로 얼마나 지속할 수 있을지 묻게 될 것입니다. 기능을 개발해도 비효율적으로 일해야 한다면 차라리 다른 방법을 모색하는 것이 좋습니다.

7.2.3 기존 기능 수정이 안 된다고 하는 이유

이는 이미 개발돼 있는 기능을 수정해달라고 하는 경우입니다. 예를 들면 버튼의 위치를 변경하거나, 버튼을 눌렀을 때의 동작을 변경하는 것 등입니다.

화면 인터페이스 변경은 프론트엔드 개발자에게 요청하면 됩니다. 그런데 담당자에게 요청하면 어김없이 안 된다는 답변이 돌아옵니다. 또한 백엔드 개발자와 일할 때도 이러한 상황에 처하곤 합니다. 딱 봐도 간단한 수정인데 왜 안 된다고 하는 것일까요?

이는 기존 기능을 수정했을 때 다른 기능에 영향을 미치거나 서비스의 속도가 느려질 수 있기 때문입니다. 그리고 구조적으로 수정이 아예 불가능한 경우도 있습니다.

다른 기능에 영향을 미치기 때문이다

기존 기능을 수정해달라고 요청했다가 거절당했다면 "이걸 고치면 서비스 운영이나 개발 일정에 차질이 생길 수 있어요"라는 의미일 확률이 큽니다. 개발자는 한 번 만든 코드를 다른 곳에서도 재사용할 수 있도록 모듈화하는 데 심혈을 기울입니다. 그러지 않으면 똑같은 기능을 하는 코드가 다른 모습으로 여기저기에 쓰이게 됩니다. 이처럼 불필요한 코드가 많아지면 관리 난도가 높아지고, 이는 유지·보수 비용의 증가로 이어집니다.

그렇다고 모듈을 너무 이곳저곳에 재사용할 수 있게 만들면 의존도가 커집니다. 유능한 홍길동 씨를 개발 팀에서도 찾고, 디자인 팀에서도 찾고, 마케팅 팀에서도 찾아서 홍길동 씨가 세 팀에서 일했다고 합시다. 만약 홍길동 씨가 퇴사한다면 혼자서 세 사람 몫을 하던 그의 빈자리를 메꾸기가 어려울 것입니다.

그림 7-7 무분별한 코드 재사용의 의존도 문제

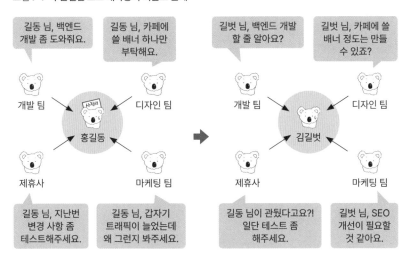

이러한 일을 미연에 방지하려면 개발을 시작하기 전에 항상 프로그램 설계에 신경을 써야 합니다. 하지만 현실적으로 적은 인원으로 빠르게 개발해야 하는 상황에서는 설계를 뒷전으로 미루는 경우가 많습니다. '빠른 기능 구현'이 먼저인가요, '유지·보수와 유연성'이 먼저인가요?

대부분은 기능을 빠르게 구현하는 것이 더 중요하다고 생각합니다. 특히 초보 사장의 경우 서비스 초기에는 기능이 많을수록 생존에 유리하다고 믿습니다. 그래서 프로젝트가 빠른 기능 구현에 집중하게 되고 프로그램 설계에는 많이 신경 쓰지 못합니다.

그렇게 마구잡이로 작성된 코드는 변경 시 서비스에 어떤 영향을 미칠지 예측하기 어렵습니다. 아무리 작은 수정이라도 그로 인해 영향을 받는 범위가 클 수 있습니다. 로켓에 쓰이는 2mm짜리 나사 하나를 다른 제조사의 부품으로 바꿨는데 호환이 되지 않아 로켓이 발사하자마자 폭발해버리는 것과 같습니다.

그림 7-8 **코드 변경으로 영향을 받는 범위를 판단하기 어려운 경우**

이렇게 코드 수정이 전체 서비스에 미칠 영향의 범위가 예측되지 않을 때 개발자는 안 된다고 말합니다.

서비스의 속도가 느려지기 때문이다

코드 수정이 다른 기능에 끼치는 영향을 가늠할 수 없더라도 시간을 들이면 프론트엔드 단에서 화면 인터페이스의 변경 정도는 가능합니다. 하지만 백엔드 단에서는 기존 기능 수정이 서비스 속도를 느리게 만드는 이슈가 될 수 있기 때문에 신중히 판단해야 합니다.

예를 들어 쇼핑몰 운영자가 상품 목록 노출 개수를 페이지당 20개에서 100개로 늘리고 싶어 백엔드 개발자에게 요청하면 난색을 표하는 경우가 있습니다. 상품 목록 노출 개수를 페이지당 20개에서 100개로 늘리는 것은 그리 어렵지 않습니다. 그런데 문제는 페이지 표시 속도가 느려지는 것입니다.

서버의 응답 속도는 레이턴시 타임과 관련됩니다. **레이턴시 타임**(latency time)은 클라이언트가 요청을 보낸 순간부터 서버의 응답이 클라이언트까지 가는 데 걸리는 시간, 즉 대기 시간을 말합니다.

상품 목록 노출 개수를 페이지당 20개에서 100개로 늘리는 것은 서버가 보낼 응답의 양이 늘어나는 것을 뜻합니다. 그럼에도 서버의 응답 속도를 유지해달라는 것은 마치 자전거 뒷자리에 건장한 성인 남성 한 명을 태우고도 혼자 탈 때의 속도를 내라고 하는 것과 같습니다. 이럴 때는 자전거에 모터를 장착하는 수밖에 없습니다. 즉 모터를 구매해야 합니다. 서버에 트래픽 분산을 위한 스케일 아웃이나 서버의 스펙을 올리는 스케일 업이 필요합니다.

하지만 비용이 더 든다고 하는 순간부터 개발자 혼자 판단할 수 없습니다. 개발자에게는 돈을 마음대로 쓸 수 있는 권한이 없으니 비용이 발생하는 작업을 요청받으면 안 된다고 말하는 것입니다.

구조적으로 수정이 불가능하기 때문이다

이는 서비스에 구조적인 한계가 있는 경우입니다. 프레임워크(개발을 도와주는 도구)가 기능 수정을 허용하지 않거나 수정 요청 사항이 외부 서비스와 관련돼 있는 경우입니다.

작은 쇼핑몰이지만 상품 개수가 10만 개 이상인 곳이 있습니다. 현물을 가진 도매업체가 제공하는 API를 이용해 상품 데이터만 대량으로 가져다 판매하는 구매 대행 쇼핑몰이 그렇습니다. 구매 대행 쇼핑몰은 주문이 들어오면 상품 API를 제공해준 도매업체로 재주문하는 방식으로 사업을 합니다.

이러한 구매 대행 쇼핑몰에서는 재고 표시가 중요합니다. 재고가 있어서 결제했는데 이튿날 품절로 주문이 취소되는 것을 소비자가 질색하기 때문입니다. 하지만 구매 대행과 같은 사업 구조에서 재고 표시는 쉬운 일이 아닙니다. API로 상품 데이터를 제공하는 도매업체는 전 세계에 있는 구매 대행 쇼핑몰과 제휴를 맺기도 합니다. 그러한 도매업체는 재고 현황을 하루에 한 번, 많아야 두 번만 갱신합니다.

따라서 구매 대행 쇼핑몰의 백엔드 개발자가 재고를 실시간으로 반영해달라는 요청을 받으면 이행할 수 없습니다. 이럴 때는 기능을 꼭 개발해야 한다는 생각에서 벗어나 애초의 개발 목적을 이루는 다른 방법을 찾아봐야 합니다. 예를 들면 '재고 상황에 따라 상품 발송이 지연되거나 주문이 취소될 수 있습니다'라는 문구를 상품 설명서에 포함할 수도 있습니다.

7.2.4 기존 기능 삭제가 안 된다고 하는 이유

기능을 삭제하는 것은 크게 어려운 일이 아닙니다. 그럼에도 불구하고 개발자가 안 된다고 한다면 외부 기관과 연동돼 있어 삭제할 수 없거나, 눈에 보이지 않는 수정이 연쇄적으로 이뤄지기 때문입니다.

외부 기관과 연동돼 있기 때문이다
온라인 계좌를 개설하기 위해 고객의 개인 정보를 세 페이지에 걸쳐 입력해야 한다고 합시다. 개발자는 페이지 순서대로 개인 정보를 제대로 입력했는지 검증하는 기능을 개발하고, 이에 따라 서버는 계좌 개설에 필요한 데이터가 전부 전달됐는지 검사합니다. 그런데 세 페이지의 개인 정보 데이터 중 2페이지의 데이터가 서비스 운영에 필요 없어져서 2페이지를 삭제해달라고 요청했습니다. 그러면 프론트엔드와 백엔드 측에서 모두 데이터 검사 로직을 삭제해야 합니다.

일반적인 상황이라면 데이터베이스에 저장될 항목이 일부 빠져도 괜찮은지 확인한 후 검사 로직을 삭제하면 됩니다. 하지만 2페이지의 데이터가 정부나 공공 기관의 제도에 따라 반드시 수집하고 제출해야 하는 항목이라면 삭제할 수 없습니다.

눈에 보이지 않는 연쇄적 수정을 동반하기 때문이다

기존 기능을 그냥 삭제하면 될 것 같은데 안 된다고 하는 이유는 눈에 보이지 않는 작업들이 연쇄적으로 일어나기 때문입니다. 이때 개발자는 생각보다 시간이 많이 걸려 다른 일에 쏟을 시간을 뺏길 것 같으면 안 된다고 합니다.

그림 7-9 간단한 삭제 같아도 눈에 보이지 않는 연쇄 작업

고객의 개인 정보를 입력하는 앞의 예에서 2페이지를 삭제해도 된다고 가정 했을 때 2페이지의 데이터가 암호화 로직에 사용되고 있는 경우라면 함부로 삭제하면 안 됩니다. 이럴 때는 암호화 로직과 관련해 전체 페이지의 설계부 터 고쳐야 합니다.

실무에서는 제휴사에 따라 기능 삭제 시 다른 프로세스를 적용해야 하는 경 우가 있습니다. 이를 모르고 원본 코드를 삭제했다가 기껏 작업한 것을 다시 원상 복구해야 하는 일도 생깁니다. 간단한 삭제 같아 보여도 이처럼 연쇄적 수정을 동반하는 경우가 꽤 있습니다.

7.2.5 개발자가 안 된다고 하는 진짜 이유 정리

지금까지 개발자가 안 된다고 하는 진짜 이유를 살펴봤습니다. 사안별로 예 를 한 가지씩 들었지만 현실에서는 더 복합적인 이유가 존재합니다. 환경이 다양한 만큼 안 되는 이유도 가지각색입니다. 그러나 개발자에게 요구하는 사항이 서드파티나 제휴사에 의존하는 경우만 아니면 대부분은 큰 반대 없 이 들어줄 것입니다. 시간이 충분히 주어진다면 말이죠.

이제 개발자가 안 된다고 하는 이유가 상대방이 싫거나 일하기 싫어서가 아 님을 알았을 것입니다. 물론 귀찮아서 안 된다고 하는 개발자도 가끔 있습니 다. 또한 겉으로는 퉁명스럽게 굴어도 속마음은 안 그런 사람이 많습니다.

안 되는 이유를 개발자가 친절하게 설명해주면 좋겠지만, 어떤 분야에서든 제반 지식이 없는 사람에게 무언가를 설명하기란 어려운 일입니다. 유치원 에 다니는 아이에게 바다가 왜 파란색인지 쉽게 설명해줄 수 있나요? 개발 자 입장에서 비개발자와의 소통은 이와 비슷합니다. 이에 마지막 장에서는 개발자와 잘 소통하는 방법을 알아보겠습니다.

· **새 기능 개발이 안 된다고 하는 이유:** 시간과 비용이 더 필요하거나 기능에 대해 의구심이
  들기 때문입니다.

· **효율성과 이익이 납득된 기능 개발도 안 된다고 하는 이유:** 일정 및 인력 여건상 개발하기
  어렵거나, 개발 도중에 혹은 개발 후에 운영상 어려움이 예상되기 때문입니다.

· **기존 기능 수정이 안 된다고 하는 이유:** 다른 기능에 어떤 영향을 미칠지 예상하기 어렵거
  나, 서비스가 느려지거나, 구조적으로 수정이 아예 불가능하기 때문입니다.

· **기존 기능 삭제가 안 된다고 하는 이유:** 외부 기관과 연동돼 있어 삭제할 수 없거나, 눈에
  보이지 않지만 연쇄적으로 수정이 발생하기 때문입니다.

개발자와
잘 소통하는 법

개발자와 말이 안 통해 답답했던 적이 있나요? 개발자와의 대화는 왜 어려운 것일까요? 비개발자가 개발자와 소통하는 것이 어렵다고 느끼는 데에는 두 가지 요인이 있습니다. 첫 번째는 요구 사항을 잘 설명하지 못하는 것이고, 두 번째는 개발자가 하는 말을 제대로 이해하지 못하는 것입니다. 이 장에서는 이 두 가지를 어떻게 개선할 수 있는지 알아봅니다.

요구 사항을
문서로 정리하기

아무리 급해도 개발자에게 요구 사항을 전달할 때는 명확하게 정리해줘야 합니다. 개발자는 요청받은 내용에 대해서만 프로그램을 구현하는 사람이기 때문입니다.

예를 들어 인테리어 업자에게 화이트 콘셉트의 집 안 사진을 보여주며 그러한 느낌으로 고쳐달라고 요청했다고 합시다. 하지만 보여준 사진과 실제 집은 면적, 방 구조 등 많은 부분이 다릅니다. 그래서 비슷하게 연출할 수는 있어도 똑같이 만들 수는 없습니다. 세세한 부분을 명확하게 알려주지 않으면 화이트 콘셉트이지만 욕실 거치대로는 다른 색 제품을 사용할 수도 있습니다. 욕실 거치대에 대한 요구 사항이 없어 인테리어 업자가 임의로 가성비 좋은 제품을 사용할 수도 있는데, 이러한 일을 예방하려면 하나부터 열까지 알려줘야 합니다.

이 절에서는 '피자 배달 앱' 개발 과정을 예로 들어 개발자에게 요구 사항을 전달할 때의 문서 작성 방법을 설명하겠습니다. 이처럼 앱을 만들거나 업데이트하기 위해 기능을 기획하는 단계에서 필요한 요구 사항을 개괄적으로 설명하는 문서를 **요구 사항 정의서**라고 합니다.

그림 8-1 요구 사항이 모호할 때 벌어지는 일

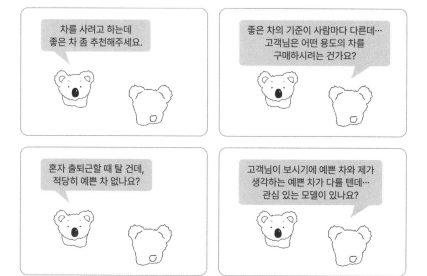

요구 사항이 모호하면 이와 같은 대화가 계속 이어진다.

8.1.1 사용자 시나리오 작성하기

어떤 기능을 개발할 때는 누가 이 기능을 사용해 어떤 결과를 얻을지 시나리오로 정리하는 것이 좋습니다. 이처럼 사용자 중심의 시나리오를 작성해 앱의 흐름을 분석하는 것을 **유즈케이스**(use case)라고 합니다. 유즈케이스 작성단계에서는 '사용자가 무엇을 하는지' 파악합니다.

그림 8-2는 피자 배달 앱의 사용자 시나리오입니다. 실제 유즈케이스를 바탕으로 한 명세서는 이보다 더 복잡하며, 이 시나리오는 내용을 단순화해 작성한 것입니다.

그림 8-2 사용자 시나리오 작성

- 먹고 싶은 피자를 고른다.
- 선택한 피자를 확인하고 주문한다.
- 결제 수단을 선택하고 결제한다.
- 배달 기사로부터 피자를 수령한다.

사용자 시나리오를 작성한 후에는 이 시나리오대로 서비스하는 데 필요한 기능을 나열하고 주제별로 묶습니다. 마지막에 피자를 수령하는 것은 오프라인에서 일어나는 일이라 기능 분류에서는 제외했습니다.

그림 8-3 주제별 기능 분류

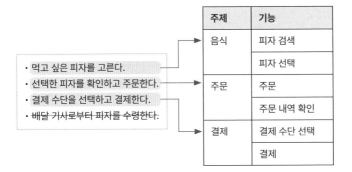

요구 사항을 이 정도로 작성하면 추상적이기는 해도 무엇을 원하는지 감이 옵니다. 하지만 개발자가 기능을 구현하려면 더 많은 정보가 필요합니다. 예를 들면 '옥수수'를 검색했을 때 상품명이 '옥수수 피자'인 피자를 검색 결과로 보여줄지, '옥수수'가 토핑 재료인 피자를 전부 보여줄지 등을 구체적으로 정해줘야 합니다.

8.1.2 기능별 입출력 작성하기

구체적인 정보는 각 기능의 입력과 출력을 통해 작성합니다. 입력은 사용자가 인터페이스를 어떻게 조작하고 어떤 정보를 서버에 제출하는지를 말하고, 출력은 입력을 통해 얻고자 하는 목표나 사용자에게 보여줄 결과를 말합니다.

입력과 출력을 작성하면 어떤 입력을 했을 때 어떤 처리 과정을 거쳐 어떤 결과를 출력할지 흐름을 정리할 수 있습니다. 한마디로 A를 입력하면 B를 출력하는 로직을 완성하게 됩니다.

그림 8-4 입출력 작성

주제	기능	입력	출력
음식	피자 검색	검색어 입력 후 검색 버튼 클릭	검색어가 포함된 피자 검색 결과 표시
	피자 선택	피자 선택 체크박스 클릭	선택된 피자는 빨간 테두리 표시
주문	주문	1. 이름, 주소, 연락처 입력 2. 선택한 피자 확인 3. 주문하기 버튼 클릭	결제 수단 안내 페이지 표시
	주문 내역 확인	주문 내역 버튼 클릭	주문 내역 페이지 표시
결제	결제 수단 선택	결제 수단 선택 버튼 클릭	결제하기 페이지 표시
	결제	결제 수단에 따라 결제	주문 완료 페이지 표시

입력과 출력을 작성하니 주제와 기능만 있을 때보다 내용이 좀 더 자세하게 정리됐습니다. 그러나 이 상태로 개발을 의뢰하기에는 아직 부족합니다. 기능 구현에 필요한 세부 정보가 있어야 합니다.

그렇다면 세부 정보는 어떻게 작성할까요? 서비스를 개발해본 경험이 있는 사람이라면 어떤 정보가 필요한지 정리할 수 있지만, 그렇지 않은 사람은 어떤 정보가 필요한지조차 파악하기 어렵습니다. 이럴 때는 역으로 개발자가 먼저 어떤 정보가 필요한지 담당자에게 물어보며 요구 사항을 정리하기도 합니다.

세부 정보를 찾는 방법은 간단합니다. 와이어프레임을 그려 눈으로 확인하는 것입니다. **와이어프레임**(wireframe)은 앱의 구조나 레이아웃을 간단하게 그린 일종의 구조도로, 어디에 어떤 텍스트와 버튼이 위치하는지, 버튼을 눌렀을 때 어떤 동작을 해야 하는지, 다음에 어떤 화면이 나오는지 한눈에 알 수 있습니다.

그림 8-5 **와이어프레임의 예**

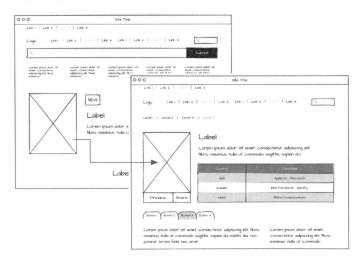

와이어프레임에 나타난 서비스의 흐름을 눈으로 따라가며 시뮬레이션을 하면 누락된 정보를 쉽게 파악할 수 있습니다. 이렇게 찾은 세부 정보는 입력과 출력에 추가합니다.

그림 8-6 입출력 세부 정보 추가(진하게 표시된 부분)

주제	기능	입력	출력
음식	피자 검색	• 검색어 입력 후 검색 버튼 클릭 • **검색어는 최대 20자까지 가능**	• 검색어가 포함된 피자 검색 결과 **20개씩 표시** • **스크롤을 내리면 무한 스크롤 방식으로 다음 결과를 20개 목록에 추가**
	피자 선택	• 피자 선택 체크박스 클릭 • **최대 동시 선택 개수는 99개**	선택된 피자는 **2픽셀 두께의 빨간** 테두리로 표시
주문	주문	1. 이름, 주소, 연락처 입력 　• **주소: daum 우편번호 서비스 창 노출** 　• **연락처: 휴대폰 번호만 가능** 2. 선택한 피자 확인 　• **주문 요약: 이름, 주소, 연락처, 선택한 피자, 결제 금액** 3. 주문하기 버튼 클릭	• 결제 수단 안내 페이지 표시 • **결제 수단: 카드, 스마트폰, 무통장 입금** • **PG사: 이니시스** • **쿠폰, 포인트 기능 미지원**
	주문 내역 확인	**화면 하단 바텀 내비게이션의 주문 내역 버튼 클릭**	• 주문 내역 페이지 표시 • **표시 정보: 주문자명, 주소, 연락처, 결제 금액, 주문 상태**
결제	결제 수단 선택	• 결제 수단 선택 버튼 클릭 • **결제 수단: 카드, 스마트폰, 무통장 입금**	• 결제하기 페이지 표시 • **PG사 결제 창 표시**
	결제	결제 수단에 따라 결제	주문 완료 페이지 표시

8.1.3 비기능적 요구 사항 작성하기

다음으로 비기능적 요구 사항을 작성합니다. **비기능적 요구 사항**이란 더 나은 고객 서비스 경험과 서비스 품질을 제공하기 위해 마련하는 속성이나 정책을 말합니다.

예를 들어 주문하다가 오류가 발생했는데 화면에 아무런 표시가 없다면 사용자는 혼란에 빠집니다. 제대로 주문했는지 알 수 없으니 고객 센터에 문의할 수도 있고, 주문이 완료됐는지 아닌지 모른 채 같은 피자를 또다시 주문할 수도 있습니다. 만약 두 번 주문됐는데 뒤늦게 이를 알게 된다면 사용자

그림 8-7 비기능적 요구 사항 추가

공통	• 서버의 응답은 최대 10초까지 기다린다(단, 결제 API는 1분). • 만약 10초가 지나도 응답이 없으면 재시도 메시지를 보여준다.			
주제	기능	입력	출력	실패 시
음식	피자 검색	• 검색어 입력 후 검색 버튼 클릭 • 검색어는 최대 20자까지 가능	• 검색어가 포함된 피자 검색 결과 20개씩 표시 • 스크롤을 내리면 무한 스크롤 방식으로 다음 결과를 20개 목록에 추가	• 0자 입력 시: 버튼 클릭 불가 처리 • 20자 초과 입력 시: 마지막 입력 글자 삭제 • 검색 결과가 없을 때: 검색 결과 없음 메시지 + 최근 주문된 피자 3개 표시 • 서버 오류 발생 시: 오류 발생 메시지 + 재시도 버튼 표시
	피자 선택	• 피자 선택 체크박스 클릭 • 최대 동시 선택 개수는 99개	선택된 피자는 2픽셀 두께의 빨간 테두리로 표시	재시도 메시지 표시
주문	주문	1. 이름, 주소, 연락처 입력 • 주소: daum 우편번호 서비스 창 노출 • 연락처: 휴대폰 번호만 가능 2. 선택한 피자 확인 • 주문 요약: 이름, 주소, 연락처, 선택한 피자, 결제 금액 3. 주문하기 버튼 클릭	• 결제 수단 안내 페이지 표시 • 결제 수단: 카드, 휴대폰, 무통장 입금 • PG사: 이니시스 • 쿠폰, 포인트 기능 미지원	• 주문 정보 미입력 시: 미입력된 항목을 알려주는 텍스트 표시
	주문 내역 확인	화면 하단 바텀 내비게이션의 주문 내역 버튼 클릭	• 주문 내역 페이지 표시 • 표시 정보: 주문자명, 주소, 연락처, 결제 금액, 주문 상태	주문 내역 조회 실패 시: 재시도 버튼 표시
결제	결제 수단 선택	• 결제 수단 선택 버튼 클릭 • 결제 수단: 카드, 스마트폰, 무통장 입금	• 결제하기 페이지 표시 • PG사 결제 창 표시	오류 발생 사유 메시지 + 재시도 버튼 표시
	결제	결제 수단에 따라 결제	주문 완료 페이지 표시	• PG사 API 결제 실패 시: 결제 실패 사유 화면 + 닫기 버튼 표시 • 주문 실패 시: 주문 실패 화면 + 다시 주문하기 버튼 표시

는 앱에 대한 신뢰를 잃고 다시는 사용하지 않으려 할 것입니다. 따라서 요구 사항을 작성할 때는 **그림 8-7**처럼 각 기능 실패 시의 처리 방안과 같은 비기능적 요구 사항도 작성해야 합니다.

모든 기능은 중간에 오류가 발생할 수 있고, 트래픽이 몰리면 서버의 처리 속도가 느려져 응답을 기다려야 하는 경우도 있습니다. 그러므로 다음과 같은 질문에 대해 비기능적 요구 사항을 작성합니다.

- 만약 오류가 발생하면 어떻게 할 것인지

- 서버의 응답이 느릴 때 얼마나 기다릴 것인지

- 정의한 시간만큼 기다려도 서버의 응답이 없을 때 어떻게 할 것인지

서버에 오류가 발생했을 때 이를 즉각 알려주는 것도, 사용자가 오래 기다리지 않게 하는 것도, 직관적인 인터페이스를 제공하는 것도 비기능적 요구 사항에 해당합니다.

비기능적 요구 사항에 따라 사용자에게 보여주는 '서버 오류'나 '요청 성공' 등의 상태 메시지를 띄우는 방식에는 **다이얼로그**(dialog), **토스트**(toast), **스낵바**(snackbar)가 있습니다.

그림 8-8 **다이얼로그, 토스트, 스낵바**

| 다이얼로그 | 토스트 | 스낵바 |

- **다이얼로그:** 웹 브라우저나 시스템 UI로 메시지 창이 뜨며, [확인] 또는 [취소] 버튼을 눌러야 사라집니다.
- **토스트:** 메시지 창이 화면 아래에서 위로 나왔다가 사라집니다.
- **스낵바:** 한 줄짜리 짧은 메시지와 함께 방금 했던 행동을 재시도하거나 철회할 수 있는 버튼을 제공합니다.

이 세 가지 명칭은 혼용되기도 하므로 회사에서 사용하는 명칭을 따르면 됩니다.

8.1.4 코드 번호 달고 마무리하기

끝으로 **그림 8-9**처럼 각 요구 사항을 식별할 수 있는 코드 번호를 매깁니다. 코드 번호가 있으면 해당 기능으로 지칭할 일이 줄어들어 좀 더 편리하게 소통할 수 있습니다. 코드 번호를 작성하는 방식은 구성원들끼리 정하면 됩니다.

이 정도로 요구 사항 정의서가 완성되면 개발을 시작할 수 있습니다. 다만 여기에 다음 두 가지를 덧붙이면 더욱 좋습니다.

첫째, '기능 설명'입니다. 이는 '검색창에서 키워드로 검색하면 피자 이름에 키워드가 포함된 검색 결과를 표시함'처럼 기능을 이용할 때의 상황을 시나리오로 작성한 것입니다.

둘째, '필수 입력 데이터와 선택 입력 데이터의 구분'입니다. 보통의 양식에는 필수로 작성해야 하는 것뿐만 아니라 선택 사항도 있습니다. 예컨대 '부재 시 문 앞에 놔주세요' 같은 배송 메시지는 선택 사항입니다.

이렇게 작성한 요구 사항 정의서를 줬는데 개발자가 잘 이해하지 못한다면 개발자에게 요구 사항 정의서 예시를 써달라고 하는 편이 나을 것입니다. 일단은 개발자가 이해해야 하니까요. 그 후 보기 좋게 다듬으면 됩니다.

그림 8-9 코드 번호 추가

공통			• 서버의 응답은 최대 10초까지 기다린다(단, 결제 API는 1분). • 만약 10초가 지나도 응답이 없으면 재시도 메시지를 보여준다.		
주제	코드 번호	기능	입력	출력	실패 시
음식	A-1	피자 검색	• 검색어 입력 후 검색 버튼 클릭 • 검색어는 최대 20자까지 가능	• 검색어가 포함된 피자 검색 결과 20개씩 표시 • 스크롤을 내리면 무한 스크롤 방식으로 다음 결과를 20개 목록에 추가	• 0자 입력 시: 버튼 클릭 불가 처리 • 20자 초과 입력 시: 마지막 입력 글자 삭제 • 검색 결과가 없을 때: 검색 결과 없음 메시지 +최근 주문된 피자 3개 표시 • 서버 오류 발생 시: 오류 발생 메시지+재시도 버튼 표시
	A-2	피자 선택	• 피자 선택 체크박스 클릭 • 최대 동시 선택 개수는 99개	선택된 피자는 2픽셀 두께의 빨간 테두리로 표시	재시도 메시지 표시
주문	B-1	주문	1. 이름, 주소, 연락처 입력 　• 주소: daum 우편번호 서비스 창 노출 　• 연락처: 휴대폰 번호만 가능 2. 선택한 피자 확인 　• 주문 요약: 이름, 주소, 연락처, 선택한 피자, 결제 금액 3. 주문하기 버튼 클릭	• 결제 수단 안내 페이지 표시 • 결제 수단: 카드, 휴대폰, 무통장 입금 • PG사: 이니시스 • 쿠폰, 포인트 기능 미지원	주문 정보 미입력 시: 미입력된 항목을 알려주는 텍스트 표시
	B-2	주문 내역 확인	화면 하단 바텀 내비게이션의 주문 내역 버튼 클릭	• 주문 내역 페이지 표시 • 표시 정보: 주문자명, 주소, 연락처, 결제 금액, 주문 상태	주문 내역 조회 실패 시: 재시도 버튼 표시
결제	C-1	결제 수단 선택	• 결제 수단 선택 버튼 클릭 • 결제 수단: 카드, 스마트폰, 무통장 입금	• 결제하기 페이지 표시 • PG사 결제 창 표시	오류 발생 사유 메시지+재시도 버튼 표시
	C-2	결제	결제 수단에 따라 결제	주문 완료 페이지 표시	• PG사 API 결제 실패 시: 결제 실패 사유 화면+닫기 버튼 표시 • 주문 실패 시: 주문 실패 화면+다시 주문하기 버튼 표시

그림 8-10 기능 설명과 필수/선택 입력 데이터 구분

공통			• 서버의 응답은 최대 10초까지 기다린다(단, 결제 API는 1분). • 만약 10초가 지나도 응답이 없으면 재시도 메시지를 보여준다.		
주제	코드 번호	기능	기능 설명	입력	출력
음식	A-1	피자 검색	검색창에 키워드를 입력해 검색하면 피자 이름에 키워드가 포함된 검색 결과 표시	• 검색어 입력 후 검색 버튼 클릭 • 검색어는 최대 20자까지 가능	(내용 생략)
	A-2	피자 선택	검색 결과에 표시된 피자 왼쪽의 체크박스를 눌러 주문 피자 선택	• 피자 선택 체크박스 클릭 • 최대 동시 선택 개수는 99개	
주문	B-1	주문	주문 피자를 선택한 후 주문 정보를 입력해 주문 • 필수 입력: 주문자명, 주소, 연락처, 주문한 피자 • 선택 입력: 배송 메시지	1-1. (필수) 이름, 주소, 연락처 입력 • 주소: daum 우편번호 서비스 창 노출 • 연락처: 휴대폰 번호만 가능 1-2. (선택) 배송 메시지 2. 선택한 피자 확인 • 주문 요약: 이름, 주소, 연락처, 선택한 피자, 결제 금액 3. 주문하기 버튼 클릭	
	B-2	주문 내역 확인	주문 정보와 주문 상태를 확인하는 페이지	화면 하단 바텀 내비게이션의 주문 내역 버튼 클릭	
결제	C-1	결제 수단 선택	PG사가 제공하는 결제 수단 버튼 노출	• 결제 수단 선택 버튼 클릭 • 결제 수단: 카드, 스마트폰, 무통장 입금	
	C-2	결제	결제 API 팝업 창에서 결제 진행	결제 수단에 따라 결제	

한 줄 정리 ☰

• 개발자에게 요구 사항을 전달할 때는 명확하게 정리한 문서를 줍니다.

• 앱을 만들거나 업데이트하기 위해 기능을 기획하는 단계에서 필요한 요구 사항을 개괄적으로 설명하는 문서를 요구 사항 정의서라고 합니다. 요구 사항 정의서는 사용자 시나리오 작성(또는 유즈케이스 작성), 기능별 입출력 작성, 비기능적 요구 사항 작성, 코드 번호 달기 순으로 작성합니다.

못 알아들었는데
어물쩍 넘어가지 않기

개발자의 말을 못 알아들었는데 어물쩍 넘어가는 상황은 대부분 개발자가 안 되는 이유를 설명할 때 벌어집니다. 개발자는 현재 개발돼 있는 로직이나 기술적인 한계점을 언급하며 안 되는 이유를 설명하는데, 비개발자 입장에서는 이해하지 못하는 경우입니다. 비개발자는 결론적으로 '개발할 수 있냐, 없냐'만 궁금할 뿐입니다.

하지만 개발자의 말이 이해되지 않으면 이해될 때까지 물어봐야 합니다. 그리고 안 되는 것은 왜 안 되는지 원인을 물어봐야 합니다. 그래야 상황에 맞는 해결 방법을 찾을 수 있습니다.

개발자에게 문의할 사항이 있을 때는 회의 자료를 만들어 미팅을 요청하는 것이 좋습니다. 또한 개발자가 하는 말을 못 알아들었을 때는 재차 물어보고, 자신이 제대로 이해했는지 확인해야 합니다. 이에 대해 자세히 살펴봅시다.

8.2.1 회의 자료 만들어 논의하기

시도 때도 없이 찾아와 질문하는 것을 좋아하는 사람은 거의 없습니다. 특히 개발자는 일할 때 방해받는 것을 싫어합니다. 따라서 개발자를 찾아가 질문하는 빈도는 줄이되, 대신 요구 사항 정의서를 작성해 개발자에게 공유한 후 회의 자리에서 문의 사항을 물어보는 것이 좋습니다. 이때는 개발자도 기능에 대해 논의하기 위해 회의에 참석했기 때문에 대화할 준비가 돼 있습니다.

그런데 '의사 결정을 하는 자리에 기본 지식도 없이 앉아 있냐'고 눈치를 주는 사람이 있을지도 모릅니다. 하지만 어차피 그 사람도 자기 분야 외의 전문 용어는 잘 알아듣지 못합니다. 역지사지가 안 되는 사람이 잠깐 답답해하더라도 제대로 이해하고 의사 결정을 올바로 하는 것이 모두를 위한 길입니다.

어쩌면 여러분 옆자리에 앉은 사람도 못 알아들었지만 알아들은 척 가만히 있는 것일지도 모릅니다. 하지만 모르는 것이 있다면 물어보세요. 나중에는 여러분도, 알아들은 척하던 그 사람도 눈치 보이는 것이 싫어서 스스로 공부하게 될 것입니다.

8.2.2 재차 물어볼 때의 요령

이해되지 않는 것을 재차 물어볼 때는 요령이 필요합니다. 개발자가 안 되는 이유를 실컷 설명했는데 "모르겠어요", "이해가 안 돼요"라고 대답하는 것은 최악입니다. 개발자는 이를 "난 당신이 하는 말 모르겠고, 이해하고 싶은 마음도 없어"로 받아들입니다.

모른다면 무엇을 모르는지, 이해가 안 되면 어느 부분이 그런지 구체적으로 물어봐야 합니다. 그래야 개발자도 상대방의 상황에 맞게 이해시키기 위해 적절한 표현을 찾을 것입니다.

다시 한번 강조하지만, '구체적으로' 소통하는 것이 중요합니다. 이해되지 않을 때는 다음과 같이 역으로 질문할 수 있습니다.

• 제가 잘 몰라서 그러는데…

• 저는 …라고 이해했는데 이게 맞나요?

- 말씀하셨던 내용 중에 …부터 …까지가 잘 이해되지 않아요.

- 죄송하지만 다시 한번 설명해주실 수 있을까요?

요구 사항뿐만 아니라 오류도 구체적으로 말해줘야 합니다.

- 어떤 기기로, 어떤 경로로, 무슨 행동을 했더니 이러한 오류가 발생했어요. 원래 기대하는 결과는 이거예요.

구체적으로 말하는 것은 적극적으로 소통에 임하고 있음을 나타냅니다. 모호한 표현이 없을수록 좋습니다. 일상에서는 '이거', '저거', '그거'라는 대명사로 지칭할 때가 많은데, 실무에서는 이러한 표현을 줄여야 합니다. 사소한 표현의 차이가 오해를 불러일으킬 수 있으니까요.

만약 회의 자리에서 개발자가 여러 번 설명해줬음에도 나 혼자만 이해하지 못한다면 다음 사안으로 넘어가세요. 회의 자리에는 타 부서 사람들도 있을 테니 일단 회의를 끝내고, 잘 이해한 사람을 찾아가 설명을 듣는 것이 모두의 시간을 버는 길입니다.

개발자가 하는 말을 이해해야 하는 이유는 '문제점을 제대로 알기 위해서'입니다. 비개발자가 코드의 동작 원리나 로직을 100% 이해할 필요는 없습니다. 개발자도 자신이 개발한 로직을 100% 기억하고 있지 않습니다. 문제를 특정하고 자신의 포지션에서 해결책을 제시하기 위해 개발자와 소통한다는 사실을 잊지 마세요.

한 줄 정리

- 개발자의 말을 못 알아들었을 때는 회의 자료를 만들어 미팅을 요청하고, 이해되지 않는 것을 재차 물어볼 때는 구체적으로 해당 부분을 설명해야 합니다.

개발이 불가능하면
원인을 찾아 방법 바꾸기

시간과 돈이 무한하다면 대부분의 요구 사항을 수용해 개발할 수 있겠지만, 현실적으로 다른 대안을 찾아야 하는 경우가 있게 마련입니다. 자주 겪는 문제 상황은 다음과 같습니다.

- 기술력과 자금이 부족한 경우

- 로직 변경이 어려운 경우

- 데이터 간에 연결점이 없는 경우

- 자격이 없어서 불가능한 경우

결론부터 말하면 이럴 때는 요구 사항을 수정해야 합니다. 즉 로직을 변경하거나, 축소하거나, 삭제할 수밖에 없습니다. 각각의 경우를 자세히 살펴봅시다.

8.3.1 기술력과 자금이 부족한 경우

인공지능 모델을 개발하려면 고급 기술자와 거액의 개발 자금이 필요합니다. 그래서 작은 회사들은 대기업이 만든 무료 인공지능 모델을 이용해 서비스를 개발합니다.

그런데 규모가 작은 스타트업에게 인공지능 서비스의 일부를 수정해달라고 하면 어떨까요? 예를 들어 이미지 생성 AI로 만든 결과물이 어색하다며 이미지 품질을 개선해달라고 요구한다면 가능할까요? 인공지능 모델을 학습시킬 데이터와 기술력, 자금이 부족해 어려울 것입니다.

이처럼 기술력과 자금의 부족으로 개발이 불가능하다고 판단되면, 아쉽지만 해당 요구 사항을 깨끗이 포기해야 합니다. 또한 애초에 이러한 요청을 하지 않도록 개발 팀의 역량과 개발 범위를 파악하고 있어야 합니다. 개발 팀의 역량을 잘못 파악하고 있으면 심할 경우 사업 모델을 바꿔야 할 수도 있습니다.

8.3.2 로직 변경이 어려운 경우

로직 변경이 어려운 대표적인 예로 서드파티 API를 이용하는 경우를 들 수 있습니다. 어떤 회사의 서비스가 회원 가입 시 '휴대폰 본인 확인 API'를 이용하고 있다고 합시다. 이 API는 '이름'과 '생년월일 앞자리'를 입력받아 데이터가 정확하면 휴대폰으로 인증 코드를 보내 본인 여부를 확인합니다. 입력받은 '이름', '생년월일 앞자리'는 고객 데이터로 저장할 수 있습니다.

그런데 마케팅을 위해 '이동통신사 정보'와 '휴대폰 번호'도 데이터베이스에 보관하고 싶다면 어떨까요? 서드파티 API는 다른 회사가 독자적으로 만든 프로그램을 외부에서 이용할 수 있도록 API 서비스를 제공하는 것입니다. 따라서 API 계약 시 계약서에 수집할 고객 데이터를 명시합니다. 그런데 계약서에 명시하지 않은 '이동통신사 정보'와 '휴대폰 번호'를 수집하고 싶다고 해서 로직을 변경할 수는 없습니다.

하지만 방법이 아예 없는 것은 아닙니다. 상황에 따라 재계약 또는 별도의 데이터 추가 요청을 통해 로직 변경이 가능할 수도 있습니다. 개발자가 "서드파티 API에서 데이터를 그렇게 주지 않아서 안 돼요"라고 한다면 API 회사의 영업 담당자와 소통하는 사람을 찾아가 요청해보는 것도 방법입니다.

사실 회원 정보를 수집하는 가장 간단한 방법은 회원 가입 시 고객이 직접 입력하게 하는 것입니다. 이렇게 하면 굳이 서드파티 API를 수정하지 않고도 해결할 수 있습니다. 다만 직접 입력은 유효성이나 정확도가 떨어지니 유의해야 합니다.

8.3.3 데이터 간에 연결점이 없는 경우

이는 실제로 데이터 간에 관계가 있지만 관계를 특정 지을 수 있는 연결점이 없어 관련 데이터를 함께 볼 수 없는 경우입니다. 쉽게 이해할 수 있도록 비유를 들어보겠습니다.

어느 날 지인이 다급한 일이 생겼다며 자기 조카를 유치원 차에 태워 보내달라고 부탁했습니다. 유치원 차가 멈추는 곳에 아이를 데리고 갔더니 운전기사가 아이의 이름을 물어봅니다. 그런데 문제가 생겼습니다. 승차 명단에 동명이인이 있어 다른 정보를 더 알려줘야 합니다. 승차 명단에는 아이 이름, 집 주소, 부모님 연락처가 적혀 있지만, 나는 급하게 부탁을 받은 터라 어떠한 개인 정보도 모르는 상황입니다. 설상가상으로 지인이 전화를 받지 않습니다. 결국 아이가 승차 명단의 동명이인 중 하나라는 것을 밝히지 못해 아이는 유치원 차에 타지 못했습니다.

IT 실무에서도 이러한 일이 종종 발생합니다. 즉 데이터베이스에 저장된 데이터(명단에 있는 아이 이름)와 화면에 보여주고 싶은 데이터(눈 앞에 있는 아이)가 서로 관련이 있다는 것을 서버(운전기사)가 확인할 수 없을 때 그렇습니다. 이럴 때는 두 데이터의 관련성을 엑셀 파일 등으로 정리해줘야 합니다. 어떤 식으로 엑셀 파일을 만들어야 할지 아마 개발자가 먼저 알려줄 것입니다.

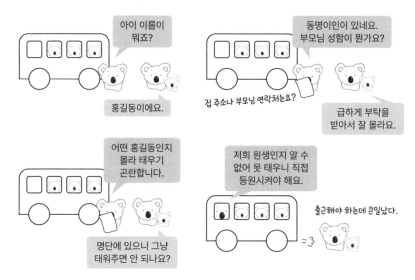

그림 8-11 데이터 간에 연결점이 없는 경우

8.3.4 자격이 없어서 불가능한 경우

자격이 없어서 불가능한 경우는 회사가 API를 이용할 자격이 없는 상황을 예로 들 수 있습니다. 보통 유료 API는 돈만 내면 사용할 수 있지만 그렇지 않은 경우도 있습니다. 예를 들어 주민등록번호 뒷자리를 검사하는 '실명 확인 API 서비스'를 이용하려면 API 서비스 제공사의 심사를 받아야 합니다. 어떤 법령, 조, 항, 호에 따라 실명 확인을 이행하는지를 API 서비스 제공사에 증명해야 합니다. 따라서 원하는 기능을 제공하는 API가 있고, 다른 회사가 문제없이 이용하고 있더라도 여러분의 회사는 이용이 불가할 수도 있습니다.

이를 해결하는 방법은 자격을 갖추거나, 자격을 가진 회사와 업무 제휴를 맺거나, 규제 샌드박스에 들어가는 것입니다. 샌드박스란 규제를 완화하거나 일부를 면제해줘 새로운 서비스를 시장에서 테스트해볼 수 있도록 허용하

는 제도입니다. 각 회사가 처한 상황이 다양한 만큼 해결책도 다양하니 경영
진과 충분히 논의해보는 것이 좋습니다.

한 줄 정리

- 기술력과 자금이 부족한 경우, 로직 변경이 어려운 경우, 데이터 간에 연결점이 없는 경우, 자격이 없어서 불가능한 경우는 개발이 불가능한 경우에 해당합니다.
- 사안에 따라 로직을 변경하거나, 축소하거나, 삭제해 해결하며, 서드파티 API를 이용하는 경우처럼 문제점이 외부에 있을 때는 담당자와 논의해 해결책을 찾습니다.
- 개발자가 안 된다고 할 때는 "그럼 어떻게 이 문제를 해결할 수 있을까요?"라고 물어봐 실마리를 찾습니다. 그러면 다음 액션에 대한 힌트를 얻을 수 있습니다.

8.4 상황에 맞게 문서 버전 업데이트하고 공유하기

개발을 하다 보면 기획자도, 디자이너도, 개발자도 미처 몰랐던 이슈를 발견할 때가 있습니다. 쇼핑몰 앱 개발 상황을 예로 들어보겠습니다.

고객이 상품 상세 페이지 하단의 [구매하기] 버튼을 눌렀을 때 옵션을 선택하는 목록을 디자인하려고 합니다. 상품 옵션은 S, M, L, XL과 같이 한두 자로 된 '사이즈'입니다. 디자이너는 상품 옵션이 가로로 나열되도록 디자인 시안을 만들었는데, 상품 옵션에 '사이즈' 말고도 '색상명'과 '포장 옵션'이 있다는 것을 뒤늦게 알게 됐습니다. 옵션을 한두 자로 표시할 수 없는 이슈가 생긴 것입니다.

이러한 경우에 보통은 개발자가 디자이너를 찾아가고, 디자이너는 상품 옵션이 모두 표시되도록 디자인을 세로로 바꿉니다. 이때 디자이너는 기획자에게 이 사실을 공유하지 않기도 합니다. 인터페이스 수정은 로직을 변경할 정도의 큰 문제가 아니라고 생각하기 때문입니다.

다만 디자인 수정을 공유하지 않더라도 어떤 이슈 때문에 디자인을 변경했는지 기록해두는 것이 좋습니다. 그러지 않으면 담당자가 바뀌거나 새로 디자인할 때 같은 실수를 저지를 가능성이 있습니다. 따라서 요구 사항 정의서, 디자인 시안과 같은 문서는 변경 이력을 남겨 버전별로 관리해야 합니다.

8.4.1 문서 버전 표기하는 법

요구 사항 정의서, 디자인 시안과 같은 문서의 버전은 v1.1.1처럼 쓰는 것이 관례입니다. 앞의 v는 version(버전)을, 뒤의 세 숫자는 버전의 번호를 나타냅니다. 마침표(.)를 기준으로 세 숫자의 의미는 다음과 같습니다.

- **0.0.1(뒷자리 숫자):** 오탈자 교정 등의 간단한 수정을 했을 때 1씩 증가시킵니다.
- **0.1.0(가운데 자리 숫자):** 새로운 기능을 추가했을 때 1씩 증가시킵니다.
- **1.0.0(앞자리 숫자):** 서비스 대격변이 일어났을 때 1씩 증가시킵니다.

기존 기능을 약간 수정하거나 오탈자를 고치는 등 간단한 수정이 이뤄졌을 때는 뒷자리 숫자를 증가시킵니다. 이때 뒷자리 숫자가 두 자리(10)가 되더라도 가운데 자리 숫자를 올리지는 않습니다.

또한 새로운 기능을 추가했을 때는 가운데 자리 숫자를 증가시키고 뒷자리 숫자를 0으로 초기화합니다. 예를 들어 1.1.23에서 가운데 자리 숫자가 1 증가되면 1.2.0이 됩니다.

앞자리 숫자는 서비스가 크게 변경될 때 증가시킵니다. 즉 서비스 모델이 바뀌거나, 새롭고 중요한 기능이 추가되거나, 디자인이 리뉴얼되는 등 이전 버전의 서비스와 같다고 볼 수 없을 때 앞자리 숫자를 증가시킵니다. 이때도 마찬가지로 가운데 자리 숫자와 뒷자리 숫자를 초기화합니다. 예를 들어 이전 버전이 1.21.11이라면 2.0.0이 됩니다.

문서를 관리하는 방법은 회사마다 다릅니다. 단순하게 한 자리만 사용하고 수정할 때마다 v12처럼 숫자를 올리는 회사도 있고, 업데이트가 적은 경우 v1.1처럼 두 자리만 사용하는 회사도 있으니 서비스의 특성에 따라 정하면 됩니다.

8.4.2 문서 변경 이력 관리하는 법

요구 사항 정의서, 디자인 시안 등은 혼자 보는 문서가 아닙니다. 이러한 문서는 건물 설계도와 같기 때문에 한 부서에서 일방적으로 문서를 업데이트하고 통보하면 안 됩니다. 문서의 어딘가를 고쳐야 할 때는 이슈를 먼저 제기해야 합니다. 한 예로 기능 업데이트를 요청하는 경우를 살펴봅시다.

기능 업데이트 요청은 노션, 구글 스프레드시트 등 여럿이 볼 수 있는 공유 문서에 다음과 같은 식으로 행을 추가해 작성합니다.

그림 8-12 기능 업데이트 요청 양식

문서명	코드 번호	작성자	작성 날짜	이슈 유형	이슈 내용	중요도
쇼핑몰 앱 요구 사항 정의서	A-1	홍길동	2024-10-28	기능 수정	회원 가입 시 휴대폰 번호 수집	높음
		시급함	유관 담당자	담당자 답변	답변 날짜	처리 상태
		중간	-	-	-	-

담당자들은 이를 보고 대응이 필요한 이슈인지, 해당 이슈에 관련된 사람은 누군지, 협의가 필요한지 등을 판단합니다. 이후 이슈 대응 과정에서 협의를 하고 문서를 업데이트합니다. 즉 일이 어떻게 흘러왔고 어떻게 흘러가고 있는지를 남김으로써 맥락을 기록해둡니다.

기능 업데이트가 완료된 후에는 문서 변경 이력을 다음과 같이 작성합니다. 이렇게 하면 변경 사항을 놓치는 것을 줄일 수 있습니다.

그림 8-13 문서 변경 이력 관리

문서명	버전	변경 날짜	코드 번호	변경 내용
쇼핑몰 앱 요구 사항 정의서	v1.1.0	2024-11-14	B-1	무이자 할부 6개월 추가
쇼핑몰 앱 요구 사항 정의서	v1.1.1	2024-11-15	A-2	주문 시 사은품을 하나만 체크할 수 있도록 변경

창업한 지 얼마 안 된 회사는 문서 작업을 또 다른 업무이자 비용으로 여겨 문서를 작성하지 않는 경우가 있습니다. 한 번 만들어놓고 변경 이력을 관리하지 않는 회사도 있습니다. 인원이 적은 회사라면 문서 작성이 불필요할 수도 있습니다.

그러나 같은 내용을 다시 논의하느라 시간을 낭비한다면 문서 작업은 결코 손해 보는 장사가 아닙니다. 문서 작업은 집안일과 같아서 미루면 미룰수록 손대기 어려워집니다. '우리는 문서가 없다'고 생각하는 회사라면 지금부터라도 작성할 것을 권합니다.

한 줄 정리 ≡

- 개발 시 관계자들이 공유하는 문서는 v1.1.1처럼 버전을 표기해 관리합니다. 기존 기능을 약간 수정하거나 오탈자를 고치는 등 간단한 수정이 이뤄졌을 때는 뒷자리 숫자를 증가시키고, 새로운 기능을 추가했을 때는 가운데 자리 숫자를 증가시키며, 서비스가 크게 변경될 때는 앞자리 숫자를 증가시킵니다.
- 기능 업데이트를 요청할 때는 여럿이 볼 수 있는 문서에 내용을 작성해 공유하고 관계자와 논의합니다. 그리고 기능 업데이트가 완료된 후에는 문서 변경 이력을 작성합니다.

8.5

정확한 데이터로
말하기

누군가에게 "차가우면서 따뜻한 느낌의 로고를 만들어주세요"라는 요청을 받았다면 어떨까요? 차갑게 만들어야 할지, 따뜻하게 만들어야 할지 상대방이 원하는 바를 정확히 알 수 없는 데다, 애초에 두 느낌이 공존할 수 있는지도 의문이 들 것입니다.

사람들끼리는 느낌적인 느낌으로 소통이 가능할지 몰라도 컴퓨터에 명령을 내리는 경우에는 그럴 수 없습니다. 개발자는 요구 사항을 명확하게 알아야 코드를 작성할 수 있습니다.

8.5.1 정확하게 요청 범위 말하기

개발자는 모호한 표현을 좋아하지 않습니다. 예를 들어 "회원 가입 시 기본적인 개인 정보를 수집해주세요"라고 요청한다면 '기본적인 개인 정보'가 무엇인지 애매합니다.

개인정보 포털(www.privacy.go.kr)에 따르면 개인 정보의 유형에는 병역 정보, 범죄 기록, 신용 정보, 가족 구성원 정보 등이 포함됩니다. 즉 '기본적인'이라는 표현은 사람에 따라 다르게 해석될 여지가 있습니다. 따라서 이 경우에는 '이름', '연락처', '생일' 등 수집해야 할 항목을 명확하게 언급할 필요가 있습니다. 그러지 않으면 개발자가 되물을 일이 생기고, 이러한 일이 반복되면 함께 작업하기를 꺼리게 될 것입니다.

8.5.2 모호한 표현 쓰지 않기

"카카오 로그인 같은 것을 넣어주세요"라는 요청도 비슷한 사례입니다. 이 경우에는 '같은 것'이라는 표현이 문제가 됩니다.

서드파티 API 서비스로 로그인 기능을 이용하는 것을 '소셜 로그인'이라고 합니다. 소셜 로그인의 종류는 다양한데, 비개발자라면 구글, 네이버, 카카오 정도를 생각하겠지만 개발자는 깃허브, 페이스북, 트위터도 고려합니다. 일반적이지는 않더라도 배제할 수는 없으니까요. 이럴 때 개발자는 어떤 소셜 로그인을 말하는지 질문하게 됩니다.

일상에서는 모호하게 표현해도 충분히 소통이 됩니다. 꼬치꼬치 캐물을 필요도 없는 가벼운 대화일 때는 그렇습니다. 그런데 부인이 남편에게 "집에 오는 길에 햄버거 좀 사다 줘"라고 부탁했을 때 별말 없이 눈치껏 사오는 남편도 있고, 몇 개를 사야 할지 되묻는 남편도 있습니다. 여기서 주목할 점은 햄버거 개수를 정해주지 않으면 얻게 될 햄버거 개수가 달라진다는 것입니다. 처음부터 2개를 사달라고 한다면 추가적인 소통 없이 2개의 햄버거를 얻을 수 있습니다.

모호한 표현을 쓰는 습관을 줄일 수 있는 방법 중 하나는 자신에게 보내는 메일로 요청 사항을 작성해보는 것입니다. 업무와 관련된 메일을 보낼 때는 용건을 간단히 작성하되, 같은 내용이 다시 오가지 않도록 누락 없이 명확하게 표현해야 합니다. 따라서 메일을 쓰고 다시 읽어보면 상대방이 오해 없이 이해할 수 있는지 확인이 가능합니다. 이 과정에서 문장이 정리되면 개발자와 회의할 때 그러한 문장을 자연스럽게 말할 수 있을 것입니다.

그림 8-14 요청에 따라 달라지는 결과

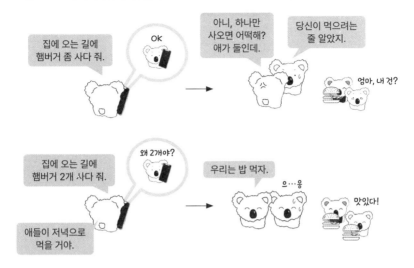

모호한 표현은 요구 사항이 정리되지 않았다는 반증이며, "나 일 못 해요" 하고 드러내는 꼴입니다. 두루뭉술하게 말하면 개발자는 상대방이 원하는 것을 정확히 파악하기 위해 형사처럼 취조할 수밖에 없습니다.

개발자는 독심술사가 아닙니다. 그들은 여러분이 기획한 기능의 비하인드 스토리에는 별로 관심이 없습니다. 어떤 문제를 해결해야 하는지, 그러기 위해 무엇을 만들어야 하는지 알고 싶어 할 뿐입니다. 그래서 발표 문서 앞부분에 목차를 넣는 것처럼 각 요구 사항을 간단히 읊고 미팅을 시작하는 것도 좋은 방법입니다. 지금부터 서로의 시간 낭비를 용납하지 않겠다는 마음가짐으로 명확하게 말하는 연습을 해보기 바랍니다.

한 줄 정리

- 개발자와 소통할 때는 요청 범위를 정확하게 말합니다. 또한 '… 같은 것', '적당히', '어느 정도', '가능한 한 빨리', '좋게', '편하게', '좀 더' 등의 모호한 표현을 지양해야 합니다.

1장

1	① ○, ② ○, ③ ×, ④ ×, ⑤ ○, ⑥ ×
2	① 404, ② 429, ③ 500, ④ 401

2장

1	①
2	①
3	②
4	① DMZ, ② VPN

3장

1	① ×, ② ○, ③ ○, ④ ×
2	②
3	③
4	①, ②

4장

1	테이블의 이름 •　　　　　• 로우 테이블에서 하나의 데이터 항목 •　　• 칼럼 테이블에서 동일한 데이터 유형 •　　• 테이블명
2	① 트랜잭션, ② SQL, ③ CRUD, ④ DBMS, ⑤ 외래키

5장

1	① ×, ② ○, ③ ×
2	④
3	①
4	②
5	① JVM, ② 스위프트, ③ 자바/코틀린, ④ 크로스 플랫폼 앱, ⑤ 핫 리로드

6장

1	① ○, ② ○, ③ ×, ④ ○
2	①
3	③, ④
4	③
5	① JSON, ② RSS, ③ 사이트맵

찾아보기